アフリカ神話との対話

目次

プロローグ　神話の大地

アフリカへ

地球上いたるところに広大無辺な草の根の神話世界が広がっている。その世界へどこからアプローチすればいいのか。本書ではサハラ以南のアフリカ神話の世界を入口にしよう。

なぜアフリカかというと、第一に、狩猟民のキャンプから帝国、都市国家までをふくむその世界は、私たちを「グローバルな草の根の神話世界」へスムーズに導いてくれると思われるからであり、第二に、アフリカ近代史において神話は生きた力だったからであり、付け加えるとすれば第三に、個人的な事情だが、著者が人類学者としてアフリカをフィールドとしていてアフリカにいくらか土地勘があり、そこでの神話にも長く親しんできたからだ。

人類誕生の大陸の住民たちもまた、人類や文化のはじまりをめぐって数知れぬ物語を語り伝えてきたのだが、それらは「進化する一〇億人市場　アフリカ新時代」「資本主義最後のフロンティア」「新しい投資対象」といったキャッチフレーズが飛び交うメディアからはまったく見えてこない。音楽と舞踏と仮面の大陸というイメージはいくらか身近になったが、一五〇〇をこえる言語による伝承の多様な豊かさや精神的伝統などは、ほとんどといっていいほど知られていない。神話の大地へ旅立つまえに、外部世界からの眼差しを通してアフリカを現代世界に位置づけておこう。

日本からの眼差し

今日、私たちを断続的にアフリカに近づけるのはいつも「経済」だ。十五世紀末のヨーロッパ人到来にはじまるこの大陸の近現代史はすさまじい。それは、現代文明とグローバル経済のからくり（本質、構造、運動）を大写しにして見せてくれる。それを目の当たりにするためには、資源の豊かな国をひとつ選んで近現代史をたどってみるだけでいい。

そもそも、アフリカなしに近代経済システム（資本主義）は存在しなかったともいえる。ヨーロッパ・アフリカ・新大陸を結ぶ三角貿易でえられた資金が産業革命の基盤になった。三角貿易によって、ヨーロッパの銃器などがアフリカで奴隷と交換され、奴隷は西インド諸島などのプランテーションへ運ばれ、そこから砂糖などがヨーロッパへ運ばれたのだ。奴隷貿易から植民地支配へ。アフリカは資源の供給地や市場として、資本主義を支えつづけた。国民国家として独立した後も、欧米諸国やグローバル資本の介入は終わらない。キャッチフレーズはつねに、発展と開発と福祉。だがそれは、必ずしもアフリカに繁栄と安定をもたらすものではなかった。

アフリカと聞くと、多くの人が独裁、政治的腐敗、貧困、内戦、飢饉などを連想するだろうが、その大きな部分は、現代世界の構造自体によって生みだされ深刻化されたものだ。たとえば巨額の賄賂を手にする独裁者の暴力的支配を支えているのは、それにぶら下がっておこぼれをえる部下や親族など無数のアフリカ人同朋たちでもあるが、それは結果に過ぎない。独裁者を生みだし支えている真の力は、利権を求める外国資本や国際政治の思惑である。私たちの目にまず飛びこんでくるのは「新しい投資対象」「資本主義最後のフロンティア」などの文字で、現地の事態は見えにくい。

だがアフリカは停滞しているわけではない。メディアが伝えるこの大陸の近代化のフロンティアに、一方では高層ビルの立ち並ぶ国際都市が、他方では国策で弓矢を捨てざるをえなかった狩猟民や、槍と自動小銃を同時に持って内戦を戦う牧畜民の裸身が登場していたのは、そんなに古いことではない。それは近代という巨大な画一化マシーンの作用を示すイコン（図像）のようにも見えたものだが、いまや、かつての狩猟民の多くは近代都市の普通の住民であり、そのなかには土地にたいする権利回復をめざす組織活動をはじめた人たちもいる。石油資源の所属をめぐって反政府の内戦を戦い、南スーダンという国家を樹立するにいたった牧畜民もいる。この巨大な大陸においても、近代化の大潮流はすべての人と土地を巻きこんでいる。

サバンナの村で――一九六八年・北ガーナ

修士論文でアフリカの神話をとり上げた私が、初めて生活の場で直接神話にふれたのは一九六八年のことだった。

一九六〇年は、多くの植民地が独立して「アフリカの年」とよばれた。アフリカも、アフリカにたいする外部の視線も熱かった。セク・トゥーレ、ヌクルマ、ルムンバ、ケニヤッタ、ニエレレなど、大型の知識人政治家の名前が、日本もふくめて世界の注目を浴びていた。ところが、一九五七年に先陣を切って独立し、「アフリカの優等生」と目されていたガーナで、一九六八年、少壮軍人によるクーデターが起きて建国の父ヌクルマが失脚し、新興独立諸国の苦難の歴史の先駆けとなった。その年、二〇歳代後半の私は軍政下のガーナの土を踏んだ。どの役所を訪ねても、若い軍人たちが権力の座にあった。同年配の彼らに挨拶し許可をえながら北ガーナに向かい、ある首長の客となってサバンナの村に住みこんだ。

乾季のある午前のこと。草屋根・土壁の小屋の日陰で、私は、数人の子どもと一緒に老人が話してくれる「死の起源」の物語に耳を傾けていた。本書で後ほど詳しく紹介するが、次のような断片である。

いまの世がはじまるまえ、神は、一回に搗《つ》く量の上限を決めて、それに従っているかぎり穀物を与えてくれたので、人間は額に汗して耕す必要がなかった。人間は神に守られていたので病気にならなかったし、死にもしなかった。ところがあるとき、ひとりの女が、神が決めた量より多くの穀物を搗こうとして、杵を思い切り振り上げたところ、杵が神に当たってしまった。怒った神はどこかへ隠れてしまい、大人が手を伸ばせば届くところにあった天も、現在のように地上を遠く離れた。それ以来、人間は大地を耕さなければならなくなり、また、死ぬようになった。こうしていま在る世界がはじまった。

淡々と話していた老人が、女が禁を犯す場面になると、突然声を強め、威嚇するような表情で、力をこめて杵を振り上げ、振り下ろす。「当たってしまった！」。ああ、やってしまった。擬音まじりの語り、豊かな表情、身振りが、事態の深刻さを印象づけ、子どもたちは驚いたように目を見張る。家族のために、立て杵で穀物を搗くのは祖母や母親の日課だ。その行為のせいで人間が死ぬようになった。子どもたちはこのことをどう受け止めたのだろうか。そのとき私には分からなかったし、いまになってもよくは分からない。同じ中庭のすこし離れたところで三人の女が立て杵で穀物を搗いていた。女たちは内心どう思っていたのだろう。

同じ村の雨季の雨上がりの夕方。広場のマンゴーの木の下で、首長の顧問格の長老が私のために世界のはじまりの物語を語ってくれ、いつものように幾人かの若者と子どもたちが、すこし離れたところで聞き耳をたてていた。創造神の長子が神に反抗して邪魔したために、神が計画を変更しなければならなくなったというところで、同席していた二人の長老の一人が突然話をさえぎり、三人でなにかひそひそ話をはじめた。三人で議論しているようだが、何を話しているのかよく聞こえない。後で聞いたところでは、神が長子の反抗をあらかじめ想定していたかどうかをめぐって、三人のあいだで意見が分かれていたようだ。

この場面は妙に印象にのこり、記憶の底に止まりつづけている。彼らにとって問題の核心は何だったのだろう。彼らにとって神話とは……。こうして、日々の調査を続けるなかで、その後も事あるごとに、サバンナの神話と対話することになった。

近代史のなかのアフリカと神話

アフリカでは、狩猟民や焼畑民や牧畜民の諸集団が、ほぼ同時に大陸全域で近代西欧文明に直接遭遇するという人類史上未曽有の事態が起きた。いまではアフリカはすっかり近代化されたかに見えるが、そこからどのような社会が生まれるかは定かでない。では、この大変動のなかで神話はどうなったのか。

苛烈な現実のなかに、神話の占める場所などないように思われる。事実、これまで神話の伝承を担ってきた社会集団が消滅したり、変質したり、弱体化したりした。神話は伝承されず忘れられつつあるようにもみえる。

とはいえ、この巨大で多様な大陸の人間生活を一括して決めつけることには慎重でなければならない。外部からは見えなくても、神話的なものは人びとの意識の深層に潜在しつづけているかもしれないし、いまなお神話が息づいているのが感じられる場所もある。

政治的権力は失っても伝統文化の拠点でありつづけている宮廷、村の男子全員が加入する仮面結社、神話の神々をまつる都市の宗教団体、これらはいまも神話を伝承している。神話世界を背景にもつ預言者のお告げに、人類学のフィールドワークに従事していた若い日本人女性が登場し、そのお告げが、今日石油利権をめぐって近代的兵器で戦う迷彩服の牧牛民たちの間に流布しているというエピソードも耳にする。

独立運動——預言者たち

神話は激動のアフリカ現代史をかたちづくる力の一つであった。神話は世界でいま起きていることを理解するためのモデルとなる。絶対的と思われていた植民地体制を相対化する力にもなった。それゆえ神話は独立闘争の渦中にある人びとにとって、時代の荒波に溺れないための拠り所であった。

アフリカ土着の神話には、至高神（創世の神）が新たに世界を創りなおす日がくることを予告するものがある。この神話から霊感をえて、植民地支配がもたらした苦難や混乱を、神が古い世界を壊して新しい世界を創る過程として解釈する預言者が各地に出現した。彼らは、いま在る世界の終末と新しい世界の到来を告知する千年王国論的な反植民地運動のリーダーとなり、独立への道を切り拓いた。

新文明の構想

ナイジェリア出身のノーベル賞作家ウォーレ・ショインカにとって、神話はアフリカ文明再生への道を照らす炬火《たいまつ》である（『神話・文学・アフリカ世界』）。第七章で詳しく述べるが、彼はヨルバ神話とギリシア神話を比較して、ヨルバの鉄の神がギリシア神話のアポロンとディオニュソスとプロメテウスを一身に体現したような多面的で統合的な神であることに注目し、来るべきアフリカ文明のあり方を示唆するモデルとみなした。

土着の精神の死と再生

コンゴ出身の作家エマニュエル・ドンガラは、混沌とした現代を生きぬく人びとの内面に息づく神話的ビジョンを、次のように描いている（『世界が生まれた朝に』）。

大河のほとり、コンゴのとある村のバナナ畑で生まれた主人公マンダラ・マンクンクは、年少のころから「知」と「力」を求めて探究と実験を重ね、あらゆる権威を吟味し反抗してのり越えようとした。ブッシュへ入り浸ってひとりで自然を観察した。同時に熱心に父からは鍛冶の技術を、母方の叔父からは治療と呪術の技術を、そしてひとりの長老からは伝統の知恵を学んだ。

村に植民地支配の手がのびてくると、知者にして反抗者たるマンクンクは、創意をこらして抵抗したが、師である叔父が植民地支配の手先になり、村人の犠牲のうえに利益を手にするようになると、叔父を殺害し都会に逃れた。いったんは都会に隠れ住んでいたマンクンクであったが、その後一転して独立闘争の先頭に立つ。独立後は新しい独裁体制に反抗し、政治的混乱をしたたかに生きぬくのであった。

年老いたマンクンクは偶然に導かれて、若き日の彼にとって知恵の源泉であったあの長老の曾孫ブンセキ・ルケニに出会う。外国で物理を学んだルケニは新生国家の大学教授になっており、妻は歴史学者であった。マンクンクは奇遇を喜び、また、新しい時代のエリートとの会話を楽しんだ。科学的知識と祖先伝来の知恵の闊達な対話。稀有の出会いであったが、二人のあいだの溝を埋めることはむずかしかった。

自身外国で学んだ物理学者である著者ドンガラは、新時代のエリートであるルケニの思いを次のように描いている。「この老人が見抜いていること、それこそがアフリカの核心的な部分であり、私の持つ西洋科学に新たな跳躍を与えてくれるものにちがいない。この二つのアプローチが結びつけば理想的なのだが……」。

独立運動を先導した闘士、老いたマンクンクは、外国資本と手を組んだ若い軍人の独裁下にある首都に居場所を見つけることができず、引き止めるルケニに別れを告げて、若き日に出奔して以来はじめて故郷の村をめざす。苦難の末、自分が誕生した村はずれのバナナ畑にたどりつくと、疲れはてて土のうえに横たわった。「いまの世界は、再生を果たすためにいったん破壊されなければならない。私は研究に打ち込んでいた若き日に心に誓ったはずだ、世界の再生のために神話を再創造しようと」。

粟やトウモロコシが芽生えつつあるのを見ながら、彼は一瞬の覚醒のうちに、一生かかって追い求めてきたビジョンをついに目のあたりにする。「世界の最初の朝の始原の火の輝き。宇宙の、銀河の渦の、風のざわめき。静寂のなかで繰り広げられる至高の霊の働き……」。

臨終のマンクンクが見たのは、ひとつの世界の終わりであると同時に、新しい世界のはじまりであるような神話的夜明けのビジョンなのだ。

世界の不条理への感覚

マンクンクは、私に、先に紹介した長老たちの風貌を想いださせる。そして、彼らにつきまとっていた陽気な子どもたちの姿も。私のうちでは、アフリカ神話はつねに、飢饉や内戦など過酷な状況を生きぬく「ふつうの」人びとの楽天性や回復力の印象と切りはなせない。なかでも象徴的なのは子どもたちの眼の光だ。それは近代が生みだしたものではない。その光に宿る不屈さは、人間が生きることのなかに本質的にふくまれているものかもしれないが、同時に、アフリカの土壌に深く根ざす部分もあるはずだ。

アフリカの創世神話によれば、この世のはじめに神は地上を去った。「神が去った世界」というビジョン。それは世界をなんらかの意味で不条理なものと捉える感覚を表している。そしてこの不条理の感覚が、長い時の経過のなかでこの大陸の住人たちの「ペシミズム（神の不在）に裏打ちされた楽天性と回復力」を鍛えたのではあるまいか。

神話世界には、子どもたちを悲惨な境遇に追いやるような理不尽な暴力の体現者も跳梁する。しかし、そうしたものもふくめて、神話は全体としては建設に向かう創世の物語、感傷的なハッピーエンドやユートピアとは無縁な、大きな肯定の物語となっている。

生き延びる神話への関心

マンクンクは孤独のうちに死んだが、孤立しているわけではない。現代アフリカの其処此処にも、目立たないけれども祖先たちの知恵を再評価する人びとはいる。近年、祖先たちの世界と自分たちのつながりを探ろうとする気運が強まりつつあるという。村や町で自分が記憶している神話をノートに記録する人たち、絵本などのかたちで子ども向けに神話を再話する人たち、神話を題材にする作家たち。大学に籍をおくアフリカ人研究者によるアフリカ神話の研究も、活気を帯びはじめたようだ。

だが、文字化は神話のあり方に深刻な変化をもたらさずにはいない。生活のなかで生きていた神話が、文字で固定され、権威あるバージョンが生まれる。人びとは生活の外部にある神話を、書物を通して知るようになる……。これは日本の歴史における神話の運命とも無縁でない主題だ。

アフリカ神話の特徴

個々の民族の神話と対話するに先立ち、アフリカ神話の特徴を概観しておこう。

第一に、アフリカ神話は驚くほど多様だ。アフリカの言語の数については、言語学者のあいだでもさまざまな数え方があるが、大体一五〇〇から二〇〇〇といったところに落ち着くようだ。この多数の言語で語られる神話の多様さと豊かさは、私たち日本人の想像をはるかにこえる。多様性のもとは言語だけではない。神話の土壌としての、狩猟、漁労、農耕、牧畜の生活があり、伝承する集団も、狩猟民の小さなキャンプ、焼畑民の村落の仮面結社、牧畜民の年齢集団、都市国家の宗教結社や宮廷と多彩だ。

第二に、アフリカ大陸には、なぜか世界の各地に分布しているさまざまな神話モチーフがそろっている。たとえば、第一章で紹介する「死の起源神話」の場合、アフリカには世界中の主要なタイプのほとんどがみつかる。その理由はまだ明らかにされていない。人類揺籃《ようらん》の地アフリカ大陸の文化史には謎めいた部分があるのだ。アフリカの神話に、ギリシア神話や『旧約聖書』の神話との類縁を感じさせるものが多いことも、日本の読者の関心を惹くかもしれない。

第三の特徴は、サハラ以南のアフリカ史の一般的な特徴に由来するものだ。アフリカでは、人類の誕生にまでさかのぼる途方もなく長い期間を通じて継起《けいき》した諸文化の間にある程度の連続性を見いだしうるし、古いものを絶滅させることなく保存する傾向もみられる。神話についても、狩猟民や焼畑民の神話が、王国や都市国家の神話のなかで新しい展開をとげて重要な役割をはたすというようなことが珍しくない。

サハラ以南のアフリカは現在では五〇余の独立国に分かれているが、ヨーロッパ諸国の植民地支配下に置かれるまでは、はっきりした国境などはなく、小集団ごとに移動をくり返す生活がふつうだった。そのため、一方では、ごく狭い地域においても、隣接する集団の神話に大きな差異が認められることがあり、他方では、大陸のほぼ全域に共通の要素も多い。このことは、「アフリカの」神話について語りうる根拠でもある。

第四に、サハラ以南のアフリカでは、多少とも神話を生きていた社会と現代文明が、いわば地続きの関係にある。ほんの昨日まで神話を伝承し、生活のなかに活かしていたらしい諸社会とその神話的想像力とが、いままさに根底からの「変容の季節」を迎えつつある。

本書でとり上げるのは、おおむね二〇世紀半ばに、「変容の季節」のただなかで記録された神話群である。民族や神話は恣意的に選んだが、アフリカ神話の多様性を垣間見るために、地理的には西アフリカから東南アフリカまで、生業では狩猟民、農耕民、農牧民を、社会形態は狩猟民のキャンプ、農耕民の村落、都市国家、帝国をカバーするよう工夫した。第二章の狩猟民キャンプからはじめて、しだいに大規模で複雑な社会へとすすみ、最後に都市国家を置いた。

本書の構成

現代に生きる私たちと神話の関わりについて、神話に多少とも関心をもつ広い範囲の人びとと一緒に考えるための材料を提供すること。本書がめざすのはそのことで、精緻な神話論の展開や最先端の神話理論の紹介などは主題ではない。

第一章では、「天地分離の物語」の断片のそれぞれに映しだされた神話世界を、スライドショーをながめるように通覧してみよう。「世界のはじまり」を伝える神話のうち、サハラ以南のアフリカにもっとも広く流布しているのは「天地分離」の物語だ。一見、単純素朴だが、今なおアフリカの人びとの魂の奥深く生きている人間観と世界観のエッセンスを凝縮した「小さくて大きな物語」だ。第二章以降七章までは、一転して、いくつかの民族の長編神話の、鬱蒼《うっそう》とした森や起伏に富んだサバンナを探索する。

最後のエピローグでは、「思想の方法」という観点から神話と私たちの生活の関係を考えて本書の締めくくりとしたい。

第一章 人間はなぜ人間になったのか

――死・人間・世界の起源神話

創世神話は、人間はなぜ死ぬようになったのか、なぜ生殖によって子孫を残すようになったのか、なぜ火を獲得したのか、なぜ農耕を始めたのか……と問う。それらすべては「人間はなぜ人間になったのか」「人間はなぜ神から分離し自立したのか」という問いに収斂《しゅうれん》する。

「神話のなかの神話」

旧約聖書の『創世記』の楽園追放の神話は「神話のなかの神話」とよばれる。そこに人間のすべて、人間と神の関係のすべてがこめられているからだ。この神話は、原罪、キリストの十字架と甦《よみがえ》りによる救済、最後の審判という壮大な救済の物語からなるキリスト教の全教義の礎石《そせき》となった。じつは、これとよく似た「天地分離＝神人分離」の神話が、赤道にそって、新旧両大陸やオセアニアなどに広く伝承されており、なかでもアフリカで多様なかたちに展開した。『創世記』の神話も、こうした人類精神史の広範な土壌に根ざしているのだ。

ヨーロッパでは『創世記』の神話が時代ごとにさまざまに解釈され、多様な解釈の継起《けいき》が精神史をつらぬく縦糸のひとつとなっている。これにたいしてアフリカでは、それぞれの地域で、「天地分離」という出来事にたいする独自の解釈にもとづく神話が伝承されている。創世神話は地域ごとに多様であるけれども、いくつか共通の主題もみられるので、本章ではそれらの主題を総覧しておきたい。

このあとすぐ明らかになるように、「天地分離」の神話は、人間や死の起源の物語でもある。人間は死ぬ存在となることで真の人間になった。そして、人間が人間になったことによって、世界もいまあるような世界になった。つまり天地分離の神話によれば、死がすべての要《かなめ》である。

死が人間世界の要であることは、人間が死なない状態、つまり天地分離＝神人分離以前の状態を想像してみるとよくわかる。そうなれば人間の生活はいまとはすっかり別のものになるだろう。死の恐れはない。医療にたいする関心もいまほどではない。食べる必要もない。すくなくとも無理してまで食糧を獲得する必要はない。子どもをつくる必要もない。互いに殺し合うこともない。これを裏返したのが天地分離＝神人分離以後の私たちの生、つまり死によってかたちづくられる生だ。

それでは、死を要とするアフリカの神話世界に足を踏み入れてみよう。以下で紹介するような神話は、神話入門などの書物では、二、三行のエピソードとして紹介されるだけのことが多く、あまり注目されてこなかったといえるかもしれない。だが、「はじめに」で述べたように「人間観と世界観のエッセンスが凝縮された小さくて大きな物語」だ。

「天地分離」からすべてがはじまった

アフリカにも天地創造の神話はあるが、創世神話の多くは、天地の存在を前提にして、天と地が分離するところからはじまる。天と地の分離は始原の神話的夜明けだ。

天は雨雲のように大地のうえに低くたれこめていた。天と地は、人間が手を伸ばせばとどくほど近かったし、そもそも天と地はいまほどはっきりと分かれてはいなかった。世界は薄明《はくめい》のなかにあって、天地だけでなく、事物のあいだに明確な区別というものがなかった。天に宿る神と人間の距離も近かった。人間たちはこの茫漠《ぼうばく》とした世界で神の庇護のもとに暮らしていて、空腹になると雲をちぎって食べた。必要なものは神が与えてくれたので働かなくてもよかった。年をとると神が若返らせてくれたから、死というものがなかったともいえるし、生と死がはっきりと分化していなかったともいえる。

やがて人間は、雲の塊《かたまり》を煮て食べるようになった。そしてある時、ひとりの老女が、それまでになく大きな雲塊を煮ようと湯のなかに投げ入れたので、熱湯が高くとび散って神にあたってしまった。神は怒って地上を去り、同時に天もはるか上方へと遠ざかって、いまのような蒼穹《そうきゅう》となった。それとともに、個々の事物が次第に分離して、それぞれの差異がはっきりしてきた。昼と夜、乾季と雨季、生と死、人間とそれ以外の動物、村里と原野、愛と憎しみなどの区別が生じた。

はるかな蒼穹の下、神のいなくなった地上で、人間たちは、現在われわれが目にするような生活をはじめた。自立したかわりに、食糧をえるためには額に汗して働かねばならなくなり、病気に苦しむようになった。死者は甦らなくなったが、結婚制度をつくり、個人としては死ぬが、生殖によって子孫を残して、集団としては存続するようになった。それと同時に、人間たちは互いに抗争し殺し合うようにもなった。つまり、人間はいまのような人間になり、世界はいまのような世界になった。

（スーダンのヌバ人）

人間らしさは禁止《タブー》への違反から

この物語には、「人間とは何か」という問いへの答えがある。

いまある人間と世界が生じるきっかけになったのは、「それまでになく」大きな雲塊を煮ようしたことだ。このことは何を意味するのか。この物語でははっきりと述べられていないが、天地分離の神話ではふつう、神が課したタブーに違反したことからすべてがはじまる。はじめにタブー侵犯ありき！

禁じられた行為は地域や集団によってさまざまだが、興味深いことに、食事や生産など人間生活を支えるもっとも基本的な活動に関係しているものであることが多い。

神は、一日の消費量の上限をきめたうえで、穀物を与えてくれていた。あるとき、ひとりの女が、きめられた量より多くの穀物を搗《つ》こうとして、高くふりあげた立杵《たてぎね》で神を痛打してしまった。神は怒って上方はるかに去り、同時に、天もはるかな高みへと遠ざかっていった。女は人びとに命じて、ありったけの臼を集めて積み重ねさせた。いまにも空に届きそうになったところで、臼が足りなくなったので、女はいちばん下の臼をとりだして上に乗せるように命じた。命じられたようにしたところ、すべての臼が崩れて、いちばん上に乗っていた者は地上に落ちて死に、それ以後人間は死ぬようになった。
(コートジボワール、ガーナ、トーゴ、ベナンなど西アフリカ諸国)

神は日々の糧《かて》を与えるかわりに、大地を耕すことを禁じていた。ひとりの若い女が、長老たちの忠告を無視して、禁を犯して大地に鍬《くわ》を入れたとたん、天地が鳴動して天ははるかに遠ざかって蒼穹となり、神もどこか人間の手のとどかないところに去ってしまった。
(ケニアのルオ人)

神話に登場する女性の姿、つまり柄《え》の短い鍬で畑を耕し、立杵で穀物を搗《つ》き、雑穀の粉を熱湯でゆがく女性の姿は、日常ごくふつうに見られる光景だ。人びとにとって人間世界の原風景であろう。そのことと切り離してこの物語を理解することはできない。

神話は鮮烈なビジョンを示すが、寡黙でもある。出来事を語るだけで、あまり説明はしない。人間(女)は、なぜそれまでより大きな雲塊を煮ようとしたのか。なぜ大量の穀物を搗こうとしたのか。なぜ禁を犯して大地を耕したのか。そもそも神はなぜこのようなタブーを課したのか……。神話は、こうした問いに明示的には答えないが、タブーを犯すことが「はじまりの神話」の要《かなめ》であることはまちがいない。いわば世界の全重量がタブーにかかっている。

神話を伝承する人びとは、人間社会が合理的に説明し尽くせるものではなく、かならずしも合理的とはいえないタブーに支えられていることに気づいていたし、同時に、人間は本性上、タブーを侵犯し逸脱する生き物だということをも承知していた。「人間とは、タブーを必要としながら、タブーに違反する存在だ」。神話はこの命題を投げかけて、私たちを果てしない思考へと誘っておいて、あとは沈黙を守る。これらの神話は、タブーを犯した行為を非難しているのだろうか。タブーを侵犯したことは、たしかに死をはじめもろもろの災いをもたらしたが、タブーの侵犯なしには、そもそもいまあるような世界も人間も存在しなかったのだ。だからといって、現実の世界でタブーの侵犯を手放しで容認することもできない。この点で起源神話はジレンマをかかえている。神話を伝承してきた人びとの解釈も、神話の女を人一倍食いしん坊だったと非難するかと思えば、家族に十分食べさせたかったのだと弁護するなど一様でない。いずれにしても、タブーについて深く考えることなしに神話世界にアプローチすることはできない。キリスト教の「原罪」を連想する人もいるだろう。「人間の本性」が主題になっている点は、『創世記』もアフリカの神話も共通だが差異もある。その差異についてはこれから見ていきたいが、そのまえに、ちょっとだけ寄り道をしよう。

文字のテキストだけで、すべてを伝えきるのはむずかしい。語り手は表情や所作などあらゆる能力を総動員する。聞き手は合いの手を入れ、時には質問を差し挟み、語り手はそれに答えながら語りを続ける。語りの場での神話とはそのすべてをふくんだものであり、文字で記録されたものとは異なる姿をみせる。

本章で紹介する神話は、文字にすると説明的な断片でしかないが、焚き火のほとりや広場の木陰で身ぶり手ぶりを交え要所要所を繰り返しながら話すと、迫力のあるドラマが立ち現れる。「神は大地を耕すことを禁じていた」と語る声の調子や顔の表情によって、その社会で「タブー」がもつ意味や重みが示される。聴衆は「禁じていた！」と唱和する。女がタブーを破る場面は語りのクライマックスだ。語り手は話術を尽くして、物語のエッセンスをそこに凝縮しようとする。聴衆も、「神にあたってしまった！」と唱和することで語りに参加する。

天地分離の物語は、祖父母が孫に話してやる短編としても親しまれているが、元来はながくて複雑な起源神話の一部であり、長老たちの思索や議論の対象にもなるものだ。

天地分離・神人分離にはじまった「死」

アフリカの神話は、ギリシア神話と同様、人間を「死すべきもの」と定義する。人間は、死ぬ存在となることによって真の人間（いまのわたしたちのような人間）になったのだから、人間の起源は同時に死の起源でもある。興味深いことに、アフリカには世界中の死の起源説話の主要なタイプがほとんどそろっている。そして死の起源の物語はいずれも、ほんの断片でさえ、伝統的な人間観を鮮やかに表現している。

神はひとりの男とその妻とをつくった。人類の始祖であるこの男は、好奇心の塊《かたまり》でエネルギッシュで器用だった。いつも神につきまとい、神がすることは何でも盗み見て上手に真似た。そのうち神は、わずらわしく思うようになり、やがて、男が自分と対等の存在になるのではないかと危惧しはじめた。神が鍛冶をすると、男もさっそく鍛冶をはじめ、弓矢をつくってカモシカを殺した。神は自分の大切な仲間が殺されたと激怒して男を追放したが、しばらくすると男はもどってきて、今度は土地を耕したいと願いでて引き下がらない。神の妻までがとりなすので、神はついに根負けして農耕をはじめることを許した。すると男は、畑に入った野牛を槍で殺すようになった。神が罰としてかれの子どもを殺すと、男は神の住居へ押しかけて苦情をいいたてた。
とうとう神は、身の危険を感じるようになって大河の中洲に移り住んだが、男は筏《いかだ》をつくってやってきた。大きな山をつくって隠れ住んだところ、男はまたもついてきた。その間に人間の数は増えつづけた。神は、静かに暮らせる場所を探させようと、小鳥を遣ったが見つからない。セキレイに占わせると、クモの助けが必要だという。神はクモに紡がせた糸を伝って天に昇り、そこを住処《すみか》とした。男が神を捜そうと、天をめざしてクモの糸をよじ登りはじめたので、神は急いでクモの糸を断ち、さらにクモの目をくりぬいて天への道をたどれなくした。

男はなおもあきらめず、仲間の人間を動員して木製の台を積み重ねて天に昇ろうとした。もうすこしで天に手が届くというところで台が足りなくなり、いちばん下の台を取って使おうとしたので、積み重ねた台はすべて崩れ落ちてしまい、多くの人間が大地に叩きつけられて死んだ。そこで男はようやく天に昇ることをあきらめたが、この最初の死がきっかけとなって、それ以後、人間は死ぬようになった。神に直接会うことができなくなった人間たちはいまでも、太陽が昇ると神に挨拶し、月が昇ると神の妻に挨拶する。

（ザンビアのロジ人）

同じロジ人の神話に、身内と死別してひとり残された女が、なぜ自分だけがそのような運命に見舞われたのか神に問いただそうとした話もある。女は、天と地が接するところをめざして歩きつづけたが、ついにあきらめて、天にとどくまで木の箱を積み重ねることにした。あと一つで天に手がとどくところで、箱が足りなくなったので、いちばん下の箱を引き抜いたところ全部の箱がくずれて死者がでた、というのだ。

よく似た神話は西アフリカにもある。第四章で詳しく紹介するが、そこでは人間が、あれも欲しいこれも欲しいと次々に要求するので、神はわずらわしくなって地上を去ったということになっている。人間がたてる騒音に耐えがたくなったからだという話もある。「まったく、人間というやつは……」という神話伝承者のつぶやきが聞こえるようだ。

なお後ほど述べるように、アフリカではこの種の神話は、『旧約聖書』のバベルの神話に似た「塔の神話」とも繋がっているようだ。

「見ること」の力、「見ること」の禁止

また別の神話によると「見る」という行為が、いまある世界をもたらした。もっといえば、禁じられたものを見るという行為によって、神のいない地上の生活がはじまった。「見る」ことにはそれほどの力があるのだ。

かつては、神は人間とともに地上に住んでいたが、深い森の奥に潜んでいて、けっして姿を見せなかった。人間は、神の声を聞くことはできたが、姿を見ることは禁じられていた。人間がこの禁止を守るかぎり、神は人間を庇護し食物を与えたから労働ということはなかった。そのころ人間は死も生殖も知らなかった。

あるとき、どうしても神の姿を見たいという好奇心を抑えかねたひとりの女が、神の姿をこっそりと

盗み見たので、神は怒って地上を去った。それ以来、人間は生殖によって子どもを産むようになり、最初に生まれた子どもが死んだことによって、世界に死がもたらされた。このようにして、人間は個体としては死ぬが、生殖によって子孫を残す生き物となったのである。

（コンゴのムブティ人）

禁を犯した女はそこに何を見たのだろうか。神話では「見るな」という禁止はめずらしくない。禁じられたにもかかわらず、黄泉《よみ》の国でウジのたかるイザナミの死体をのぞき見たイザナギ、本来の姿のワニザメに戻って出産するトヨタマビメの姿をのぞき見たホオリ。ギリシア神話には、冥界をふり返って妻を失ったオルフェウスがいる。神話以外でも、鶴女房の正体をのぞき見たヨヒョウなど。見るということは「見分ける」ことだ。いずれの場合にも、禁じられたものを見ることは、神と人間、人間と異類、あの世とこの世を永遠に分離して、いまある世界とそこでの人間生活をもたらした。

この話の主題のひとつは、聞くこと（聴覚）と見ること（視覚）の対比だ。神はなぜ声を聞くことは許したのに、姿を見ることは禁じたのだろうか。人間にとっては聴覚と視覚の対比は単純に感覚だけの問題ではなく、深い精神的な意味をもっている。聴覚（や触覚）を通して人間は視覚とは異なる仕方で世界と交流する。いずれにしても、人間が禁を犯して神を見てしまったために神はどこかへ去り、今あるような人間と世界が生じた。現代文明は視覚優位の文明だといわれる。神話はこのことが人類の運命と深く関わっていることを示唆する。神話は人間にとって真に基本的なことをすべて含んでいるとするなら、見ること（視覚）と聴くこと（聴覚）の対比が人類の運命と深いつながりあるという直観的な認識が込められていても不思議ではない。

好奇心が招いた死

起源神話で人間がタブーに違反するのは、好奇心によることが多い。神話によれば好奇心は人間の本性で、人間の運命をかたちづくる。その認識が、「人間はタブーを侵犯することによって死すべきもの、つまり、いまのような人間になった」という命題と結びついて「見るな」の神話になったのだろう。

元来、人間は年をとると脱皮して若返った。ただし、脱皮するところを人に見られないことが条件だった。あるとき、年とった女が脱皮しているところを、好奇心に駆られた若い女がこっそりのぞき見てしまった。老女はそれ以上脱皮できなくなり、しわだらけになって死んだ。それ以後、蛇は脱皮するけれども、人間は脱皮しないで死ぬようになった。
（コンゴのルバ人）

この話型は、比較神話学などでは「脱皮型」と分類されており、東南アジアなどにも広く分布している。生き物にとって脱皮は可能性の開花であるが危険をともなう営みでもある。失敗すれば死だ。

脱皮を目の当たりにすることには独特の感動がある。自然と共感できる人びとにとって、それは私たちが想像する以上に力ある神話的イメージだろう。

次の神話でも好奇心が死をもたらす。

放浪生活をしていた人間たちは、定住して農耕をはじめたいと思い、作物の種子をもらうために神のもとへ使者を送った。神は使者に幾つかの包みを与え、そのうちのひとつをけっして途中で開けてはならないと告げた。ところが、好奇心に負けた使者が帰途その包みを開き、そこに封じこめられていた死が世界中に広まってしまった。

(ザンビアのランバ人)

裏切りや盗みによって手にした火や穀物

神話では、火の獲得は人間が真の意味での人間になるための決定的なステップとされている。しかも、火の獲得はしばしば死をもたらす。『古事記』でも、イザナミは火の神を産んだときホト(陰部)を焼かれたのがもとで死ぬ。アフリカには、人類が盗みによって火を手に入れると同時に、死の運命をも与えられるという神話が多い。起源神話ではなぜか「盗み」が大きな位置を占めている。

動物の主《しゅ》であるトレは、いちばんの宝物である火の見張りを年老いた母に頼んでいた。老母が火に暖まってウトウトしているすきに、人類の始祖が火を盗んだ。気がついたトレは盗人を追ったが、なかなかつかまらない。ついにトレは人間の能力を認め、対等の仲間と見なすと宣言して追跡をやめた。ところが、トレが家に戻ると、火を失くした母が寒さで凍え死んでいた。激怒したトレは、人間に死を与えて復讐した。こうして人間は火を手に入れると同時に、死すべきものとなった。

（コンゴのムブティ人）

狩猟採集民であるコンゴのムブティの神話によれば、人間は火だけではなく、食物や生殖の秘密なども森の主や猿などから盗んだ。第三章で紹介するブルキナファソ共和国の農耕民ブワ人の創世神話には、人間が世話になったアリをだまして穀物の種子を盗む場面がある。牛をあらゆる価値の源泉と見なして牛と共生しているはずの牧畜民のなかには、人間は牛をだまし裏切って家畜にしたという神話をもっている人びともいる（ケニアのキプシギス人、小馬徹氏の採録による）。人間が人間として生きるための基本的な前提条件は、他の生物への裏切りや盗みによってえられたのだ。人間は他の生物への「犯罪」によって人間になったということなのか。

敵対やコミュニケーションの断絶など、人間と他の生物の分離のはじまりを説明する物語は、天地分離の神話の一環として広く分布している。天地分離の神話は単純で独善的な人間賛歌ではなく、他の生物との関係のなかに人間の「原罪」のようなものも凝視している。このすぐあと、「親人間勢力と反人間勢力のせめぎあいで決まった人間の運命」の項でも、同様の人間観がみられる。

人間が自ら選んだ死

これまでに紹介した神話でも、死の運命はある意味で人間自身が招いたもの、いわば自業自得だったが、もっと端的に、人間がみずからの意志で死を選びとったと述べる神話もすくなくない。

神は人間を不死にしようと考えて、最初の男女に、人間は死んでも十五日目に甦るようにしようと提案した。ところがかれらは、それでは人口が増えすぎて土地が足りなくなると反対したので、人間はいちど死ぬとそれでお終《しま》いということになった。

(スーダンのディンカ人)

かつては、亀と人間と石は子どもを残すことはできなかったが、年とっても死なないで若返っていた。やがて亀と人間は、子どもがほしいと繰り返し神に懇願するようになった。

「生き物は子どもを生むと死ななければならないのだが、それでもよいか」

「子どもがもてるのなら死んでもかまいません」。

そこで亀と人間は出産と死をえたが、石は子どもを望まなかったから、いまでも死ぬことがない。

(ナイジェリアのヌペ人)

子どものいない不死よりも、子どものいる死を。子孫の生のうちに生と死の循環を実現することを。それが人間の選んだありかたなのだ。神話では、死はつねに性の分化つまり生殖とセットになっている。現代科学もまた有性生殖と死のあいだに密接な関連があることを明らかにした。「ベニルリハコベを自然光の条件のもとで栽培すると、無性的な増殖がおこるが、明るい時間を長くすると無性生殖は止まり、花が咲く。すると、無性的に増えていた植物は全部急速に老化して枯れてしまう」(柳澤桂子『われわれはなぜ死ぬのか』)。

神は最初の男女に二種類の死から一つを選ばせた。二種類の死とは、月のように何回でも生き返ることができる死と、バナナのように死んで腐るが子孫を残す死であった。二人はバナナの死を選んだ。こうして人間は個体としては死ぬが、集団としては子孫を通じて生きつづけるようになったのである。
(マダガスカルのバラ人)

この話型は「バナナ型」として知られており、東南アジアに広く見られるものだ。アフリカから見ればはるか東方に位置する日本の『古事記』は、天孫のニニギノミコトが美しい妹のコノハナサクヤビメだけを受け入れて、姉の醜いイワナガビメを父の元へ返したので、天皇の寿命が限られることになったと伝えている。いうまでもなく美醜はきっかけでしかなく、重要なのは、やがて枯死する「花」と永続する「岩」のどちらを選ぶかだった。

人間は、死を選んだというよりも、性の営み（生殖）なしに永遠につづく生と、死と誕生の循環によって受けつがれる生を比較して、後者を選んだというべきだろう。それは、個人としての不死ではなく、婚姻制度によってもたらされる集団としての不死を選んだということでもある。いろいろバリエーションはあるが、人間がみずから不死ではなく死を選んだという点は一致している。

神と対等になろうとした人間は死を与えられた

つぎの神話は、人間が「自立」を選んだことが、そのまま死を選んだことにつながったと述べており、短編ではあるが、天地分離の神話の総集編といってもよい内容になっている。

神は、天で男女一組の人間をつくり、二人が神に反抗したり神を忘れたりしないよう、天界で自分のかたわらに住まわせていた。そのころは、天と地は互いに近く、人間は天地を自由に往き来していたが、やがて地上に住みたいといいだした。はじめのうち神は渋っていたが、妻がとりなしたので、食物を栽培せず結婚もしない（生殖活動をしない）ことを条件にそれを許した。人間は地上に住むようになってもしばらくは、食事は天上に戻って神といっしょにしていた。ところが女は神の言いつけにそむいて、地上で作物を栽培し調理して食べるようになった。

女がつくる食物のほうがおいしいことに気づいた二人は、もっぱら地上で食事をするようになり、他の生物から性の手ほどきを受け、結婚して子どもをもうけた。時がたつうちに、人間たちは神とその妻のことをすっかり忘れてしまった。責任を追及された神の妻は、せめて人間が自分たちと対等になることを防ごうと、天に昇る道を断つとともに「死」を地上に遣わした。「死」は最初の男女（祖人）を殺し、彼らの子孫のあいだに争いの種をまき、互いに殺しあうことを教えた。死はその後も地上に留まりつづけている。

（ナイジェリアのエフィク人）

ここには、アフリカの創世神話の構成要素がほとんど出そろっている。登場するのは、神とその妻、死、祖人、祖人の子孫たち。主題ははっきりしている。神による人間の創造、神に依存し庇護される人間の生、神から離れて自立しようとする人間の意志と欲望、自立に向けて積極的に男をそそのかしひきずってゆく女、タブーに違反すること、人間が自分と対等になることを嫌って死を遣わす神、……。これは人間が人間になる物語であり、人間が人間になるとは、なによりもまず人間が死すべきものになるということだ。ただし、それは単なる死ではなく、生殖による生と死の循環からなる「新たなる生」のはじまりだ。それは同時に、争いや殺戮のはじまりでもある。しかも、それらすべては人間がみずから選んだことなのだ。

ほんの十行ほどの、しかも「子どもにも分かる」単純な筋のなかに、人間の出現、人間と神の関係、人間の本性と歴史などについての洞察が盛りこまれている。これはおそらく、世界でもっとも簡潔に語られた「人類史」で、いつか人類が滅びるときがくれば、墓碑銘として使えそうな内容だ（だれが墓碑を立てるのか?)。人類発祥の大陸の住民たちが、このような自画像を、簡潔な物語を通じて老若男女の心に深く刻みつけてきたという事実を、心に留めておきたい。

私たちは、残念ながらふつう、文字になったものとしてしか神話に接することができないので、神話を生きた人びとが何を考えたのかがわかりにくくなっている。たとえば、「人間が神と対等になる」とはどのような事態なのだろうか。なぜ神はそれを嫌うのだろうか。この観念は人類にとってほとんど普遍的ともいえるもので、『旧約聖書』にも古代ギリシアの世界観にもみられる。

変えられたメッセージがもたらした死

神も人間も望んでいなかったのに、神と人間を結ぶ使者が、故意にか誤ってか、メッセージの内容を変えたために死がもたらされることもある。西アフリカから東南アジアまで広く分布するモチーフで、死の起源神話の類型のひとつとして「変えられたメッセージ」とよばれている。その背後には、神と人間のあいだの「仲介者」という、宗教や政治の根幹にかかわる大きな主題が隠されている。偽の預言者や権力者など、現代のわたしたちにとっても深刻な意味をもつ主題だ。この主題については、第三章で詳しく述べることにしよう。ともあれ、死の起源神話は、騙《だま》す仲介者、悪意はないが愚かで弱い仲介者、怠惰で無能な仲介者などのオンパレードだ。だが、仲介者はトリックスターとしての側面ももっていて、一筋縄ではゆかない。

かつて人間は年をとると神から若返りのための新しい皮膚を与えられたので、だれも死ななかった。あるとき神の使者である犬が、新しい皮膚を入れた包みを人間のところへ届ける途中、動物たちがカボチャと米で宴会を開いているところを通りかかった。招待された犬は、すっかりご機嫌になって包みの中身のことをしゃべってしまい、それを盗み聞いた蛇が、素早く新しい皮膚を身につけてしまった。それ以後、蛇は脱皮して生きつづけるが、人間は死ぬようになった。

（シエラレオネのコノ人）


神は「人間は死んでも、翌朝には目覚める」と定めたので、死者が出ると人びとが一夜を死者の傍らですごし、翌朝に死者は生き返った。

ある男の死に際して、野うさぎが「死体を地中に埋めないと神の怒りを買うぞ」といったのにだまされて、人びとは死体を地中に埋めた。神は「自分の言うことよりも、野うさぎの言うことを信じた」と怒って、人間がいちど死ぬと生き返らないようにしてしまった。

（スーダンのヌバ人）


はじめて人が死んだとき、人間たちはどうしていいかわからず、神の助言をえるために使者としてカメレオンを神のもとへ遣った。神は、「焼きパンを死体の上に投げれば、死者は生き返る」と教えた。カメレオンは道草を食って帰りが遅れ、その間にも死者が続出したので、人間たちは待ちきれず今度はトカゲを送りだした。わずらわしく思った神は、「穴を掘って死体を埋めるがいい」と答えた。トカゲの方が先に戻って神のお告げを伝えたので、カメレオンがもどったときには、死体はすでに埋葬された後だった。こうして人間は死ぬようになった。

（中央アフリカのマルギ人）

親人類勢力と反人類勢力のせめぎあいで決まった人間の運命

マルギ人の神話で、人びとは口ではカメレオンを責めるのだが、「わずらわしく思った神は……」というあたりに、人間のせっかちさや神への信頼の不足に対する反省がこめられているようにも思われる。この種の神話は元来、神の意志、使者の性質、人間の側の問題などが組み合わさった複雑なものだった。

神は「人間は死なない」というメッセージをもたせてカメレオンを地上に送ったが、しばらくして気が変わり、第二の使者トカゲに「人間は死ぬ」というメッセージをもたせた。カメレオンは足がのろいうえに道草を食っていたので、トカゲの方が先に着き、人びとは死のメッセージを歓呼《かんこ》で受け入れてしまった。しばらくしてカメレオンが着いたが、いちど言明され受け入れられたことを変えることはできなかった。

（南アフリカのズールー人）

この断片だけでは、神がなぜ当初の考えを変えて死のメッセージを送ったのかわからないし、また、なぜトカゲとカメレオンの組み合わせなのか、しかもなぜカメレオンが不死のメッセージをもたらし、トカゲが死のメッセージをもたらすのかもわからない。じつは、これは、もっと長く複雑な神話の一部が断片として伝えられたものなのだ。南アフリカの詩人でノーベル賞作家のマジシ・クネーネは、その神話にもとづいて長編叙事詩（『アフリカ創世の神話』）を創作したが、それによれば、神々のあいだでは、そもそも人類を創るべきかどうかについて賛否両論の激しい応酬があった。結局、人類は創られたが、その後の人類のふるまいを観察した神々のあいだに、人類を存続させるかどうかでふたたび対立が起こった。人類に好意的な勢力がからくも勝利をえて、カメレオンが「人間は死なない」という「永遠の生命」のメッセージをもたらすべく人間界へと旅立った。

しかし、その後も人類のふるまいには問題があり、天上では反人類派の巻きかえしが効を奏して、人類を絶滅させるべしという宣告がくだされそうになる。紆余《うよ》曲折の末、「人類は個体としては死ぬが、子孫を残すことで種としては生きつづける」という妥協案が成立した。トカゲがそのメッセージをたずさえて天を出発し、道草をくっているカメレオンを追い越して先に地上に到着した。トカゲがもたらした「死の運命」を歓呼をもって受け入れた人類は、遅れて到着したカメレオンが「永遠の生命」を告知したときには、聞く耳をもたず嘲笑《ちょうしょう》を浴びせただけだった。

「人類の運命をめぐる神々のあいだの論争」というのは、人類が自然環境を破壊し、他の生物種を絶滅させつつあることを知っている現代の作家らしいアイディアだと思われるかもしれない。だが意外なことに、神々や他の動物のあいだの論争の結果として、人類が創造されたり死すべく運命づけられたりしたという観念は、アフリカだけでなく世界の他の地域の神話にも広く見られる。人類は、自分たちの存在が世界にとって問題をはらんだものだという認識を、遠い昔からいだいていたようだ。

他方で、カメレオンとトカゲの組み合わせは偶然ではない。カメレオンのゆるやかで不器用な動きと、トカゲの敏捷な動きの対照は、日頃から人びとの注目をひいている。カメレオンは、世界のはじまりの時につくられた生き物で、できたばかりでまだ柔らかだった大地を歩いたために、あのようによたよたした歩き方になったのだといわれる。カメレオンは、神話では神（創造主）に親しく仕える者として、また神と人間のあいだの仲介者として登場する。

クネーネによれば、南アフリカ共和国のズールー人の神話におけるカメレオンとトカゲは、人間性の異質で補完的な二つの側面を代表している。カメレオンは、ゆるやかに創造的にはたらく究極的な知の象徴であり、永遠の生命の伝達者だが、実践においては愚かで誘惑に弱い。トカゲは、速さと正確さを象徴し、機知と決断力に富み、与えられた任務に専念する有能な実践者であるが、結果的にはしばしば死と破壊をもたらす。注意深く観察すれば、わたしたちのだれもが、自分のうちに、あるいは身の回りに、「カメレオン人間」や「トカゲ人間」がいることに気づくことだろう。

神話のメッセージには奥行きがある。さきほど、死の起源神話は、愚かな、無能な、騙《だま》す「仲介者」のオンパレードだと書いたが、それを額面どおりに受けとって終わりにできないのが神話だ。くり返しになるが、神話は一筋縄ではいかない。一見すると子供だましのお話と思われる文字面の背後にしばしば深い洞察が秘められている。

この物語では、カメレオンのゆるやかな動きが不死と結び付けられ、トカゲの敏捷さと正確さが死と結びつけられているが、どちらかが絶対的に善や悪であるわけではない。両者の相互作用と均衡から生命と秩序が生まれるのであり、両者がそれぞれの本領を発揮した結果として、「生と死の循環からなる大いなる生」という中庸がもたらされたのである。トカゲのメッセージは、じつはたんなる死のメッセージではなかったのだ。神々や他の生物たちが激論の末に到達した結論、つまり、人間を個体としては死ぬが、生殖によって子孫を残し集団としては生きのびる存在にする、ということは、生と死の循環としての「大いなる生」を生きる存在にする、ということでもある。つまるところ、死の起源神話とよばれているものは、この「大いなる生」のはじまりの神話としても解釈できるのだ。

交換や婚姻の制度がもたらした死

死のはじまりを、人間社会の基本的な秩序の成立と結びつける神話もある。人間社会の基本的な秩序を生みだすのは、婚姻の制度をふくむ交換だ。交換の制度の獲得が死をもたらす――これも、人間生活の基本的な条件を獲得することが死を招いた、言い換えれば人間の共同性は人間が死すべきものだということを前提としているという神話的認識の一例とみなせよう。

死はブッシュに住んでいて、村を訪れることがなかったので、人びとは死ななかった。あるとき、ひとりの狩人がブッシュで死と出合い、数日死と暮らしたのち、肉をもらって村にもどった。しばらくたってから、死が村を訪れて狩人にお返しを求めた。狩人が自分の子どもを贈ると、死はその子どもをブッシュへ連れていった。それから、人は死ぬようになった。

(コートジボアールのダン人)

これは、交換と死の起源の神話であると同時に狩猟のはじまりと死のはじまりを結びつける神話と考えることもできる。神話は人間が生命を維持するための農耕や狩猟が人間自身にとっても他の生物にとっても死とかかわる営みであることを見すえているのだ。

かつて、世界は闇のなかにあった。サ(死)は、闇のなかに泥の海をつくり、妻と娘とともに暮らしていた。そこへ、どこからかアラタナンガ(祖人)が現れ、よりよい世界をつくると宣言して泥の海を固め、その上に動物や植物を創った。サはその世界は気に入ったが、アラタナンガが娘との結婚を申しこむと拒否した。アラタナンガはサに婚資《こんし》を払わないで、娘と駆け落ちした。白人の男の子と女の子を四人ずつ、黒人の男の子と女の子を三人ずつ、合計十四人の子どもを生んだところ、子どもたちは全員異なる言語を話したので、両親はかれらの言うことがわからなかった。困惑したアラタナンガがサを訪ねて苦情を述べると、サが答えた。「お前たちが反抗したから、懲らしめるために子どもたちの言うことを理解できなくしたのだ。白人の子どもたちには知性と文字を与え、黒人の子どもたちには食物を生産するための道具を与えよう。黒人は黒人同士、白人は白人同士結婚しなければならない」

アラタナンガの子どもたちは世界中に散らばってときがたったが、世界はなお闇に包まれたままだったので、アラタナンガはサに光を与えてくれるよう頼んだ。サはそれに応えて、明るさをもたらす歌い方をニワトリに教えた。ニワトリが歌うと光が現れた。光は太陽から発し、太陽はサが定めた道をたどる。さらにサは、夜の光として月と星をおいた。しばらくするとサは、アラタナンガに贈り物へのお返しを求めた。

「お前は私の一人娘を盗んだのだから、今度は、私が望んだときにいつでも、子どもの一人を私に差しださなければならない。お前はそれをけっして拒むことはできない」

(ギニアのコノ人)

ここには、罰としての言語の多様性という「バベルの塔」を連想させる観念がある。また、子どもを一定期間母方の祖父母のもとに預けて手伝いなどをさせるという慣習の起源の物語でもある。この慣習は、妻方と夫方の権利義務にかかわるもので、婚姻制度の一部をなしている。

サとアラタナンガの関係も興味深い。サは創造神であると同時に死そのものでもある。神話の想像力は自在だ。神が死の究極の源泉であるという観念から、神が死そのものであるというイメージへと、やすやすと移行する。一方、アラタナンガは造物主の性格をもつ祖人（最初の人間）であるようだ。

この話の背景には、植民地支配下におけるヨーロッパ人との関係が見え隠れしている。生きている神話は、必要に応じて新しい事象をどんどん組みこんでいくものだ。

「争い」からはじまった世界

いまある世界は「争い」から生じたという神話もある。渾然とした世界に個別性が萌芽し、区分が生じ、分離したものの間の争いが始まる。「争いは万物の母」。

天と地がわかれるまえは、世界の本体であるアルム（根源的な宇宙的力）は未分化で、差異も非連続性もなかった。造物主と被造物、天地、生死の区別もはっきりしていなかった。生き物たちの個別性も萌芽状態で、すべては渾然とした輪舞《りんぶ》の渦巻きのなかで融合していた。その渦巻きがアルムだった。かくして悠久の時がたつうちに、渾然《こんぜん》たる世界に生物たちの個別性が芽生え、争いと離反がはじまり、アルムに無数の亀裂がはしった。なかでも人類と他の動物たちの争いがいちばん深刻だった。動物たちは人類を亡き者にしようと共謀し、戦いにそなえて手に入るかぎりの槍を集め、一人の老女に見張らせた。人類に味方する犬が老女をうまくだまして槍を盗んで人類に与えたので、人類は先制攻撃をかけて動物たちを撃退し、からくも生きのびることができた。

この争いの結果、天と地は分離し、神（造物主）は地上を去った。人類はそれまで四足歩行していたが、このときから直立二足歩行するようになり、また犬の助けで言語と火を手に入れた。人類に味方する動物たちは家畜となり、敵対するものたちは野生動物になった。それ以来、個々の生き物とアルムは分離して両者の関係は不安定になった。身体からアルムが一時的にはなれるのが病気であり、永久にはなれるのが死である。

アルムの大分裂によって、いま私たちが生きる世界が生じたのだが、始原の世界が完全に失われたのではない。世界はいわば「未分化な始原」と「分化した現世」という二つの相（層）を得たのだ。両者ともアルムの現れだが、濃度や現れ方が異なる。原野とそこに住む野生動物はいまでも始原の未分化なアルムを濃密に保持している。ゾウがその代表だ。人間社会にも原野のアルムと特別な関係をもつ集団がある。彼らはアルムを操作する能力と技法をもっているので、人間を病気にすることもできれば病気を治すこともできる。

アルムの分裂はたんに過去のことではない。いまなおアルムは分裂しつづけていて、人間世界に生じるさまざまな変化はその現れだ。

（スーダン南部のウドゥク人）

「始源の輪舞《りんぶ》」と死の起源

アフリカは「踊る大陸」とよばれることがある。この大陸では人間とは、揺り籠から出ると同時に踊りはじめ、墓に入ることによって踊りをやめる生物なのだ。この大陸には、始原の混沌を渾然とした輪舞あるいは群舞としてイメージする神話をもつ民族がいる。彼ら神話によれば、この「始原の輪舞」のなかに次のようにして死が生じた。

「始原の輪舞」のなかにいた生き物たちは、死んでもヒョウタンに入った「月の油」を体に塗ると月のように蘇った。ところが、二匹のトカゲがヒョウタンを奪い合って争ううちにヒョウタンが割れて油はすべて流れ出てしまった。それ以来、死んだものは生き返らない。月の面には今でも、争いあう二匹のトカゲの姿が見える。

（スーダン南部のウドゥク人）

ここでも死をもたらしたのはトカゲだ。ただし、二匹のトカゲの「争い（闘争）」は、この世に死をもたらしただけでなく、今ある世界をかたちづくるために決定的な役割をもはたしたのだ。神話的な観点からすれば、争い（闘争）は単なる悪ではなく、死と並んで人間を人間たらしめ、この世をこの世たらしめるもっとも基本的な力なのである。この観念は、古代ギリシアのアゴーン（戦い・競闘）の観念と響き合うように思われる。古代のギリシア人にとって、アゴーンは存在そのもの、生そのものだった。神々もたがいに戦い、国家と国家は武力で、貴族と民衆は政治的駆け引きで、哲学者と哲学者は論理でたがいに戦った。

神話においては、事物のあいだにほどよい距離が失われるとつねに戦いが発生し、新しい秩序、つまりほどよい距離の形成に向けて作用する。

「始原の輪舞」の神話には一見したところ何のことかわかりにくい奇妙なものもある。これは死の起源の物語であり、また「近づきすぎ」や「離れすぎ」による混乱を経て、「ほどよい距離」に支えられた秩序が生まれるという物語でもある。


始原の世界では、天と地をつなぐ巨樹が、天の舞踏会へ参加する人びとの通路になっていた。その巨樹の根元ではひとりの老女が食事の支度をしていた。通りかかった娘たちにオクラを粉にしてくれるよう頼むが、どの娘も一刻も早く踊り相手の男をつかまえようと天へ急いでいて、老女の頼みに応える者はいなかった。最後にやってきた一組の兄妹が手伝ってやると、お礼に「間もなくこの樹を燃やすから早めに天から戻れ」と教えてくれた。

兄妹は早めに天を去ったので無事に地上に戻れたが、他の者たちは遅くまで踊っていたので、帰ろうとしたときにはすでに巨樹は燃えつきて天と地の繋がりは断たれ、天地は遠くはなれていた。まず背の高い者が飛び降りたが、地面に叩きつけられて二度と立ち上がれなかった。つぎに背の低い者が飛び降りたが、結果は同じだった。これがこの世で初めての死だ。その後、背の低い者が背の高い者を背負って飛び降りて、無事に着地した。すでに地上には死が発生していたので、無事に着地した二人もやがて死を迎えたが、彼らはその前に飛び降りた者たちとはちがって、死ぬ前に子孫を残すことができた。

（スーダン南部のウドゥク人）

過剰と極端が招いた死

これも典型的な「天地分離」の神話だ。巨樹を燃やして天地を分離したのは女（老女）だし、きっかけをつくったのは料理という行為である。そして、天地分離とともに死と生殖がはじまったことになっている。この神話を小田亮はつぎのように分析している。

この神話は、事物が極端に接近した状態から始まる。人が毎日天地のあいだを行き来するというのでは、天と地、神と人が近づきすぎだ。適切な距離を見失った若い男女は互いに近づきすぎて、老人を排除している。こうした極端な接近が「天には不死、地には死」という分裂を招き、死が次の生を準備するという「生と死の循環」が失われる。極端は極端を招く。「生と死のほどよい距離」つまり「生と死の循環」を実現するには、癒着や分裂を克服する仲介者が必要だ。ここでは、身長差がある男の二人組、兄妹、老女がそれぞれ仲介者としての適性をそなえている。なぜか。男の二人組は高低（あるいは天地）のあいだの適切な関係を象徴しているからだ。兄妹は、男女両性からなり、互いの年齢差が小さく、また世代の違いをこえて老女を助けるので、性差と年齢差と世代差がもたらす断絶を防ぐことに寄与できる。性は異なるが性的関係をもたない兄妹と、すでに閉経期を迎えていわば中性化した老女は、性別がもたらす癒着と断絶を防ぐことに寄与できる（『構造人類学のフィールド』）。

ここで重要なのは、単純に善玉悪玉のレッテルをはるのは神話のやり方ではないということだ。神話によれば秩序を確立するためにはまずもって混乱が必要だ。自分たちのことしか眼中になくなった若い男女はいわば「近づきすぎる」ことによって混乱を招いたが、そのことによって現在の世界が生まれるためのきっかけをつくったとも言える。彼らが「近づきすぎ」なければ、「死」と「不死」の極端な分離は生じず、また彼らが老女の頼みをことわらなければ兄妹の出番はなく、老女は巨樹を切り倒さず、したがって天地がほどよく離れたいまの世界も実現しなかったのだから。神話と単純な道徳的教訓との違いは、こういうところにも現れている。

私たちの生活とは無関係な神話と思われるかもしれないが、そんなことはなくて、この神話を光源にすることによって気づかされることがたくさんある。例を挙げてみよう。幸せに暮らすには立場の異なる者同士が適切な距離を保たなければならない。このあたりまえのことに対する現代人の感受性や思考は、混乱し曖昧になっている。わたしたちは、親子、異世代、男女、あるいは隣人同士など、身近な人間同士のほどよい距離を保つことが下手になりつつある。現代社会を全体的に見ても、社会システムや社会的状況はつぎからつぎへと差異を生みだすが、異質なものを関係づけるための思考や習俗を洗練しないから、差異と区別は生活を豊かにし活性化することにはつながらず、片端から差別と排除に転化する。現代社会では、過剰な同一化と過剰な排除への力が強く、「ほどよい距離」が育ちにくい。

「ほどよい距離（ほどよい関係）」は神話の普遍的な原理だ。世界は神と人間、秩序と混沌、生と死など異質な原理の組み合わせで成り立っている。異質な原理が適度に対立、拮抗、補完の関係（ほどよい距離）にあるとき活力ある秩序が維持される。神話でいう「ほどよい距離」はいわば「動的均衡」だ。

いま私たちが生きている世界は、タブーの侵犯・反抗・逸脱などによって区分と距離が生じて出来上がったものなので、もともと敵対（離れすぎ）や癒着（近づきすぎ）や極端な支配従属を生じやすい不安定な状態にある。人間は他者との「ほどよい距離」を見失いがちで、敵対と癒着、断絶と同一化や従属のあいだで揺れ動く。そこで神話はくりかえし「ほどよい距離」が大切であることに注意を喚起する。

「ほどよい距離」は「中庸」や「節度」や「中道」にも通じる。ブッダや孔子はよりよい生き方を求めて「中道」や「中庸」という原理を見出したが、世界の草の根の住民たちは、それよりはるか以前から、世界を存立させる根本原理としての「ほどよい距離」や「節度」に想いを凝らしていたようだ。両者の関係を問うことは、古代文明の古典に新たな理解をもたらすと同時に、草の根の神話を「人類のもう一つの古典」として評価することに繋がるだろう。

はじまりのドラマの主役としての女性

すでにお気づきのことと思うが、はじまりのドラマの主役はなぜかたいてい女性だ。タブーを侵犯して天地分離のきっかけをつくるのも、天地分離へむけて男性をひきずりこむのも女性。つまり、人間が人間になり世界が世界になることにもっとも寄与したのは女性だということになる。その際女性はしばしば「仲介者」としての役割も果たしている。

キリスト教世界でも『創世記』のエバの評価は揺れているようだが、アフリカでもそれと似た議論が行われている。神が課した禁止に反した女にたいする男たちの評価もまちまちだ。女というものはもともと反抗的だ、女というものは何をしでかすかわからないと慨嘆《がいたん》してみせる長老もいれば、この神話を、英雄的女性の物語に仕立てて人気をよんだ、ケニアのグレース・オゴトのような女性作家もいる。オゴトによれば、起源神話の主役である女性は因習《いんしゅう》に縛られた長老たちに敢然《かんぜん》と反抗して、人類のために新しい可能性を拓《ひら》いたことになる。

起源神話では、女性はしばしば世界に分離や断絶をもちこむ役割をになう。そうした女性には結婚したばかりで宙ぶらりんな立場の新妻や閉経期を過ぎた女性など、どちらかといえば、社会的に周縁的・境界的な者が多い。天地分離の物語のようにポピュラーなものだけでなく、女人禁制の男性秘密結社の起源伝承でも、主役がしばしば女性なのは注目に値する。

もともと人間と動物は一緒に暮らしていた。人間と動物は友達だった。ンベは森のなかでもっとも強くもっとも賢い動物であり、人間に食べ物をくれたり守ってくれたりするだけでなく、生活に必要な知恵も授けてくれた。ンベの教えが人間社会を支える掟になった。
ところで、ンベにはひとつだけ人に知られたくないことがあった。それは自分が昼寝している姿だった。そこで人間たちに、昼寝しているときには決して部屋をのぞかないと約束させ、人間たちも長いあいだこれを守っていた。ところがある日、ひとりの女がこの約束を破ってしまった。ンベはすぐに気づき、怒って家をとびだすと森へと姿を消して、その後二度と人間たちのところへ戻ってこなかった。そればかりか、森のなかで人間に会うと襲いかかるようになってしまった。ンべにならって他の獣たちも森に移り、人間と動物はべつべつに暮らすようになった。腹をたてた男たちは、女を排除して自分たちだけでンべの教えを守っていくことにした。これが、女人禁制のンべ結社の起こりだ。

（カメルーン南西部のエジャガム人）

神を手なずけた女

神話の論理では、分離する者は媒介する者でもあるから、女性は、神的なものと人間のあいだを媒介する存在としても登場する。

ンべは人間の前には仮面の姿で現れるのだが、ンべ結社の最高位の仮面オクム・ンべの起源神話では、部外者には知られていない次のようなエピソードが語られる。


ンべは人間とは離れて森のなかで暮らしており、人間には姿を見せなかった。そんなある日、ひとりの女が偶然に居眠りしているンべを発見した。この女はンべを上手に手なずけて連れて帰ることに成功した。女はンべを手なずけることができるが、男には無理なのだ。この女は家に戻ると、夫をはじめとする男たちからンべを隠すため、部屋に入れておいた。ところが、夫はすぐにこれに気づき、他の男たちに知らせた。そこで男たちは集まって相談した。かれらは、ンべを世話することは女には無理だと主張して、その女を殺してンベを手に入れた。かれらは専用の建物をつくり、その一室にンベを隠した。だから、ンベは今も集会所内の専用の小部屋にいる。その証拠に、ときどきその部屋からンベの声が響いてくるのだ。

（カメルーン南西部のエジャガム人）

男性仮面結社自身が、森の神秘な存在を手なずけて人間社会に連れてきたのは女性で、自分たちは簒奪者《さんだつしゃ》にすぎないと言明しているのだ。

話が飛躍するけれども、このような物語に接すると、エジャガム人の男たちは地中海世界から聞こえてくるつぎのような台詞にため息交じりで共感するのではないかと思えてくる。「女ってものは、まったくかしこい動物ですぜ！　女は神でさえ、小さい指先で思うようにあやつりまさあ！」（ニコス・カザンザキス『その男ゾルバ』）。

「女性的なもの」という謎

仮面や唸り木など、男性秘密結社が保管している聖具を最初に手に入れたのは女性だという伝承は、アフリカだけでなくオーストラリア、ニューギニアから南米にいたる広大な地域に分布している。しかも、そのような物語を伝えているのが、女人禁制の男性秘密結社自身であることは、人類史において男女のあいだに闘争をふくむ複雑な経緯があったことをうかがわせる。男性秘密結社はなぜわざわざこんな物語を伝承するのか。歴史的な事実の反映だろうか。女性を排除して政治的・宗教的な権力を手に入れた男たちのうしろめたさを鎮めるためだろうか。社会と文化を支える真に創造的な力は、男性ではなく女性に宿っているという認識を忘れないためなのか。それとも、女性は人間をこえる力と通じていて、そこから貴重なものをもたらすが、それを管理する能力に欠けるという主張を確認するためなのか。

男が女に対して無意識の恨みを抱いていたと指摘する人もいる。「狩人は命をかけて女や子供を養う。狩猟にともなう罪悪感や不安感が、狩猟儀式に必要な禁欲から生じる欲求不満と結びついて、絶えざる流血を要求する強い女性のイメージに投影されたのかもしれない。狩人たちは、女性が新たな生命の源泉であることを理解していた。部族の継続性を保証するのは、使い捨てのきく男ではなく、女たちだった」(カレン・アームストロング『神話がわたしたちに語ること』)。

アフリカの神話に登場する「女性」について考える際に、忘れてならないことがある。それは、神話においては、ふつうの意味での男女よりも、むしろ「男性的なるもの」と「女性的なるもの」の関係が問題になっているということだ。しかも神話的思考は、必ずしも「男性であること」「女性であること」を自明とも絶対的ともしていない。たとえば、第四章で紹介するドゴン人の神話をはじめとして、元来、人間は両性具有だったとか、理想的なあり方は両性具有だとかする神話がすくなくない。

つぎのように考える民族もいる。つまり、個人は男女両性の要素をもって生まれる。しかし、そのあり方は天地分離以後の世界では不安定なので、男性的要素が優勢な個人の場合には、女性的要素が宿る包皮を切除して完全な男にし、女性的要素が優勢な個人の場合には、男性的要素が宿るクリトリスを切除して完全な女にする。それが成人式における割礼だ。これはまさに、女と男は社会的につくられるという思想ではないか。男女の区別と役割分担は絶対的なものではなくて、生活の表層でははっきりしているようでも、深層では曖昧であり流動的だというのはいかにも神話らしいと思われるがどうだろうか。

それにしても、起源神話は、人間と世界のはじまりに関して、なぜこのように重大な役割を「女性」に帰するのか。「男が作った物語だから」で片づける向きもあるが、仮にそうだとしても、男女の関係や性の多様なあり方という問題に生活のなかで直面している私たちにとって、「女性」と「男性」をめぐる神話は何かの示唆を与えてくれそうだ。男尊女卑だなどと性急に「近代的な」先入見を押しつけないで、まずは神話が語るところに虚心に耳を傾けるべきだろう。

人間の登場と、地上を去った神

アフリカの創世神話（天地分離神話）の基本的なメッセージを三つにまとめてみよう。第一に、人間は神から分離し自立することで人間になった。人間が人間になったということは、人間が神から分離し自立したということだ。第二に、人間は自ら望んで神から分離した。第三に、人間が人間になることによって世界が世界になった。人間がいまある人間になることによって世界もいまある世界になった。それぞれの項目について手短に説明しておこう。

まず、人間は神から分離することによって人間になった。

アフリカでは創世（天地分離）の物語は結局のところ人間の起源の物語であり、それは死の起源の物語でもある。人間は神から分離し自立することによって死すべき存在となり真の人間になった。天地が分かれる前は、神と人間は互いに身近な存在であった。とすると、人間が「人間のようなもの」だったと同じように、神もまた「神のようなもの」だったのではないか。天と地が分かれると同時に、人間と神のあいだにもある種の断絶が生じ、神は超越的な存在になった。つまり、「人間のようなもの」が「人間」になることによって、「神のようなもの」も「神」になったのだ。

アフリカの土着の世界観には「神の自己分裂」という興味ぶかい観念がある。天地分離と同時に、神も二つに分裂した。その一方は地上を去って、超越的な存在になり、他方は地上に留まって人間たちとの直接的な関係を保っている、というのだ。天地分離の神話は、人間起源神話であるとともに神の起源神話でもあるのだ。

これまで便宜的に神と呼んできた存在はどのような存在なのか。

起源神話に登場する神は男の老人としてイメージされることが多く、妻子がいることもある。この神は、それぞれの社会で特別の固有名をもっていて、他の神々や精霊と区別され、それらの創造者か父と見なされることが多い。アフリカの宗教や神話に関する文献では、固有名で呼ばれるか、そうでなければ「高神」（The high God）あるいは「至高神」（The Supreme Being）と呼ばれる。本書でも、第三章以降では、そのように呼ぶことにしよう。

「天に住む老人」というイメージは、「至高神」の一つの側面でしかない。本書では深入りしないが、アフリカの「至高神」については、キリスト教から導入されたもので土着のものではないという立場と土着のものだという立場のあいだで現在でも論争が続いている。私は「土着のものだ、少なくともキリスト教から借用されたものではない」と考えている。

多くの民族語に超越的な霊的存在を指す固有名がある。社会によってはその語が文脈や当人の意識状態によって変わることもあるが、宇宙に遍在《へんざい》し宇宙を支えている根源的な力や魂は「至高神」の個別の現れであるという見方は広くみられるものだ。

東洋の宗教思想でダルマ（法）やタオ（道）が同時に、理念や法則であり、力であり、人格的な存在として具現することもあることを連想する読者がおられるかもしれない。じつは、宇宙の根源的な力が、場合によって具体的な人格的存在として、またあるときは非人格的で抽象的な力として顕れ、さらには、ある種の理念や法則のようなものとしても作用するという観念は、新旧両大陸、オセアニアなどの土着の世界観にもみられ、世界的にみて珍しいものでも特殊なものでもない。ところが近代的な学問を含めて文明の思考ではそうした土着の世界観を「高等宗教」の神観念と同じ土俵で比較する発想は育たなかった。ミルチャ・エリアーデの宗教学のような試みがあるとはいえ、人類の世界観や宗教に対する私たちの視野はまだ偏っており狭いままだ。

創世神話に話を戻そう。

世界を創造した至高神は、世界の維持と運営を人間と仲介者となる神々に委《ゆだ》ねて天上はるかに去っていった。この神は、もはや地上の人間生活の細部には関心を示さないが、個々人の誕生と死は自分の専権事項として保持している。死によって人間は至高神と繋がっている、あるいは死ぬと人間は至高神のもとに戻る。

死についてちょっと補足しておこう。アフリカには死が人格的な存在として登場する神話もある。隠退した神、はるかな神。神は「去った」のであって「死んだ」のではない。個々人の誕生や死のほかに全体としての世界の命運も神の手中にある。至高神はこれまでにも既存の世界を滅ぼして新しい世界を創ったことがあったし、この先いつの日かいま在る世界を作りなおすかもしれない。ともあれ人間は神が去った地上に残った。人間たちは、原初のタブー侵犯や反抗によって生じた力が渦巻く世界にさまざまな制度をつくりだし、エネルギッシュに悲喜こもごもの生活を繰り広げてゆく。多くの民族はそのありさまを物語る創世神話・人代編にあたるものをもっている。

「人間はなぜ人間になったのか」という問い

ところで、創世神話の根底にある問いは、現代人にとってはちょっと奇妙に思われる。創世神話は、人間はなぜ死ぬようになったのか、なぜ生殖によって子孫を残すようになったのか、なぜ火を獲得したのか、なぜ農耕を始めたのか……と問う。それらすべては「人間はなぜ人間になったのか」「人間はなぜ神から分離し自立したのか」という問いに収斂《しゅうれん》する。

人類は、アフリカにかぎらず、地球上のいたるところで、「人間はなぜ人間になったのか」という問いを発し、それにかかわる多様な神話を伝承している。私たちはふつう、「人間とはなにか」と問うことはあっても、「なぜ人間は人間になったのか」とは問わない。だが「人間」自身が深刻な問題と謎を孕《はら》んだ存在だと感じられるようになった昨今、「なぜ人間は人間になったのか」という問いは以前ほど奇異な感じを与えなくなりつつあるのではないか。人間が「なぜ」今日のような生物（文化的動物）になったのかという問いは、文脈は異なるが自然科学の分野でも提出されはじめている。

神話はこの問いにどう答えるのか。「人間自身がそれを望んだからだ」「人間自身がそれを選んだのだ」というのが神話の答えだ。神とともに暮らしていた始原の存在は、エデンの園のアダムとイヴのように、生殖によって子孫を残すことも死ぬこともなかったのだから、現在私たちが理解する意味での「人間」ではなく、「人間のようなもの」とでもよぶしかない。この「人間のようなもの」が、神が課した掟《おきて》に背くことによって、なかば自ら望んで神から離れ、今のような「人間」になった、つまり私たちの祖先になったのだ。それでは答えになっていないと言われるかもしれない。たしかに、一つの謎を別の謎に置き換えただけのようでもある。だが、このそっけない答えの中には、人間と世界に関する独自の思想のエッセンスが込められている。この点については第三章以降でみていくことにしよう。

「人間のはじまり」は「世界のはじまり」

アフリカの創世神話に関して忘れてはならないことがもう一つある。神話によれば、「人間のようなもの」が「人間」になる過程は同時に、今ある世界が形成される過程でもあった。「人間のようなもの」は、神の世界形成のパートナーとしての役割を果たしつつ、自らも「人間」へと変貌《へんぼう》をとげたのだ。それだけではない。「人間のようなもの」が人間になることによって「神のようなもの」も神になったとすら主張しているように思われる。「世界のはじまり」と「人間のはじまり」は同じ事態の異なる側面に他ならない。人間が人間になったことは、世界にとって根源的な（まさに運命的な）出来事であったのだ。

いかにも神話らしい考えだといわれるだろうか。はたしてそうだろうか。ちょっと考えてみよう。自然科学的にみても、私たちが生きている世界は、私たちの脳と身体が捉えたかぎりでの世界だ。それ以外の世界は知りようがない。想像はできるかもしれないが、それすらも、人間という生き物の制約と無関係ではありえない。だとすれば、人間と人間が生きる世界とは同時に成立したということにならないか。神話が対象にするのは、この意味での人間にとっての世界なのだ。たとえば、神話が死の起源を問うのは、人間がなぜ死と生を区別するようになったかを問うているのだ。男と女の区別の起源を問うのは、人間が男と女を区別するようになった経緯を問うているのだ。

神話は、人類が文化的動物になる過程でかたちづくられた人間と世界の関係や人間の経験についての独自の認識と表現だ。不用意に荒唐無稽ときめつけることはできない。この点については、本書のエピローグで詳しく論じてみたい。

それでは次章から、天地分離の神話（人代編を含む）の枠組みと主題が、それぞれの地域の社会構造と状況に即してさまざまに展開する様子を、具体的に見てゆくことにしよう。

第二章

造物主カマキリの冒険

——南西アフリカ・サン人の神話

「始源の世界」では、事物の間の差異や分化が現在のようにはっきりしておらず、万物は流動的で変幻自在、どこか夢のような性質を帯びている。「始源の世界」の住人たちは、動物でもあり人間でもあるような存在、人間と動物が分離する以前のいわば「動物人間」たちだ。

狩猟民サンの世界へ

「黒い大陸」という表現をお聞きになったことがあるだろうか。黒人の住む大陸。しかし、サハラ以南のアフリカには、いわゆる「黒人」のほかに、褐色の肌をした人びとも住んでいたし、今も住んでいる。じつは、「褐色の人びと」こそアフリカ大陸の先住民で、黒人たちはいわば新住民なのである。かつて、ピグミーは大陸の心臓部である熱帯雨林地帯の全域で、またサンは熱帯雨林を取り囲む広大なサバンナ地帯で、狩猟採集の遊動生活を送っていた。その後黒人の農耕民や牧畜民の勢力に押されて今日では、ピグミーは主としてカメルーンやコンゴの雨林地帯に、サン人はボツワナ・南アフリカ共和国・ナミビアにまたがるカラハリ砂漠とその周辺だけに住んでいる。ボツワナ共和国に住むグイやガナと呼ばれるグループについては、日本人研究者の本格的なフィールドワークに基づくすぐれた研究があり、本章は彼らの研究に多くを負っている。

サン人は人口約十万。といってもサン人（もしくはブッシュマン）を自称する一つの集団があるわけではない。同じ言語グループ（コイサン語族）に属する狩猟民をヨーロッパ人たちがそう呼びならわしてきただけだが、近年、国民国家内部での権利を守るためにサン人自身がサンの統一運動を進めつつある。

現在では村や町に定住する者が多くなり、原野で狩猟採集の生活を送っているのは数千人といわれる。狩猟民サンの社会では、男は狩猟、女は植物や昆虫などの採集捕獲という具合に、性による分業が徹底している。多くても三〇人くらいの、数家族からなる集団が、一か所に数日から一か月くらい滞在して、食料を求めて絶えず移動し、メンバーも頻繁に入れ替わる。首長や王は存在しない平等主義的な社会だ。

「半砂漠地帯での狩猟生活」というと、「たえず飢えの危機にさらされた放浪生活」をイメージされるかもしれないが、彼らの生活は意外に安定したものだ。どの季節に、どの場所で、どんな動植物が見つかるかを熟知していて、ほぼ決まったまったルートを移動する。肉が最高の食物とみなされているが、量的には植物性の食物が八〇パーセントを占めていて、このことも生活を安定させる要因だ。食料獲得のために費やすのは、一日平均四時間くらい。残りの時間は、道具の手入れ、大好きな踊り、おしゃべりや物語りなどですごす。

サン文化の核

生業である狩猟や採集を別にすると、物語とダンスなかでもトランス状態をともなうダンスは病気治療に欠かせず、サン文化全体の共通の核といってよい。ダンスでは動物のしぐさを生き生きとまねる。彼らのキャンプを訪れる者は、ほとんど「芸の域」に達した絶妙な物真似に強い印象を受けるという。

かつて湿潤なサバンナで暮らしていた頃には、絵画（岩壁画）もよく描いていた。興味ぶかいことに、サン人にかぎらず、イヌイット、アメリカ北西海岸の先住民、オーストラリア・アボリジニなど、すぐれた造形活動（美術）で知られている狩猟民はめずらしくない。日本の縄文人やアイヌもその例だ。

乾燥した半砂漠地帯に住むようになって絵画の伝統は失われたが、南部アフリカにはサン人の祖先が描いたといわれる岩壁画が数多く残されている。絵画の主題は、狩猟・漁労・採集・舞踊などの情景や、野生の獣、魚、鳥、爬虫類など。描かれたのは紀元前四〇〇〇年から十九世紀にいたるまで。これらの岩壁画は、サンの祖先たちの豊かな宗教的・芸術的活動をしのばせるだけでなく、神話の場面と推定されているものもあって、神話復元の手がかりにもなっている。

トリックスターとしての創造神

サン人は、偉大な霊的存在が世界を創造したと考えている。それは、ただ「大霊」とよぶしかないような捉えがたい存在だが、神話には創造神として登場する。名前や姿形は地域や集団によって異なる。あるグループでは万物を創造したのはガマだ。ガマは善悪両面を示す。あるときは道徳の守護者として、別の時には善悪の彼岸にある気まぐれないたずら者として登場する。獲物になる動物や水など善きものを創ると同時に、人間に危害を加える動物や焼き尽くす太陽のような悪も創った。人間に病気や災難をもたらし、死にいたらしめるのもガマである。ガマは気まぐれな「力」だ。ガマは、神話にはピーシツォワゴとよばれるトリックスターとして登場する（田中二郎「アフリカ狩猟民の動物的世界」）。創造神の化身としてのトリックスターは、「始原の世界」の主《ぬし》であり、始原の世界の性質をもっともよく体現していて、変幻自在で捉えがたい。人間、動物、昆虫と自在に姿を変え、気まぐれに創造し、変化させ、破壊する。

神ピーシツォワゴの姿形についてボツワナに住むグイやガナはまったく分からないと言うが、南アフリカのツァム・ブッシュマンの神話ではカマキリだと考えられている（菅原和孝『狩り狩られる経験の現象学――ブッシュマンの感応と変身』）。

トリックスターとしてのカマキリは、神、人間、昆虫、その他さまざまな生き物であると同時にそのすべてでもあり、また、それらのいずれでもない。「始原の世界」の住人カマキリは、創造者であり、詐欺師であり、気まぐれないたずらものである。アフリカのいろいろな民族のトリックスターであるクモやカメや野ウサギは、動物の名でよばれる人間のような存在だが、サンのカマキリもそのような存在だ。カマキリの活動によって、「始原の世界」から「現在の世界」が生まれる。

「始源」と「現在」――二つの世界と二種類のリアリティ

サンの物語世界は、「始源の世界」と「現在の世界」に二分されるが、「現在の世界」が成立しても「始源の世界」が失われたわけではなく、リアリティは「始源の世界」と日常的な「現在の世界」の二層（相）から成っている。

菅原和孝はサンにおける二つの世界の関係を次のように観察している。「神話的な表象を抱くことがそのまま身のまわりの環境のなかの差異を検出する能力に磨きをかけ、逆に、環境に立ち現われる顕著な事柄に注意を研ぎすますことが、神話的な想像力に無尽蔵の素材を供給し、それを豊かにするのである」（菅原、前掲書）。菅原によれば、身のまわりの環境への気づきと神話的想像力とは互いに補強しあう関係にあるだけではなく、「環境と神話世界は双発的に生成している」（菅原、前掲書）。

神話の主な登場者

私たちが生活する環境世界が「始源の世界」でかたちづくられる過程を物語るのが神話である。「始源の世界」では、事物の間の差異や分化が現在のようにはっきりしておらず、万物は流動的で変幻自在、どこか夢のような性質を帯びている。「始源の世界」の住人たちは、動物でもあり人間でもあるような存在、人間と動物が分離する以前のいわば「動物人間」たちだ。神話には変幻自在な創造神や、月や星や銀河などの天体、さまざまな動物人間たち、若い女などが登場して、多彩なドラマを繰り広げる。ここでは「火の起源」、「死の起源」、「動物たちの起源」、「動物と人間の分離、」「女性によるタブーの侵犯」、「造物主カマキリの冒険」を紹介しよう。

火の起源

人間と他の生き物を区別する火をもたらしたのはトリックスターとしての造物主だ。

ムーハオ（神話の地）にはコムの木の実が赤く熟していた。夢中で食べていたピーシツヮゴは、焼いたカン（スイカと並んで雨季のもっとも重要な食物だが、果肉には毒性が含まれ生で食べるとおなかをこわす）の皮が散らばっているのに気づいた。歩いていくとダチョウがいたので挨拶し、一緒に食事をし、翌朝一緒にコムの実を摘みにいく約束をした。ピーシツヮゴは帰途カウキャバ（和名ライオンゴロシという鋭い棘）を撒いておいた。翌朝彼は二人の妻に今日は火を持って帰ると言いおいて出かけ、ダチョウと一緒に出掛けてコムの実を摘んでは食べた。やがて木の上の方にだけ熟した実が残った。ピーシツヮゴは背が低いがダチョウは高い。「あんたは背が高いんだから上の方の実を採ってくれよ。……ほらもっともっと」ダチョウが背伸びして手を伸ばすとピーシツヮゴは火を取ってカウキャバを撒いたほうへ逃げた。追いかけるダチョウはカウキャバを踏んで足が裂け指が切れて二本だけになった。逃げ切ったピーシツヮゴは火（実は火起こし棒）にことばを籠めてさまざまな木に投げつけると、それらの木も火を起こす力をえた。ピーシツヮゴは言った、「おれは今や火をもっているぞ。おまえにはもう火はないぞ」

（菅原、前掲書）

この神話の背景を、菅原は次のように説明する。「生で食べると有害なカンを焼いて食べたいという切迫した欲求がダチョウの火を盗むことへと駆り立てた。……ヒトの貧弱な胃腸では消化できない、アクの強い果実や繊維質だらけの根茎・球根、すぐに腐敗してしまう肉―それらを火によって調理できなかったらカラハリ砂漠でヒトが生き延びることは不可能だったろう」。ダチョウの首や脚の長さへの感嘆、指の形状への注目もこの物語の動機になっている。ここにもことばによる創造の観念がみられる。

南アフリカのサン人にはこれと類似しているが幾分異なる伝承がある。

カマキリは、雌ダチョウの住処からいい匂いがしてくるのに気づいた。こっそりのぞいてみると、ダチョウは食物を焼いて食べ、食べ終わると火を羽の下、つまり腋の下に隠していた。カマキリは火を盗もうとして一計を案じ、一緒に美味しい木の実を食べようとダチョウを誘った。ダチョウは木の実のおいしさに夢中になる。「高いところにもっと美味しいのがあるよ」。カマキリがけしかける。「もっともっと。高いところの実ほど美味しいぞ」。ダチョウは、高いところに手を伸ばそうと爪先立ちになってよろめき、バランスをとろうと羽を広げたはずみに、地面に火を落とした。カマキリはすかさず拾って一目散に逃げた。こうして火は世界中に広まった。このときカマキリは、盗んだ火に焼かれて死に、その灰からカマキリの物語で活躍する二匹のカマキリ・ジュニアが誕生し、それ以後死も世界中に広まった。

ダチョウはそれまで空を飛んでいたが、羽根を広げて火を落とすことを恐れて、それ以後は飛ばなくなった。また、ダチョウが卵をかえすとき、卵を一つ巣の外に置くようになったのも、そのときからだ。ダチョウはカマキリに盗まれた火のことを思って、時折ぼんやりするようになったので、卵をかえすときも、うっかりして何をしているのか忘れて立ち去ることのないように、卵を一つ見えるところに置くようになったのだ。

（ローレンス・ヴァン・デル・ポスト『狩猟民の心』）

火と同時に死も世界に広まることになったのだ。野ウサギなどのトリックスターが、火や水を独り占めしている者（多くは女性）をだまして盗んで世界に広めたという話は、アフリカだけでなく熱帯地方を中心に世界各地で広く伝えられている（山口昌男『アフリカの神話的世界』）。

死の起源

人間は、一度死ぬともう生き返らない。しかし第二章で紹介した諸民族と同様に、サン人もまた、この事実を自明のこととしては受け入れない。彼らも、なぜ人間は死ぬようになったのか、なぜ生き返らなくなったのか、と問う。サンには死と月を結びつける物語がある。

月は、野ウサギにメッセージをもたせて人間の村へ送った。「人間は、死んでも私（月）と同じように生き返るだろう」。村に着いた野ウサギは、メッセージを変えて伝えた、「人間は、いちど死んだら、永遠に死んだままだ。生き返ることはない」。それ以来、人間は死ぬようになった。野ウサギのせいで、死と死への恐れが避けられないことになったのだ。月は怒って野ウサギの口を裂き、そのために野ウサギは三つ口になった。人間は野ウサギを憎んで、見つけたらかならず殺すようになった。

死の起源神話は、文献ではこのように単純化したかたちで紹介されることが多いが、実際の語りでは、話者や集団毎に細部や強調点、解釈にバリエーションがある。野ウサギについても、不信や愚かさを強調するものがあり、悪意、気まぐれ、無責任を強調するものもある。また、メッセージの送り手である月が心変わりしたとするもの、二人のメッセンジャーが登場するものなど、いろいろだ。

南アフリカのサンが伝える次のバージョンでは、月の優しさと野ウサギのかたくなさや不信が強調されている。やさしく寛大な月がかわいそうな野ウサギを慰める冒頭から、野ウサギの愚かなまでのかたくなさや不信がしだいにクローズアップされ、やがて破局にいたる話の展開が聞き手の心をつかんではなさない。

野ウサギが、母親が死んだといって嘆き悲しんでいた。月が慰めて言った。「ああ、かわいそうに。泣くのを止めなさい。お前のお母さんは眠っているだけだ。明日になれば、目を覚ます（生き返る）だろう」。野ウサギは月の言葉を聞き入れようとせず、ひたすら泣きつづけた。「お母さんは死んでしまった。もう体が腐りはじめた。もう生き返るはずがない」「私を見なさい。私はいちど死んでも、つぎの夜にはよみがえる。お前のお母さんも同じだ。死んでも、私のように必ず生き返るのだ」。それでも、野ウサギは「お母さんは死んだ。もう戻ってこない」と泣き喚きつづけた。月がいくらいっても、野ウサギは月のことばを信じようとしない。このかたくなさと不信に、ついに堪忍袋の緒を切らした月は、野ウサギの顔をこぶしで強く打って言った。「そんなに信じないのならもうよい。お母さんは二度と生き返らないだろう。それだけではない。お前たちはみな、いちど死んだらそれっきり生き返らない。村へ帰って、みなに死者はもう生き返らないと告げよ」。こうしてこの世に死がもたらされた。

怒った月は、それまで人間でもあった野ウサギ（野兎人間）を、いまいるような動物の野ウサギにした。月に打たれた傷跡は兎唇《としん》（三つ口）になった。ブッシュや穴に隠れて眠ることは許されず、開けた地面で寝て、他の獣に襲われるようになった。人間は野ウサギを見つけると殺して食べるが、かつて人間であったときの筋肉の一部が残っているので、それだけは食べないで捨てる。

（Mathias Guenther, *Tricksters and Trancers*）

物語の月と野ウサギはしばしば、オジとオイ、あるいは老人と若者の関係にあるとされる。オイはオジの、若者は老人のことばに従順でなければならない。また、オジはオイを、老人は若者を祝福もできれば呪詛《じゅそ》することもできると考えられている。こうした背景も物語に迫真性を与える。この物語に接した宣教師のなかには、野ウサギのかたくなな不信が、再生の可能性を閉ざしたことから、キリストが説く永遠の生命の福音への信仰と不信仰を連想した者もいたようだ。

若い女によるタブー侵犯

死は女たちが潜在させている力とも密接な関係をもっている。二章で紹介した天地分離神話に登場する女や『創世記』のエバと同じように、サン社会でも女、とくに若い女は、集団全体にとっても男にとっても災厄をもたらしうる危険な力をもっていて、とりわけ月経時にそれが活性化すると信じられている。世界各地で女性は危険な力をもつと信じられているが、その原型を狩猟民社会に見ることができる。

女たちは採集に、男たちは狩猟に出かけ、月の物がきている娘だけが小屋にこもっていた。一人になると、娘は毎日、泉へ行って、タブーとされている「水の子」(鹿のような姿の生き物)を捕まえ、その場で殺して食べた。食べ終わると、なにごともなかったように、小屋のなかで横になっていた。母親が食べ物を与えても娘は食欲を示さない。不審に思った母親は、こっそり見張るようにと、娘の妹を残してでかけた。妹は娘の秘密を目にしたが、それを家族に告げる前に、雨の神が娘とその妹を竜巻で泉へつれ去り、そこでカエルに変えた。竜巻は、原野で食料を採っていた母親も泉へはこんだ。カエルになった娘を見た母親もカエルになった。狩りをしていた父親も泉へはこばれ、カエルになった娘と妻を見るとカエルになった。こうして近親者はみなカエルに変えられ、彼らが使っていた弓矢も掘り棒も網袋もすべて泉に引き込まれて、元の素材に戻ってしまった。

(Guenther 前掲書)

道具が元の素材に戻ってしまったという点が興味ぶかい。ものごとを固定的にではなく生成の相においてみる神話的感性の表れではないかと思われるが、どうだろうか。この主題は後ほど改めてとり上げることにしよう。

ここで登場するのはカエルだが、サンの神話には蛇もしばしば登場し、そこでも女は、蛇と結婚して人間と蛇の戦いの原因になるなど、二つの領域のあいだをつなぐ役割をはたす。若い女性にはトリックスター的な面もあるようだ。力が強くてあくどいライオンを、可憐な娘がだまして懲らしめるといった話も多い。女性の力は危険なだけでなく創造的にもはたらく。星々や銀河をつくったのは月経中の娘だ。

女たちが食料を採りにでかけたあとも、月の物がきている娘は小屋のなかで横たわっていた。退屈した娘は起き上がると「灰よ、銀河になれ」と唱えて、焚き火の灰をやさしく空に投げ上げた。「銀河は天に白く横たわれ。星々と一緒に天をめぐれ。夜になったら、家路を急ぐ人のために、星々と一緒にやわらかな光で照らせ」。灰は銀河になって天に横たわった。

娘は毎日、大好きな野草をほんの少ししかもらえなかった。ひもじくなった娘は、腹をたてて、母が置いていった少しばかりの野草を、天に向かって乱暴に投げ上げると、「星になれ」と唱えた。若くて白い草は白い星になり、年とって赤い草は赤い星になった。こうして天には銀河が横たわり、星々が散在することになった。

天で灰は自分につぶやいた。私はもう銀河なのだ。あの娘が言ったように、白く横たわり、星々と一緒に天をめぐろう。夜がきて太陽が沈むと、銀河は家路を急ぐ人びとの足元を照らそうと、地上で熾《おき》であったころを思い出して輝きをました。星々も、夜がきたと感じると光を強めた。朝がきて太陽が姿を現すと、銀河も星々も休むときがきたと思い、光を弱めて背後に退いた。

（Guenther 前掲書）

動物たちの起源（エランド＝おおかもしかの誕生）

もっとも貴重な肉であり豊穣と多産のシンボルであるエランドの誕生は他の動物や天体の出現をもたらす。

まだ太陽がなかった頃、男が息子三人と暮らしていた。彼はこっそりとエランドの仔を飼い甘い蜂蜜を与え、息子たちには古くて甘味の少ない蜜をやっていた。末っ子が父のあとをつけ、父の秘密を知り、兄二人に話した。兄たちはエランドを殺して食べてしまった。嘆き悲しんだ父は、殺されたエランドの胃の内容物にことばを籠め、投げつけるとあらゆる猟獣が誕生した。上の息子が遊んでいたゼネという玩具を取り上げ、空に打ち上げると闇が裂け、太陽が出現した。

（菅原、前掲書）

この「男」は造物主ピーシツォワゴ（ガマ）だと思われるが、彼への畏敬の念が彼の名を呼ぶことを忌避させているのかもしれない。この物語はことばによる創造の物語として読むこともできよう。ことばによる創造の媒体となったのは胃の内容物だが、胃の内容物が神秘的な力を秘めているという観念はアフリカでは広くみられる。

ゼネは、短い棒の端にノガンの羽根を一枚括りつけ反対の端に木の実の錘《おもり》をぶらさげた玩具。これをよくしなる枝で打ちあげると竹とんぼのようにくるくる回転しながらゆっくり舞い降りてくる。それをまた打ちあげ、できるだけ長く地面に落とさないようにっして楽しむ。サンの代表的な子どもの遊びだ。「ありふれた子どもの玩具ゼネこそは、闇を切り裂くもっとも始源的な『道具』だったのだ」（菅原、前掲書）。

意志を持って行動する内臓

エランドの誕生をめぐる南アのサン人の伝承はちょっと変わったエピソードを含んでいる。

カマキリは、かわいがっているクアマングア（虹の精）の革のサンダルの片方を葦《あし》の茂る川に浸して、オオカモシカをつくった。幼いオオカモシカの身体にくり返し蜂蜜を塗りつけると、三日目に、オオカモシカは牡牛のように逞《たくま》しくなって、水辺に立った。オオカモシカを見つけたカマキリ一族の男たちは、殺して解体し、食用にするために肉を持ち去った。カマキリが解体現場に行ってみると、食用にならない胆嚢《たんのう》だけが地面に残されていた。

カマキリが胆嚢と話を交わすうち口論になった。カマキリが「おまえを突き刺し、踏みつけにしてやるぞ」とおどすと、胆嚢が「そんなことをしたら、おまえを飲みこんでやる」と応じる。カマキリがかまわず胆嚢をつき刺すと、胆嚢は破れて胆汁がカマキリを覆ってしまった。目が見えない闇のなかで手探りすると、かつて火を与えてくれたダチョウの羽根が手にふれた。羽根で顔や目から胆汁を拭いさると、闇から解放された。よろこんだカマキリは、羽根を空高く投げあげて唱えた。「空に横たわれ、月になれ。おまえは月だ。すべての人びとのために夜の闇を照らせ。太陽が昇ると、おまえは沈む。太陽の下で人びとは歩き回り、狩りをする。太陽が沈むと、おまえは再びよみがえる」(ヴァン・デル・ポスト、前掲書)。

意志をもって行動する器官という点でこれと関係がありそうな話がある。

カマキリ一族の子どもたちが野生のキュウリを採りにでかけると、カマキリは、死んだハーテビースト(大型カモシカ、鹿羚羊《しかれいよう》)に化けて、子どもたちの通り道に横たわった。子どもたちは、獲物を見つけたと大喜びで、石のナイフをつくって皮をはいだ。すると皮が勝手に子どもたちの手を離れる。「しっかり持てよ」「皮が勝手に離れるんだよ」。獲物の腑分けにとりかかって、肩肉を切りとると、肉は自分で近くに移動して地面にいいかたちに座った。どの部分の肉を切りとっても同じことが起こった。腑分けが終わると、子どもたちはそれぞれの部分を担いで家路についた。

途中、ハーテビースト(カマキリ)の頭がもぞもぞするので、担いでいる子が見ると「皮ひもが目にかぶさるからずらしてくれ」と言う。びっくりして皮ひもをずらすと、ハーテビーストの目がウインクした。頭を担いでいた子どもが「ハーテビーストの頭がものを言うよ。ウインクをするよ」と訴えたが、年上の子たちは「馬鹿なことを言うな」と家路を急いだ。皮ひもがゆるんで頭が地面に落ちると頭が「痛い！　しっかり担げ！」と叱りつけた。子どもたちはおびえて、みな担いでいた肉を地面に投げだし、家へ向かって一目散に走った。地面に投げだされたハーテビーストの体の各部分は、それぞれ立ち上がり飛び跳ねて、切り分けられたときと逆の順序で整然とそれぞれの位置を占め、たちまち元の姿にもどった。ハーテビースト（カマキリ）は川岸まで走り、ゆっくり水に浸かると、すっかり元の姿（人間の姿）にもどって、何食わぬ顔で家にもどり、反対側の戸口から入っていった。

（ヴァン・デル・ポスト、前掲書）

これだけだと、まったくわけのわからない怪異譚のようだ。フランスの社会学者カイヨワは、この話をカマキリの習性と関連づけて説明している。カマキリは首を切られてもさまざまな動きをすることができるし、擬態で死んだふりすらする。そのためカマキリを、いちど飲み込まれたり、ばらばらにされたりした後によみがえった古代エジプト神話のオシリス神と同類の神とみなす神話もあり、この話もその一つだというのがカイヨワの説明だ。しかし、それとは別の文脈を考えることもできる。サン社会では、体の各部位が独立した意思をもって行動する話は珍しくない。身体の統合性すら絶対的なものと見なさない、神話的な感性・思考を読みとることができるのではないだろうか。アフリカでは、胃や心臓など、内臓が独立した意思をもって行動する話は、狩猟民の影響と思われるが、はるか北方、ナイル流域の牧牛民ヌエルなどの社会でも知られている。

じつは、北米先住民のトリックスターについても、体の各器官がばらばらになって勝手なことをしたり、互いに喧嘩したりした後、また一緒になるという話があり、しかもそれが、トリックスターの成長物語の重要なひとこまになっている。彼らの精神は、比較的容易に、現に存在するものを生成の相で見たり、現に存在する個体の統合性を相対化したりして、部分（構成要素）を独立したものとして想像することができるように思われる。各器官が独立した意思をもって行動するというモチーフは、「狩猟民文化におけるトリックスターと身体」という広い文脈であらためて考えてみる必要がありそうだ。

動物間の差異

神話に登場する動物たちはみな、「人間のような」存在で狩猟生活をしているが、同時に動物としての名前と習性も持っている。いわば「ダチョウ人間」「カバ人間」……つまり「動物人間」だ。ところが始源の世界で起きたある出来事のために分化が生じて、ダチョウはダチョウになり、人間は人間になる。これは差異と区分の発生の物語、つまり、世界の起源の物語なのだ。

物語の背後にある駆動力は、身のまわりの現実の動物たちの習性や形態の多様性への関心だ。環境世界のすべての動物が対象になり得るのだから、この種の話は無数にあるが、そのうちからいくつか紹介してみよう。

カバは、夕方になると、家族で水辺に出てきて草を食べる。糞をするときには、尻尾を振り回してまき散らす。どうしてこんな習性を身につけたのだろうか。

生き物たちがそれぞれの住処を定めた原初のときに、カバは、水が大好きだったので、陸でも空でもなく水中に住むことを望んだ。しかし、あまりに口が大きかったので、魚をすべて飲み込んでしまうにちがいないと、他の生き物たちが反対した。水中にいるあいだは何も食べず、夜になると陸に上がって草や木を食べると約束したが、みなは首をたてに振らない。それでもカバはあきらめないので、ついに、毎日糞を地面にまき散らして、ほかの生き物たちに魚の骨が含まれていないことを確かめてもらうという条件で、水中に住むことが認められた。

アフリカのサバンナのシンボルであるバオバブの木のかたちは、人びとに、上下がさかさまになった異様な植物という印象を与えてきた。なぜそんなかたちになったのか。

神は、始原のとき、生き物たちにそれぞれが植えるべき木を与えた。最後にひねくれ者のハイエナがやってきたときには、バオバブしか残っていなかった。それが気に入らなかったハイエナは、腹いせに、バオバブの木をさかさに大地に叩きつけるようにして植えた。

タカはどうしてホロホロチョウとニワトリをいじめるのか。

ニワトリとホロホロチョウは錐を持っていなかったがタカは持っていた。ニワトリの服が破れたので二人はタカに錐を借りて縫ったが、その錐をなくしてしまった。ニワトリもホロホロチョウも砂を掘るのが上手だから、後足で砂を掻きまわして探したが見つからなかった。タカは怒ってホロホロチョウを襲って食ってしまった。だからニワトリもホロホロチョウもタカに気づくと恐れて木の下に隠れる。

（菅原、前掲書）

借りたものを無くすというモチーフは共同体の分裂の原因として北方はナイル流域から南アフリカまで広い範囲で伝承されている。『古事記』の海幸・山幸の物語なども連想される。

それではもう一つ、ムクドリの目はどうして赤いのか。

カエンカエン（ムナグロハウチワドリ）とドオリ（アカガタテリムク）は他の男たちと猟に行き、エランドをしとめた。ドオリは黒くてきれいで大きいが、カエンカエンはちびで、脛は草のように細い。それでもカエンカエンは年長で偉かったので、男たちは、獲物の脛の骨髄も大腸も美味しいところはすべて彼に分けた。ドオリはむくれて毒づいた、「どうして彼が偉いのさ？　あんな脛なのに。おまえたちは彼の喉が黒いことだけで彼を偉いと思っている。」カエンカエンは黙って聞いていたが、ドオリが繰り返し毒づくと、しゃべり続けているドオリの喉をつかんで締めつけたので、ドオリは苦しみ目が充血した。男たちが止めたのでカエンカエンは手をはなした。ドオリは怯えて、もう二度と文句を言わなかった。

（菅原、前掲書）

この話は、獲物の分配の仕方と関わっているが、同時に人をみかけで表現してはならないという教訓も含んでいる。

人間と野生動物の分離

人間と他の動物の分離や家畜と野生動物の違いも、神話の重要な主題だ。

あるとき、ピーシツォワゴ（トリックスター神）は、原野でイボイノシシに出会い、焼いて食べようと思った。「私の家においしいものがあるから一緒に行こう」と誘い、背負って家に向かった。家が近づくと、ピーシツォワゴは、妻たちに大声で呼びかけた、「おーい、火をたいておけ、料理をするぞ」。イボイノシシははたと思いあたった。「私を焼いて食べようとしているな」。そこで、「ずいぶん背負ってくれたから疲れたろう。こんどは私が背負ってやるよ」。イボイノシシはピーシツォワゴを背負うと、家に向かって全速力で走りだした。

ピーシツォワゴは感づかれたことに気づいて、大声で叫んだ。「イボイノシシが私を焼き殺す。早く火を消せ。小便をかけろ」。時すでに遅く、イボイノシシはピーシツォワゴをエイヤッと火の中へ投げこんだ。ピーシツォワゴは火の中でのたうちまわって石になった。石がぐるぐるまわったので、イボイノシシは恐れをなして逃げだした。石からハーテビースト（大型カモシカ、鹿羚羊）に変身したピーシツォワゴは、イボイノシシに追いつき、「お前なんか獣になってしまえ」と叫んだ。イボイノシシはそれまで人間の姿をしていたのだが、このときから獣の姿になった。

（田中、前掲論文）

犬とジャッカルは、かつては原野でともに暮らしていた。人間たちが住む村からは、おいしそうな匂いがしてくる。木の実や肉を火で料理して食べているのだ。二人は人間たちの暮らしを見ようと村を訪ね、歓迎されてごちそうをたらふく食べた。しばらくとどまるうちに、犬は料理した食べ物が気に入り、人間ともすっかりなじんだが、ジャッカルは原野と生肉が恋しくなって村を離れた。それ以来、犬は人間と暮らし、ジャッカルは原野にとどまっているのである。

（田中、前掲論文）

この種の話で印象的なのは、差異や多様性への関心だけでなく「対等性」や「視線の相互性」だ。

人間は動物を食べるが、動物も人間を食べる。人間と動物は、互いにとって、知恵を傾けてわたりあう、異質であるけれども「対等な」他者、自分とは別の主体だ。人びとは、自分たちの視点から動物を見るのはもちろんだが、しばしば「動物の身になってみる」「動物の気持ちになってみる」。つまり動物の視線で自分たちを見る。動物の目に自分たちがどう映っているかにとても関心があるのだ。

カマキリの一族

造物主の化身でトリックスターのカマキリは、ある物語では放浪する英雄的な単独者であり、別の物語ではにぎやかな一族の長である。一族の成員構成は、地域によってさまざまだが、次は南アフリカからの報告だ。

カマキリは岩ウサギ（ハイラックス）と結婚して、娘一人と息子二人（カマキリ・ジュニア）をえた。娘についてはよくわからない。息子の一人はヒヒとの戦いで死に、もう一人は生き延びて多くの物語で活躍する。カマキリには養女がいて、それは「すべてを飲み込む者」の娘であるヤマアラシである。ヤマアラシは、クアマングアと結婚する。クアマングアは虹に宿っているが、正体がよくわからないので、かりに「虹の精」とよんでおく。この夫婦には、クアマングア・ジュニアとよばれる若者とマングースのイクニュウモンという、二人の息子がいる。クワマングア・ジュニアは、冒険好きの英雄である。イクニュウモンはおしゃべりで、カマキリを「爺さん」とよんでいつもからかっているが、父親であるクアマングアにたいしては、距離をおいていて批判的である。さらにこの一族には、カマキリの二人の姉妹も同居している。その一人はブルークレイン（青鶴）で、もう一人は、どんな種かはっきりしないが、カマキリのお気に入りのスプリングバック（トビカモシカ）の母である。
（ヴァン・デル・ポスト、前掲書）

このバージョンを報告したのは、南アフリカ共和国で生まれ育った作家で、軍人、探検家のヴァン・デル・ポストである。彼は幼い頃サン人の血をひく乳母に育てられ、その後も、祖父の農場で働くサン人と親しく付き合っていた。また、伝統的な生活様式を維持しているサン人が住む地域への探検旅行を何度か試みている。

この一族の顔ぶれについて、サン人自身がどのように考えているのかは、残念ながらよくわからない。ヴァン・デル・ポストはサン人との長年にわたる付き合いとカラハリの自然観察をつきあわせて、大胆な解釈を試みている。彼によれば、この一族の顔ぶれは雑然とした寄せ集めではなく、登場者それぞれがカマキリの「精神」のある側面を体現している（ヴァン・デル・ポスト、前掲書）。

カマキリの配偶者は、なぜ「岩ウサギ（ハイラックス）」でなければならないのか。岩ウサギは、一日中岩山の裂け目を出たり入ったりして、上手に家事をきりもりする忙しい主婦であり、大地にしっかりと足をつけて生きる社会的リアリストである。向こう見ずで世俗的な配慮に欠けるカマキリが、隣人ともめごとを起こすたびに、隣人を説得してカマキリを救いだすのは彼女だ。彼女は、カマキリが現実や世間にも目を向けるようはたらきかける。

カマキリのお気に入りの養女、ヤマアラシについてはどうか。ヤマアラシは夜にだけ出歩く。殺したり傷つけたりするためではなく、星空の下で優雅に緑の草や柔らかい根を食むために出歩く。ハイエナとはちがって、暗闇の創造的な側面を体現しているのだ。その眼は、深く、暗く、輝いてやさしく、ちょうど魂が闇のなかで人間を導くように、彼女に闇を見透かす力を与える。ひじょうに鋭敏でよくきく鼻は、直観と未来への方向感覚を表している。

彼女は、カマキリの精神の直観的な側面を代表しているのだ。

ヤマアラシとクアマングア（虹の精）との子どもであるマングースのイクニュウモンが、物語のなかで大活躍する。クアマングアは、カマキリの分析的知識の源泉だが、知識を適切に用いることができない。知識を統御し、傲慢さに陥ることを防ぐ役割をになうのは、息子であるマングースのイクニュウモンだ。ではなぜマングースなのか。

マングースは、太陽と大地の両方に属する。地面の深い穴に住んでいるが、地上に現れると、大きなコブラをも仕留める有能無比の殺し屋となる。彼は、爬虫類が体現する破壊性を抑止する力なのだ。同時に社交的でもあり、太陽を愛し仲間と一緒に日向ぼっこをすることを好む。お気に入りの姿勢は、後ろ足で、小さな人間のようにまっすぐに立つことだ。カマキリの精神には、蛇と太陽を同化し、冥《くら》い直観と明晰な意識（的知識）を結びつけるはたらきが潜んでいるが、マングースこそはそのはたらきを体現する生き物なのだ。

ゲなどである。

戦いの物語

カマキリとその一族の物語はさまざまな戦いで彩られる。闘いの相手は、ヒヒ、ゾウ、そしてトカゲなどである。

カマキリは、「しゃがむ者たち」（カマキリがヒヒに与えた渾名）に戦いを挑むことにして、カマキリ・ジュニアを、戦い用の棍棒をつくるための木を伐りに行かせた。木を伐っていると、若いヒヒ（しゃがむ者）が通りかかった。「何をしてるんだ」。カマキリ・ジュニアは勇敢だったが、まだ若くて思慮がたりなかったので正直に答えた。「お父さんがしゃがむ者たちと戦うので、棍棒をつくるんだ」。びっくりした若いヒヒは年上のヒヒを呼んだ、「早く来て、この小僧の言うことを聞いて」。年上のヒヒが応じた。「すぐ行くぞ」。駆けつけて訊ねた、「お前、何と言ったんだ」。カマキリ・ジュニアは答えた、「お父さんがしゃがむ者たちと戦うので、棍棒をつくるんだ」。「な、何だと！」ヒヒはびっくりしてさらに年上のヒヒを呼んだ。「早く来て、この小僧の言うことを聞いて」。別の年上のヒヒが応じた。「すぐ行くぞ」。駆けつけて訊ねた。「お前、何と言ったんだ」。カマキリ・ジュニアは答えた、「お父さんがしゃがむ者たちと戦うので、棍棒をつくるんだ」。ヒヒはびっくりしてもっと年上のヒヒを呼んだ。

こうして、ヒヒたちはつぎつぎと仲間を呼び、群れ全員が集まった。ヒヒの長老が叫んだ。「俺たちを襲うだと！？　やっちまえ！」。さんざん殴られて、カマキリ・ジュニアの目玉が顔から飛びだすと、ヒヒたちは興奮した。「ボールだ」、「そのボールが欲しい」、「そのボールが欲しい。こっちへよこせ」、「俺のボールだ、こっちへよこせ」。ヒヒたちは夢中になって目玉のボールを取り合った、つまりボール・ゲームをはじめた。

息子が帰るのを待つ間に昼寝していたカマキリは、ヒヒが息子を殺して、息子の目玉でボール遊びをしている夢をみた。

カマキリが直ちに弓矢を持って駆けつけると、ヒヒたちは土煙を立ててボール・ゲームに夢中になっていた。カマキリは息子の死を悲しんで号泣したが、すぐに涙をぬぐうと、なにくわぬ顔でヒヒの群れに近づいた。ヒヒたちはそれまでカマキリに会ったことがなかったので、彼をまじまじと見つめた。カマキリはゲームに加わろうとしたが、ヒヒたちは無視してゲームをつづけた。目玉が父の気配を感じてヒヒの手を逃れたので、カマキリはすばやく目玉を取り戻した。目玉に腋《わき》の下の汗を塗りつけて放ると、目玉は自分で矢筒のほうへ飛んでいった（腋の下は、それぞれの生き物のエッセンスが宿る場所だ）。

ヒヒたちは目玉を返せとせまり、カマキリは矢筒を逆さに振ってみせたが、目玉はでてこない。「爺《じじい》をやっちまえ」。いら立ったヒヒがカマキリに殴りかかって乱闘になった。形勢不利になったカマキリは、「ハーテビーストの子どもよ高く飛べ」と叫んで、矢筒の陰に隠れていた目玉と一緒に空高く飛びたった。あんぐり口を開けて見上げるヒヒたちを尻目に、泉へと飛行し、水辺に下りると、目玉を水中に置いて「元の姿にもどれ」と唱えた。翌朝、カマキリが泉に行ってみると、元の姿にもどったカマキリ・ジュニアが水浴びをしていた。水はよみがえりの力である。

（ヴァン・デル・ポスト、前掲書）

ヒヒとは何者なのか。カマキリはなぜヒヒと戦わなければならなかったのか。これらの戦いに特別の意味はなく、戦いの相手も理由なく選ばれているとは考えにくい。ヴァン・デル・ポストは、つぎに紹介する戦いもふくめて、これら一連の戦いを「精神」の成長と自覚のための戦いと解釈している。さきほど述べた保留を念頭に読んでいただきたい。

カマキリは、ヒヒを「しゃがむ者」と呼ぶ。ヒヒは、しゃがんだ姿勢で思索にふけることを好み、他人を観察して批判する。他人の欠陥を指摘することは大好きだが、自分が批判されることは我慢ならない。頭脳を偏重し、情緒的に未成熟なヒヒは、「批判精神」のシンボルだ。一方、直観的で行動的なカマキリは、成長するために、意識的な批判能力を身につける必要があった。ヒヒと対峙し、論争し、ヒヒ的なものを吸収しなければならなかった。「戦争」は、この意味での「論争」と交流の神話的な表現にほかならない。頭でっかちに老成したヒヒたちは、一方では、生命の新しい展開を象徴するカマキリ・ジュニアを攻撃するが、他方では、その目玉（直観と生の新しいビジョンの象徴）を欲しがる。

（ヴァン・デル・ポスト、前掲書）

カマキリは、小さなスプリングボックの仔をやさしく蜜で育てていた。通りかかったゾウがこのスプリングボックを飲みこんでしまった。カマキリはゾウに追いつき、臍《へそ》から体内に入りこみ、内部から攻撃して倒すと、スプリングボックとともに生還した。過度に巨大なもの、誇張を好む粗暴な力、すべてを飲み込む者から小さなものを救い出したのである。怒りに燃えて襲ってきたその特大の雌ゾウを、カマキリ・ジュニアはヤマアラシの黒と白の針で刺し殺した。ゾウの群れが復讐のために押し寄せたが、カマキリ・ジュニアはひるまずゾウの肩に飛び乗り、ゾウの顔に向かって放屁した。その屁はゾウを殺した。次から次へとゾウに飛び乗っては放屁し、大地はゾウの死体でおおわれた。

（ヴァン・デル・ポスト、前掲書）

ヴァン・デル・ポストによれば、サン人のイメージ世界では、ゾウはアジアにおけるように叡知の象徴ではなく、強大で粗暴なもの、極端なもののシンボルである。カマキリは、ゾウと戦って弱小で繊細なスプリングボックを救いだすことによって、生におけるバランス（均衡）を保持しなければならなかったのだ。カマキリ・ジュニアが武器とした黒と白の針は、カマキリの母であるヤマアラシのもので、対立物の調和のシンボルである。

サン人と交渉があったと思われるバントゥー語系（バントゥー諸語は、ニジェール・コンゴ語派のベヌエ・コンゴ語群に属する大言語グループ。アフリカ西部のカメルーンからアフリカ東部、南部に広がっている。スワヒリ語、コンゴ語、キクユ語などをふくむ）の諸民族も、英雄的な少年が、「すべてを飲みこむ怪物」に飲みこまれた村人たちを救出する物語をもっている。現代を生きる私たちにとってこれは、世界を飲み込もうとしている現代文明のみごとな神話的ビジョンたり得るのではないだろうか。

ヴァン・デル・ポストは、ユングの影響のもと、カマキリを主人公とする一見ばらばらの物語が、全体として、人類の「精神」の成長過程（分化と自覚）を表す象徴的な物語群（叙事詩）を構成していると捉えている。この解釈の妥当性を確かめる手がかりは、私にはいまのところない。サン人とヴァン・デル・ポストと研究者のあいだで、対話や議論が行われることを夢想してみるが、残念ながらそれは夢想でしかない。

同じくユングの影響を受けたアメリカの人類学者ポール・ラディンもまた、北米西海岸の先住民のトリックスター神話を「精神」の成長の物語として解釈している。神話は、人類が言語を獲得して以来ずっとなんらかのかたちで人類精神史の一部であったに違いない。神話は人類の精神の生成に寄与し、精神の変化は神話に反映しただろう。そうだとすれば神話的物語に、たとえばサン人のトリックスター物語群に、「精神」のあり方に関する認識がふくまれていても不思議ではない。

いずれにしても、古代のギリシア、インド、中国などの思想的遺産が「文明の古典」だとすれば、狩猟採集民の世界観こそは「人類の古典」、少なくともその一つと位置付けるべきだろう。なお、トリックスターについては第七章で詳しく触れる。

神話におけるカマキリ

叙事詩的絵巻の主人公としてのカマキリの姿は、私たちの意表をつく。アフリカ大陸の無数の生き物のなかから、サン人はなぜ小さなカマキリを選んで、創造神の化身としての役をふったのだろうか。カマキリの姿や習性は、世界各地でひろく人びとの関心をひき、想像力をかきたてたようで、カマキリは宗教的な観念や物語のなかに頻繁に登場する。カマキリの顔は人間に似ている。カマキリはたんに見るだけでなく、凝視することができる。カマキリの鎌（前足）の動きは祈りの姿勢を連想させる。カマキリのメスは、交尾中かその後でオスを食べてしまう。カマキリは首を切られても、さまざまな動きをすることができるし、擬態で死んだふりすらする。こうしたカマキリの習性は、人びとの関心をひき、想像力を刺激してきた。

想像世界におけるカマキリは両義的だ。地中海世界やヨーロッパでは、カマキリは邪眼（凶眼）と結びつけられ、「カマキリに見つめられる」という表現がある。カマキリは英語圏では「マンティス」とよばれるが、これは語源的には預言者を意味する。カマキリを神に祈る者とみなす人びともいれば、悪魔に祈る者とみなす人びともいる。カマキリは、たずねられると正しい道を指し示す。神は、悪魔と親しくなった尼さんをカマキリに変えた。カマキリは、南部アフリカでは神の使いや祖霊とみなされることがある。また、しばしばカマキリの姿をとる「原野の神」は治癒神でもあり、これと同類と思われる神は西アフリカにも出現する。

これとは別の文脈を考えることもできる。アフリカの神話では、クモやアリやカメレオンなどの小動物が活躍する例が多い。サン神話のカマキリは、そうした神話的感性の源流に位置しているのかもしれない。

トリックスターとしてのカマキリの分布地域は、中央アフリカで、トリックスターとしてのクモの分布地域へとつながる。サン人を基点に、カマキリや動物人間としてのトリックスターの姿を追っていくと、西アフリカまで地続きの、私たちにはまだ見えていない、観念とイメージの世界が浮かび上がってきそうだ。

神話と夢

神話と夢の間には深いつながりがある。創造神の化身トリックスターの物語では夢見の力が大きな役割をはたす。トリックスターは疑問や困難に直面するとしばしば夢をみる。夢見によって危機を察知し、何をなすべきかを知る。

サン人と同じく狩猟民であるオーストラリアのアボリジニの社会では、「夢見」が世界観のなかで、サンにおけるよりもさらに大きな位置を占めている。そこでは、世界はサンの「始原の時」に相当する「夢の時（ドリームタイム）」と「今の時」に二分されている。「夢の時」には、現在の世界はまだ存在しない。現在の世界の事物のあいだの区分はまだ存在せず、万物は流動的で、創造のエネルギーに満ちている。「夢の時」の、同時に人間でもあり動物でもあるような生物たちの活動や出来事によって、現在の世界の秩序やもろもろの存在がかたちづくられた。今では世界は「夢の世」と「この世」

の二層（相）からなっていて、両者のあいだには、夢や儀礼による交流と相互作用のチャンネルが開かれている。

　サン人のなかには「私たちを夢見る夢がある」と考えている人たちがいるという。私たちの生は何者かが見る夢であるというのだ。これに対しては「始原の世界」も「夢見」も無知ゆえの幻想に過ぎない、と考える立場もありえよう。それでは、同種内で途方もない大量殺戮を繰り返し、ほかの多くの種を絶滅に追いやりつつある私たちの文明はどうなのか。これが真の覚醒というものだろうか。そうではなくて、何者かが夢見る夢だということはありえないことだろうか。何者の？

　私たちの文明は、狩猟民文化など文明の外からさしだされた鏡も、「始原の世界」という外部も、ひたすら排除してきた。それだけでなく、ある意味で私たちの世界と対極にある狩猟民の世界を当然のことのように飲み込もうとしている。

　先ほど触れたように、南部アフリカの神話には「すべてを飲みこむ者」という闇の力が登場する。カマキリは「すべてを飲みこむ者」の娘ヤマアラシを養女にして愛育した。ヴァン・デル・ポストの観察によれば、ヤマアラシは暗闇の創造的な側面と未来への方向感覚を体現している。「その眼は、深く、暗く、輝いてやさしく、ちょうど魂が闇のなかで人間を導くように闇を見透かす。彼女は、カマキリの精神の直観的な側面を代表しているのだ」これらすべては何を意味しているのだろうか。

第三章
神と人間の仲介者・原野の神
――西ガーナ・ロダガア人の神話

人生における危機は、原野につながるウェと村里に属するジョロのバランスが崩れたことの表れだ。そのような危機に遭遇すると、人はウェをまつって鎮《しず》め、原野との関係を整えて人生の次の段階へとすすむ。……個人の成熟の度合いは、自分のなかで原野と村里を統合させる度合いによって測られる。

原野と村里——原風景としての焼畑

西アフリカのギニア湾岸から北上すると、順に海岸サバンナ、熱帯多雨林、サバンナ、ステップ（半砂漠地帯）、サハラ砂漠と、景観が帯状に推移する。アフリカといえば、サバンナを連想する人が多いだろう。アフリカの景観を代表するサバンナは、野生動物の世界であると同時に、焼畑民と牧牛民の世界だ。本章ではその焼畑民の神話を紹介することにしよう。

焼畑民たちの世界は、人家と耕地のある村里とその外部に広がる原野からなる。原野は「ブッシュ（藪《やぶ》）」と呼ばれることが多い。蒼穹《そうきゅう》のもと、果て知れぬ原野（ブッシュ）のなかに点在する村里。それが焼畑民たちの原風景だ。原野には野獣や精霊や敵が徘徊する異界としての貌《かお》もあって、人間生活を支えもすれば脅かしもする。焼畑民たちのこの心象風景あるいは原風景は神話世界にも反映している。

近年、人口の増加と換金作物の導入にともなって耕地が拡大して、サバンナの状況は変化しつつあるけれども、少なくとも一九七〇年代頃までは伝統的な焼畑が一般的だった。乾季の終わりに原野の樹木を伐採して火を放ち、雑草や枝を焼き払い、雑穀やヤムイモなどを植えつけて、雨季を待つ。原野から侵入する野獣や野生植物、雑草などが畑を荒らすのを防いで、次の乾季の収穫を迎える。数年耕作をつづけると、地力が衰えるので別の場所に新しい畑をつくる。すると元の畑はふたたび原野にもどって地力を取りもどす。このサイクルのなかで、焼畑民たちは原野と格闘しつつも原野に支えられている。彼らは、農耕だけでなく必要に応じて採集、狩猟、漁労も行う「環境利用のゼネラリスト」

だ。野生の動植物を、食用、薬用、燃料、家屋の素材などとしてふんだんに用いる生活には、いわば原野がすみずみまで浸透しているといえよう。

ふつうの人たちは、焼畑を通じて原野と渡り合うほかは、原野の縁で薪にする枝を拾ったり野草を採ったりする程度だが、猟師や薬草を探す治療師や精霊に憑依された者たちは、原野の奥深く入りこむ。

「原野」と「原野の神」と「大地」

人間や家畜が住む村里は祖先に見守られているが、原野には野獣や精霊や敵が徘徊している。原野では村里の常識や掟はあてにできない。日常的な秩序の領分である村里と、測りがたい力の領分である原野という対比が、焼畑民たちの世界観の基本的な枠組みだ。原野は地理的な実体であると同時に神話的イメージでもある。この世のはじめに天と地は遠くはなれたが、原野はいまも天地分離以前の世界の性質を色濃くたもっている。そればかりか、原野では、天と地は今もまだつながっているかも知れない。原野は世界の臍《へそ》だ。

神話の主な登場者は天とむすびつく至高神、大地、そして原野の神。本章ではそのなかで特に原野の神に注目しよう。

日本においてある種の山がそうであるように、原野は生者よりも存在感のある生命体として感受される。原野は、「原野の神」の領分ともこの神の御神体ともみなされる。原野は、原野の神の配下である無数の精霊たちの住処《すみか》でもある。

「原野の神」は、謎に満ちていると同時に身近な恵みと災厄の神、畏怖と魅惑の神だ。この神は至高神と人間の間の仲介者で、至高神の意思を人間に伝えもすれば、人間をだまして至高神から引き離しもする。各人がもつ複数の魂のうちの一つは「原野の断片」で、個人の生命力の充実にも危機にも深くかかわっている。

「原野の神」と拮抗関係にあるのが「大地」だ。至高神は最初に大地を創った。だから大地は至高神についで偉大で、人間生活に必要なものを恵んでくれる。人間は大地の介添えによって、いまだ生まれぬ者たちの領域からこの世に現れ、死後は大地によって死者＝祖霊の領域へと送りこまれる。大地は反社会的な人物を受けいれないので、そういう者たちは死んでも祖霊になることができず、亡霊として原野をさまよった果てに消滅する。これは人びとがもっとも恐れ避けようとすることだ。この意味で、大地は、善悪の彼岸にある「原野の神」とは異なり、社会的規範と倫理の守護者でもある。

仮面結社の祭神、「原野の神」

男性だけが属する仮面結社をもつ村々では、それらの結社が神話を伝承する。仮面結社の祭神はたいてい「原野の神」だ。結社は、「原野の神」と仮面（の神）をまつることによって、災厄を避け福祉（健康や多産や豊饒《ほうじょう》、狩りや戦争での成功など）を維持することを目的としている。結社は、私たちの社会にはみられない総合的な組織で、その活動は多方面にわたる。たとえば、占いやさまざまな薬、仮面の力を活用して、結社員や地域社会を災厄から守る。また、加入儀礼、葬儀、神話の出来事を記念する儀礼も行う。実用的な知識や神話的な知恵を蓄積して伝承するとともに、若者を教育する機能もになっている。必要に応じて軍事組織としても機能する。

仮面結社など私たちと縁のない別世界のことと言われるかもしれない。しかし考えようによっては、仮面結社の総合的なあり方から、私たちが直面している課題、たとえば活力ある地域社会や文明の中枢として大学の創出といった課題と取り組むためのヒントを読みとることもできる。私たちが文明のあり方を抜本的に検討すべき時期に来ているとすれば、世界各地の伝統に対するそのような開かれた知的感受性を身につけることが望まれるのではないだろうか。

話を神話にもどそう。仮面結社が伝える創世神話は、至高神と人間が分離した経緯をくわしく語るが、それは至高神と人間のあいだに介在する「媒介者・仲介者」の物語でもある。仲介者としての原野の神や仮面神などは、至高神によってつくられた存在だが、独自の意思をもって活動し、至高神と人間のあいだを結び付けもすれば引き離しもする。

本章でくわしく紹介するのは、コートジボアールの北東からガーナの北西にかけて住む焼畑民ロダガア人の、人間と「原野の神」の関係をめぐる神話である。その神話では、地上の世界のはじまりや「原野の神」の由来がはっきりとは語られていないので、その部分を彼らの居住地の北方ブルキナファソに住む焼畑民であるボボ人の神話でおぎなっておいてから、ロダガア神話の紹介に入ることにしよう。

仮面結社の二種類の神話

ボボ人の村では、成人男子が全員加入する仮面結社が、至高神と人間のあいだの仲介者である「仮面（神）」をまつり、仮面の起源に関する二種類の神話を伝承している。ウロ（至高神）の創造の物語と、もうひとつは、ウロが去ったあとのさまざまな事物（主として仮面や唸り木など結社の儀礼用具）の起源に関する物語で、前者は「ウロの物語（至高神の物語）」とよばれる。この二種類は、私たちの用語では「神話」と「伝説・歴史」の区別にほぼ対応する。村人たちもこの区別を意識している。

具体的な個々の仮面や儀礼などの起源に関する物語は、仮面などの制作・使用や儀礼の手順に関する記憶を保持し、それらをめぐる村内各集団の権利義務を根拠づけるものだから、村としての公式の内容が決まっていて、それを村の公的機関としての男子結社が管理し、儀礼の際に朗唱して若者に伝授する。

これに対して、「ウロの物語」には村としての公的なテキストがあるわけではなく、公的な儀礼などで朗唱されることもない。この点で「ウロの物語」は、私たちがもつ神聖な物語＝神話のイメージとも、すぐ後で紹介するロダガア社会の神話とも異なる。「ウロの物語」は長老たちが個人的に語り伝えるもので、さまざまなバージョンが個々の村や集団の垣根を越えてボボ社会全体の財産になっている。おとぎ話風の断片として気軽に子どもにも話して聞かせるが、その背後に結社の内部でも少数の上級者だけが知っている世界観的な内容が隠れていることも少なくない。私たちの社会に哲学者や神学者がいるように、サバンナの村々にも世界や人間について思索することを好み、そのような思索を深めることを共同体から期待されている人びとがいる。そういう人びととは「ウロの物語」についても議論を交わして内容を洗練する。その一方で、こうした思索活動は、私たちの社会と違って専業化しておらず、つねに生活の場で生活者によって行われる。

はじまりの神話

ウロ（至高神）が創造した大地の上で、ウロと人間と身近な小さな生き物たちの活動が始まる。

ウロは、初めに大地をつくり、大地の上で、カメレオンと蟻と魚をつくった。次に猫、犬、ヒキガエル、泥塗り雀蜂をつくり、それから最初の人間（祖人）をつくった。それ以後、ウロは、祖人がほしがるものを創っては与えるというかたちで地上での創造活動をすすめる。先輩格のカメレオン、蟻、魚、猫などは、ウロと人間のあいだの仲介役をはたす。

祖人は貪欲にいろいろなものをほしがった。ウロは、祖人が食べるものがほしいというので、羊、山羊、牛をつくった。ひとりぼっちはいやだというので、祖人とは別種の人間としてボボ人をつくった。ウロはカメレオンを介して祖人に鍛冶の技術をさずけ、祖人は最初の鍛冶師になった。一方、蟻は祖人に穀物の種子と石斧を与え、栽培の仕方を教えた。このとき、祖人は蟻が持っていた別の穀物の種子を盗んだ。ウロがこの世にはじめて雨を降らせた朝、祖人＝鍛冶師はボボ人を野に連れだし、蟻から手に入れた種子を与えて栽培の仕方を教えた。こうしてボボ人は農夫になった。

カメレオンは祖人に妻を与えるようウロにとりなした。性の交わりを手ほどきしたのもカメレオンである。はじめて妻の腹が膨らんで、鍛冶師夫妻が驚き途方にくれていると、妊娠したことを猫が教えてくれ、さらに出産時には産婆役をつとめてくれた。人間はこのようにして生殖を知った。

その間にもウロは創造の仕事をすすめ、祖人は好奇心と貪婪《どんらん》な要求をもってウロにまつわりつづけた。それだけではなく、祖人はしだいに増長して、とうとうある日、ウロに「同じ莫蓙《ござ》に座りたい」、つまり、まったく対等の立場で交渉したいと申し入れた。ウロは祖人＝鍛冶師のこの僭越《せんえつ》きわまりない申し出を拒否して、「これからは私の代わりに息子であるドゥオ神（仮面）がお前たちの相手をすることになろう」と告げた。翌日、ウロは、祖人＝鍛冶師と猫を野に連れていって、木の葉の「仮面」（ドゥオ神）を与えた。ドゥオ神はそれ以来つねに木の葉の仮面の姿で現れて、ウロと人間のあいだを仲介する。ドゥオ神はとくに知識や火や水と深いかかわりをもっている。ウロは、ドゥオ神（仮面）だけでなく、他の息子たち、つまりクウェレ（雷）とソクソ（原野）をも仲介者としてこの世に残した。

やがて、「雷」に打たれて一人の幼児が死に、それ以後、人間は死ぬようになった。死について知らなかった祖人は何が起こったのか教わるために、ウロに会おうと出発した。だが、途中でウロのところから戻ったカメレオンに出会って、もうウロには会えないことや、幼児が「死んだ」ことを教えられた。村にもどるとカメレオンは、埋葬の仕方とウロの祭壇のつくり方を教えた。

すべてが終わると、カメレオンは人間のために有用な知識をもっと手に入れておいてやろうと、ふたたびウロのもとをめざした。だが、ウロはすでにはるかに遠ざかっていた。おぼつかない足取りで四〇日間歩き続けてようやくたどり着いたカメレオンを、ウロの最後の宣告が待っていた。人間に伝える知識を得ようと質問を並べたてるカメレオンに、ウロは取り合わない。「お前はあまりにもしばしば、私の許可なしに秘密を人間たちに漏らしたから、今後は私から離れて人間とともに地上に留まらなければならない。お前が人間たちをここへ連れてくることがないよう、お前の指を切って二本だけ残しておこう。祖人＝鍛冶師は人間のうちで最初の者だから、『仮面』の秘密を教えてやろう。カメレオンと猫は鍛冶師をたすけなさい。今後、私が直接人間に会うことはなく、つねに『仮面』が仲介する。罪を犯したときには、鶏を生け贄として捧げ、災厄に襲われたときには、私の祭壇で小さき者、すなわちものの言えない赤ん坊か蟻に捧げものをしなさい」。
（ブルキナファソのボボ人）

これが、ウロの直接のメッセージとしては最後のものであり、いわば、天地分離と神人分離の宣告である。ウロ（至高神）が人間から遠ざかると同時に、地上は神々の領分である原野と人間の領分である村里とに分かれた。

創世の場で活躍する小動物たち

野生動物の王国といわれるアフリカの創世神話では、身近で小さな生き物たちが活躍する。それらの生き物たちは、神話的想像力を刺激するのだろうか。カメレオンの三六〇度どちらの方角へも動く目玉や変化する体色、ゆるやかで不器用な歩き方などは、できたばかりでまだ流動的な始原の世界に生きていたなごりと考えられている。複雑な巣をつくり整然とした社会生活をいとなむアリやシロアリは、至高神と特別に親しい生き物とみなされている。クモは、天地分離の神話で、天にいたろうとする人間たちの空しい試みに加担して糸で天地をつなごうとする。小さな生き物を世界の始原と結びつけるのは、ささやかなことのうちに大いなることの予兆を見る神話的感性の表れかもしれない。それはボボ人の神話にも見られるが、次章で紹介するドゴン人の神話でみごとに花開く。

鍛冶師としての祖人

鉄製の鍬とナタを使う焼畑民ボボの祖人（最初の人間）は鍛冶師としてイメージされている。鍛冶師は、農民である一般のボボ人との間に通婚関係がなく、社会的には周縁的なマイノリティーである。ところが神話では、至高神は祖人である鍛冶師の願いに応えてボボ人をつくったと語られる。ボボ人の世界観における鍛冶師の位置づけを反映しているのか、それとも、この神話がつくられる過程で鍛冶師が主導的な役割を果たしたからだろうか。詳しい事情は分からないが、これと同じ例は西アフリカの焼畑民の社会では珍しくない。

神人分離の原因は、少なくとも表面上は鍛冶師である祖人のふるまいに求められている。祖人の欲望や増長には際限がなく、至高神にとって煩わしく腹立たしいものになった。だが、そもそも貪婪《どんらん》で増長しやすい祖人をつくったのは至高神にほかならない。祖人はそのような性格ゆえに、至高神の創造活動のパートナーたり得た。すべては至高神の予定どおりにすすんだのか。それとも、祖人が至高神にも予期できない反応をしたためにこの世界が創造されることになったのか。これは、すぐ後で紹介するロダガア人やドゴン人を含む西アフリカの諸民族が共通して抱いている問いだ。彼らは、この問いに公的で最終的な答えを与えようとはしないが、個人レベルでは、この問いをめぐって思索をめぐらす長老たちもいないわけではない。

だれもが否定しないのは次のことだ。至高神は人間からしだいに遠ざかり、ついには天と地を切り離して、人間の手に届かない存在になってしまった。しかし至高神は人間世界と完全に縁を切ったわけではなく、現在も「仮面」をはじめとする「仲介者」たちを通じて、この世とのつながりを保っている。至高神との距離は遠くて近い。至高神は測りがたい。それを体現するのが、善悪両面をもち気まぐれな「仲介者」だ。仲介者は焼畑民たちの心につきまとう。

恵みと災厄をもたらす「原野の神」

ボボ人の地域から少し南下すると、ブルキナファソ、ガーナ、コートジボアールの国境地帯に互いに近縁関係にあるがそれぞれ独自の文化をもつ焼畑民たちの村々がある。ロダガアもそのなかの一つグループで、ニジェール・コンゴ語派のボルタ語群に属するロダガア語を話す。首長制のない非集権的な社会で、親族集団を構成単位とする自律的な村々の運営には男子結社と長老会議があたる。土地を父方から相続し、動産を母方から相続するシステムに特徴がある。世界観においては至高神と原野の精霊と祖先が重要であるが、この点はすぐ後で神話に関連して触れる。

ロダガア人の神界では、高位の霊的存在（神々）は「ングミン」とよばれる。そのうち、至高神（ナア・ングミン）は、文字どおりには「神々の主」を意味し、ボボ人のウロと同様に造物主として、ほかの神々や精霊から区別されている。神々のうちには、稲妻や雨や大地の神などと並んで、「原野の神（バグレ神）」がいる。「原野の神」は、恵みと災厄の両方をもたらす両面的な神で、それぞれ個性と独自の能力をもつ無数の「原野の精霊（コントメ）」は、「バグレ神」の眷属《けんぞく》だ。

人間は、弓矢、料理、農耕、鍛冶、その他、文化の基本的な要素をすべて、バグレ神と原野の精霊（コントメ）から教わった。人間を創造したのは至高神だが、人間が人間として生きていくために必要な文化を与えたのは原野の神と精霊たちなのだ。

この考え方は、自然と文化をすっきりと二分する近代ヨーロッパの世界観とは異質なものだ。よく考えてみれば、人間自身も文化も、結局のところ自然の産物であり、説明しきれない謎にみちている。「原野の神」のイメージには、この謎に対する焼畑民の感性が投影されているように思われる。

人びとは「原野の精霊」を小人としてイメージする。野獣はいわば彼らの家畜で、野生植物は彼らの作物だ。人びとはコントメと、日々の生活のなかで、病気、夢、憑依、その他さまざまな場面で遭遇し交流する。占い師は頻繁に原野にとどまって「原野の精霊」と交流し、彼らの助けを借りて、人間に神々の意思を伝える。占い師が、憑依をともなうこの交流から、新しい制度や技術の想を得て人間社会にもたらすこともある。

どの屋敷にもたくさんの祭壇があって、大地、雨、原野、祖先、薬などがまつられているので、雑然とした精霊信仰や多神教という印象を受けるが、神話の主題は、至高神とバグレ神（原野の神）と人間、この三者のあいだの関係である。

バグレ結社と二種類の神話

「原野の神」であるバグレ神をまつるのがバグレ結社だ。バグレ結社は、上級の「黒い結社」と下級の「白い結社」からなる。これに対応して神話にも「黒い神話」と「白い神話」がある。「白い神話」は初心者向けに、主として結社の行事や規則の内容と起源、結社ゆかりの動物などに関する「浅い真実」（結社員自身の表現）を述べる。これに対して、「黒い神話」は上級者向けに、死や生殖や戦争のはじまりを語り、至高神とバグレ神と人間の関係について「深い真実」を開示する。

とくに重要なのは死に対する考えの違いだ。「白い神話」によれば、死は遠ざけるべきもの、遠ざけることのできるもので、バグレ結社は生命を強化して死からまもる力をもっている。「白い結社」でもっとも重要な儀礼は新加入者の死と再生を演じる加入儀礼だ。ところが、「黒い神話」によれば死は不可避であり、死者は蘇らない。人間は死と向き合わなければならない。「黒い結社」でもっとも重要な儀礼は、結社員の死と向き合う葬儀である。

悪や災厄の起源を語る「黒い神話」

ここでは「黒い神話」の朗誦《ろうしょう》をとりあげることにしよう。この神話は、なぜ悪や災厄が存在するのかを説明する。造物主としての至高神は善であり全能であるにもかかわらず、なぜこの世には病や死や悪が存在するのか。なぜ人間は至高神から離れてバグレ神（原野の神）をまつりはじめたのか、その結果として人間はどのような運命に見舞われることになったのか、今後はどうすべきなのか。死は克服できるのかできないのか。「黒い神話」はこれらの問いをめぐって展開する。

「黒い神話」のおもな登場者は、兄弟二人の祖人（兄はクモの姿、弟は人間の姿）、バグレ神（原野の神）、原野の精霊たち、老人の姿をとったナア・ングミン（至高神）、ナア・ングミンの妻である老女、ナア・ングミンの娘らしい少女（祖人＝弟の妻）、そして祖人の息子たちである。

神話は、災厄に見舞われた祖人＝弟が、災厄の原因を究明しようと原野へ向かうところからはじまる。原野は隠された知恵と力が宿る場所なのだ。ここでは、人間の苦悩と不安が、物語を始動させる引き金となっている。

英訳されたテキストで五五〇〇行をこす「黒い神話」の朗誦の前半は時間軸にそって物語が展開するが、後半ではおもな登場人物たちが一人称で行う告白や登場人物同士のやりとりなどを、朗唱者はひとりで何役もこなしながら、ひとつづきの物語として語る。朗唱者自身や聴衆が議論に加わることもあり、語られる時間も、現在と始原のあいだを行き来するので、たいへん錯綜《さくそう》した印象を与える。

神話に登場する祖先たちは執拗《しつよう》なまでに、人間を創ったのは至高神なのかバグレ神なのかを知ろうとしてバグレ神にも直接問いただす。こうして人間は、バグレ神が人間を欺《あざむ》いたり害悪をもたらしたりすることをあの手この手で確認しつつも、彼がもたらす恩恵に次第に依存するようになり、はげしい議論を重ね悩んだ末、ついにバグレ神祭祀《さいし》を受け入れる。その様子は感動的ですらある。イギリスの社会人類学者J・グッディが、実際の朗誦を録音してロダガア語と英語の対訳テキストを出版しているので（Jack Goody, *The Myth of the Bagre*）、その一部を抜粋要約してみよう。

盗む神、騙す神、災難をもたらす神、バグレ神は災厄（不吉な予兆）で祖人兄弟を悩ませた。思慮ぶかい祖人＝弟は、不安にかられ、予兆を解き明かしてくれる賢者を求めて原野への道を急いだ。川にさしかかると、葦《あし》に挨拶した。川岸に男女の川の精霊がいたので挨拶した。男の精霊が祖人を舟に乗せ、竿で漕ぐことを教えてくれた。川を渡った祖人は蛙に会って挨拶した。岸辺でパイプをくわえ犬を連れた老人（じつは、至高神ナア・ングミン）に出会って挨拶した。

老人がたずねた、「どうしたのだ」。祖人が答える、「神が私を悩ませる」。

祖人は先を急いだ。しばらく進むと、原野の薄明のなかで今度は原野の精霊たちに出会った。精霊がたずねた、「どうしたのだ」。祖人が答える、「神が私を悩ませる」。精霊は祖人の意識を朦朧とさせ、原野の奥深く拉致した。これが人間が経験したはじめてのトランス（恍惚状態）だ。

原野の奥で、精霊たちは祖人を地面に座らせた。「これが何だか知っているか」、「知らない」。「これは、ギニア・コーン。食べ物だ」。こうしてかれらは、火の起こし方、穀物の栽培法や鍬《くわ》の使い方、料理の仕方など、さまざまなことを教えてくれた。

だが、祖人＝弟はなおも、「神が私を悩ます」と訴えて、大地をはじめとする神々に、守護霊に、原野の精霊たちに挨拶した（祈った）。すると目の前に「大地」と「雨」が現れた。雨は男性で、大地は女性だ。やがて、降り注ぐ「雨」と「大地」が交わり、「大地」がはらみ、「大地」から生まれた木が伸びて天に届いた。

祖人＝弟はたずねた、「神が私を悩ます。どうすればよいのか」。

祖人＝兄が答える、「木を伝って天に昇り、至高神を訪ねよう」。

至高神を訪ねる祖人＝弟

祖人は、ただちに原野の精霊たちに別れを告げ、木に登ろうとしたがだめだった。兄（クモ）の糸の助けを借りて木を伝って天に昇り、至高神の家を訪ねた。牛皮の上に横たわった至高神は、大きな犬を従え、周りには、ヒョウ、ライオン、ゾウ、カモシカ、カバなどの野獣たちが控えていた。

至高神は祖人を近くへよび寄せて、世界のなりたちについていろいろと話して聞かせ、その後、祖人に命じて鍬で粘土の山をつくらせた。それから「痩せた娘」を呼んで、壺とオクロの木の枝を噛んだ唾を壺のなかに吐かせた。それから少女に粘土の山をこねさせ、こねた粘土の山に壺のなかの液体を注がせた。つぎに、祖人に左手を粘土に突っ込まさせた。そこへ猫のつがいとハエのつがいがやってきて騒がしく交尾した。

二日後に猫のつがいが、粘土の山を掘って赤ん坊をとりだした。「痩せた娘」と祖人が来ると、至高神は祖人にたずねた、「これは何だ」。「赤ん坊です」。赤ん坊は祖人によく似ていた。至高神は言った、「お前の子だ」。「どこからきた子ですか」。「お前が産ませたのだ」。「私が産ませた？　どのようにして？」「痩せた娘」が抗議した、「私の子ではないのですか」。至高神がたずねた、「その子はどこにいたのだ」。「私がオクロの樹液を注いだ粘土のなかにいました」。「粘土の山をつくったのは誰だ」。娘は黙った。

至高神は妻である「賢い老女」を呼んだ。彼女はやってきて、木の葉をちぎって手に持つと、娘に赤ん坊を抱かせた。二人は老女の家へ向かい、家に着くと、老女は娘に大きな壺に水を満たして火にかけさせた。老女は葉のついた枝を折って湯に浸し、その枝で娘のものの付け根をたたくと血がでた。「賢い老女」は娘にたずねた、「赤ん坊はどこにいたのか」。「粘土のなかにいました」。「それは私がお前の腹から取りだして、粘土のなかに置いた赤ん坊だ。誰と一緒に粘土をこねたのだ」。「祖人と呼ばれる男です」。

子どもを連れて地上に戻った祖人

ある日、子どもが遊んでいるところに祖人が通りかかった。子どもが連れていってくれというので、娘に誰の子かたずねた。「私の子です」。祖人も自分の子だと主張して争いになり、「賢い老女」が駆けつけた。双方譲らないので、老女は二人を至高神のところへ連れていった。至高神の質問に答えて、二人はそれぞれの主張をくり返した。至高神が子どもに「お前は誰の子か」とたずねると、祖人の子だと答えて彼の膝にのった。神は中空にした草の茎を二人に渡して、まわりにこぼさないように排尿しろと命じた。祖人は成功したが、娘は失敗した。

至高神は「心配事を抱えて天上にきた祖人に、私が子どもを与えたのだ」と述べて、子どもを祖人に手渡した。この子は「天の子ナポロ」と名づけられた。

祖人はナポロを連れて地上へもどり、守護霊、屋敷の神々、大地の神に披露した後、火や穀物栽培など原野の精霊に教わった技を使って地上で暮らしはじめた。

雨季がきて、大地が潤った。種播《たねま》きの季節だ。祖人は鍬をとって畑へでかけた。ナポロが鍬を手についてきた。祖人はナポロにたずねた、「それは何だ」。「鍬です。これで畑を耕すのです」。祖人は喜んだ、「これこそ私が望んでいたことだ」。

祖人が仕事にとりかかった瞬間、サソリがナポロを刺した。祖人は占い師のもとへと急いだ。占いのお告げは、バグレ神（原野の神）からの合図だということだったので、バグレ神をまつって供犠《くぎ》をささげると傷は治った。

あるとき、ナポロが外で遊んでいると「痩せた娘」が通りかかった。ナポロは「お母さん」と呼びかけると、急いで家へ駆け込んで父（祖人＝弟）に「母さんがいるよ」と告げた。「どこからきた女だ」、「知らないよ、だけど母さんだ」。「お前には母さんはいないよ」、「お父さんがいるのに、お母さんがいないなんて、聞いたことがない」。女が立ち去ろうとすると、ナポロが泣きだしたので、女はナポロを連れていこうとした。祖人は「ナポロは渡さない」。女は「あきらめたわけではないよ」と言って立ち去った。いろいろあって結局、「痩せた娘」は祖人＝弟やナポロといっしょに暮らすようになった。

子どものつくり方を蛇から教わった祖人夫婦

ある日、祖人は森で、矢筒を背負い弓矢を携えた原野の精霊に出会って挨拶した。「何かほしいものがあるか」、「あなたたちは、いろいろなことを教えてくれたけれども、ひとつだけ教えてくれなかったことがある」。「家へ行こう。お前がほしがっているものは、私たちのところでは、子どもでもつくることができる」。原野の精霊は、自分の子どもがナイフや斧をつくっているところを見せた。鍛冶師の仕事場へつれていって、鉄鉱石を掘りだすことからはじめて、鍛冶師の仕事のすべて教えてくれた。鏃《やじり》のつくり方も教えてくれた。

祖人が家に戻ると、ナポロが出迎えてたずねた。「それは何？」、「お前のものだ。家に入ったら見せてやろう」。祖人が弓矢の使い方を教えると、ナポロはすぐにうまく使えるようになった。

ナポロが弓矢をもって遊んでいると、ギニア・コーンをついばんでいた鳩を鷹が襲った。ナポロが駆けつけると鳩は死んでいた。ナポロは、自分が射た鳩だといって祖人に見せた。祖人は大喜びした、「やがて私の右腕になる逞《たくま》しい息子を得たぞ」。母親（「痩せた娘」）も喜んで、もっと子どもがほしいと思った。その夜、女は祖人にたずねた、「もうひとり子どもを得るにはどうすればいいんだろう」。「天に昇って至高神の教えを乞おう」。

翌朝、薪をとりに森へ出かけた女は、川辺の茂みで大蛇が交尾しているのにでくわした。女が大声で笑いだすと、大蛇は女を招いた。「なぜ笑っているのだ」、「あなたたちがやっていることが楽しそうだから」。「どんなに楽しいか知りたいか」、「べつに」。大蛇がふたたび交わるのを見て、女は自分とも交わってほしいとたのんだ。大蛇と交わった後、女がとてもよかったというと、大蛇は、これをすると子どもが産まれると教えた。急いで家に帰った女は祖人に大蛇が教えてくれたことを教えた。祖人も交わりを楽しんだ。二日後、祖人は至高神に子どものつくり方を教えてもらいにいこうといった。女は反対した、「こんな気持ちのいいやり方を知ったのに、まだ至高神に相談しようというの」。その日は一日中交わりつづけた。

二日後に女の腹がすこし膨らみはじめた。翌朝になると、あまりにも大きくなったので、二人ともこわくなった。「至高神のところへ相談にいこう」、「いやだ。ちっとも痛くないから様子をみよう」。二日たつと腹が痛みはじめて、女はうめいた。祖人が原野の精霊に占ってもらうと、「吉報だ。原野の神が子どもを与えてくれたのだ」。祖人が急いで家路をたどると、家のなかから赤ん坊の泣き声が聞こえてきた。家では女が赤ん坊を抱いて待っていた。

賢い老女がいった、「『痩せた娘』が森で大蛇に会ったのも、すべては至高神の計らいだ」。だが祖人の考えは違った、「たしかに最初の子どももナポロは至高神が恵んでくれた。だがこの子はちがう。原野の神がくれたのだ。この子をデルと名づけよう」。こうして祖人は二人目の息子を得た。

狩りが上達したナポロと弟

息子たちは元気に育った。ある日、ナポロとデルは森で狩りをした。ナポロは、自分の矢で傷ついたアンテロープ（足の細いウシ科の動物）を追って、地面の大きな穴に入った。そこは原野の精霊の住処《すみか》だった。「俺たちの仔獣を射たのはお前か、矢に何か塗ったか」、「なにも」。それから原野の精霊たちは、コブラの毒と植物（シアの葉、ダワダワの葉、エボニイの葉など）で矢毒をつくることを教えてくれた。ナポロは家に帰ると父（祖人＝弟）に報告した。

二日後、ナポロは自分で毒をつくった。さらに二日後、ナポロたちは矢に毒を塗って狩りにでかけた。かれらが獲物をもって帰ると、祖人は肉の分け方を教えた。足は自分がとり、腰肉は母に与え、頭は肉を運んだ者たちに与えた。こうして人びとは肉の分配の仕方を知った。

二日後にかれらが畑を耕していると、子連れの野牛が近くにきた。ナポロはそっと近づいて矢を放った。矢は肩に当たり、矢毒が野牛を殺した。仔牛は生かしておいた。「一年経って大きくなってから殺して食べよう」。報告を受けて祖人はつぶやいた、「私が自分の矢で射るべきだった。ナポロは先日毒矢で獣を殺したばかりなのに、今日また毒矢を使った。ああ、私が自分の矢で射るべきだったのだ」。女たちは大喜びで肉を家に運んだ。二日後に畑へいくと、仔牛がいた。仔牛はひそかに泣いていた、「母さんの仇はきっとうつ」。

ナポロの妻となった少女は毒矢で殺した野牛の仔

三年後のある日、祖人と息子たちが畑仕事を終えて、娘たちがビールをふるまっていたとき、にぎやかな娘たちの後ろに、ひときわ美しい少女がひっそりと立っていた。息子たちは口々に彼女を妻にしたいといって大騒ぎになった。少女は、はなれた地面に細い棒を立てた。「私は、いちばん男らしい男と結婚したい。この棒に矢を当てた人と結婚します」。

祖人からはじめてつぎつぎに挑戦したがみな的をはずし、みごと棒を射たのはナポロだけだった。少女はナポロを抱きしめて、ほんとうに嬉しそうだった。そこへ「賢い老女」がやってきたので、ナポロは事情を話して、少女を家へ連れていくよう頼んだ。老女は注意ぶかく少女を観察すると、ひそかに舌打ちして、ひとりごとをいった、「ついに来たか」。

夜になると、ナポロは少女を自分の部屋へ連れていった。ナポロがアンテロープの毛皮の敷物をすすめたが、少女は断った。ダイカー（ウシ科の小型の動物）も、ライオンもいやがった。最後に、あの野牛の毛皮を敷くと、少女はそのうえに座って泣きはじめた。「どうして泣くのだ」、「泣いているのではありません、焚き火の煙のせいで涙が出ただけです」。

暗闇のなかにいっしょに横たわって、少女はナポロに名前をたずねた。「神の子だ」、「そうではなく、本当の名前を知りたいの。私の名前は『苦しみ』です」、「いい名前だ」。

「どうしてあんなに大きな獣を殺すことができるの」、「弓矢で殺す」。「もし危険な野獣に襲われたらどうするの」、「地面に穴を掘って隠れる」。「それでも迫ってきたらどうするの」、「空中を飛ぶ」。「それでも追ってきたら」、「木の葉に変身する」。「相手も同じように変身したら」、「草の葉に変身する」。「相手も同じようにしたら」、ナポロが答えようとすると、突然、老女の声が聞こえた。「用心しなさい」。少女は、老女が何をいったのか、ナポロがなぜ答えるのを止めたのかたずねたが、ナポロは答えなかった。

翌朝、畑で働いているナポロに昼食をもっていくとき、少女はほかの女たちを家に帰して自分だけで畑へ行った。畑に近い茂みに身を隠すと、野牛の姿に戻った。ナポロは野牛が近づくのを見て矢を射たが、当たらなかった。野牛が襲ってきたので、地面の穴に隠れたが、野牛も穴に入ってきた。空に飛び上がると、野牛も飛んだ。木の葉に変身すると、野牛も同じように変身した。草の葉に変身すると、野牛も草の葉に変身して襲ってきた。針に変身して野牛の尻尾に隠れると、野牛は見つけることができず、ついに諦めて森へ帰っていった。そこで、野牛の娘は泣いた。「ああ、もしあの老女さえいなかったら、……」。

だから、私たちは老人の忠告に耳を傾けなければならないのだ。

毒矢は人に向けず、野獣の狩りに使うべし

原野の精霊がナポロに強力な殺しの手段を教えたことを覚えているか。矢毒だ。そのために祖人が愛した息子、勇敢な次男デルに何が起こったか話そう。ある日、デルは毒矢をもって狩にでかけたが、疲れ果てて手ぶらで家に帰った。喉が渇いていたので妻に水を一杯求めたが、妻はあてがはずれて腹

を立てていたので、無視した。かっとなって我を失ったデルは、矢で自分を刺した。毒はすぐに回った。そのときまで人びとは、毒は野獣を殺すが人間は殺さないと思っていたのだ。人びとは二日後にデルを埋葬した。かれらは悲しみと怒りで混乱し、互いにののしり合い、弓矢で射合い、新しい死者がでた。それまでこんなことはなかった。腹を立てても争っても、棍棒で殴りあうだけだったのだ。

その二日後、ひとりの美しい娘が着飾って市へでかけた。二人の若者が彼女にビールをすすめ、腰を下ろして三人で飲みはじめた。彼女の夫がそれを見て激怒し、弓矢をとって若者のひとりを射た。若者が死に、大騒ぎになった。死んだ若者の身内と夫の身内が矢を射合って、多数の死体が折り重なった。老女が叫びをあげ、祖人が駆けつけて、射合うのを止めさせた。

「見よ。ひとりの女をめぐって、多くの男が殺された。女の夫も死んだ。みな静かに座って正気をとりもどせ。原野の精霊に教わった毒、この邪悪なものを人間に向けるな。怒りを抑えることができなくなったら、原野をさまよえ。男の誇りを傷つけられたら、原野へ行って狩りで腕を示せ」。

地上のことを祖人に教えてくれた「原野の神」

それからしばらくして祖人は広場に人びとを集めて次のように語った。

「至高神（ナア・ングミン）の災いが私たちを襲ったという者がいるが、そうではない。これは原野の神（バグレ神）の災いだ。

お前たちは至高神について語るけれども、本当に至高神を知るのは死んでからだ。私は、兄（クモ）

の助けで天に昇って至高神に会った。だが、お前たちはもはや至高神に会うことはできない。

私は天で至高神のことばを聞いた。至高神は、世界のすべてを創ったことを話してくれた。地上で原野の神が私たちに教えてくれたさまざまな技術をふくめて、すべての源泉は至高神だ。仲介者として「雨」と「大地」と「原野の神」を地上に遣わしたのは至高神だ。私を原野の神に会わせたのも至高神だ。

これらの仲介者のうち原野の神は直接語りかける（憑依する）が、雨や大地は自分からは語らない。原野の神が占い術を教えてくれたので、私たちは雨や大地と意思疎通できるようになったのだ。鶏を殺して、その倒れ方で占う。原野の神がその倒れ方を操作して、偽りのお告げを与えることがあるのに私は気づいた。原野の神はときに私たちをあざむくが、地上で生活するうえで必要なこともいろいろと教えてくれる。だが、死についてだけは教えてくれなかった。だから、兄（クモ）が死んだとき、何が起こったのか分からず、私は遺体の傍らで寝るしかなかった。遺体が腐り、途方にくれていると、ある夜、原野の神がきて、私を原野の奥深く連れていった。そこに三年間留まって、いろいろなことを教わってから帰宅した。死者はまだそこに置かれたままだった。原野の神がきて、死者を葬り鶏を供えて死者をまつる方法を教えてくれた。そのとき私があらためて、人間を創ったのはだれかとたずねると、自分だと答えた。至高神とよばれる存在を知っているかとたずねると、それは自分のことだと答えた。私は天で直接至高神に会ったから、それがすべてうそであることが分かった。それでも地上のことについては、原野の神はかずかずの真実や有用な知識を与えてくれる。こうして私は、彼なしには生活できなくなり、しだいに彼に依存するようになった」。

善悪両面をもつ原野の神にしたがった祖先たち

祖人＝弟亡き後は、神の子ナポロが長老でありリーダーであった。ある日、ナポロは人びとを集めて、次のように語りかけた。「至高神はなぜ人間を創ったのか。地上で、至高神を畏れ、崇め、至高神の言葉にしたがって暮らすためだ。地上には原野の神がいて、その神は人間が至高神の意に背くよう言葉巧みに誘うことがある。至高神はなぜか世界をそのようにつくったのだ。祖先たちは、次第に原野の神に惹かれ、かれの言葉を真実と思うようになった。このため至高神は地上のことから手を引いて地上を去り、祖先たちは至高神の意思を直接に知ることはできなくなった。原野の神の占いを介さなくてはならなくなったのだ。祖先たちは原野の神に欺《あざむ》かれたのか。それとも、すべては至高神の意図なのか。それは分からない。すべては至高神が仕組んだことだとしても、その真意は測りがたい」

ナポロの話を聞いた人びとは、思い思いに声をあげて問いただそうとした。本当はだれが人間を創造したのか。なぜ祖人は至高神に背いて原野の神にしたがったのか。人間は、偽りの教えや災厄をもたらすこともある原野の神となぜ縁が切れないのか。かれから学んだことを捨てて至高神の道にもどることはできないのか。

ナポロは彼らに反問した、「原野の神が与えてくれたものを数えあげてみよ。食物、牛、羊、ヤギ、鶏、女、子ども、などなど。数え切れない。お前たちはこれらをすべて捨て去ることができるのか」。

多くの人は口をつぐんだが、なおも納得しない人びとがいて、至高神のところへ教えを乞いにいこうと主張した。

ナポロは腹を立てて言った。

「地上で生きるすべを教え、道を示してくれた者、それは原野の神にほかならない。この道がどこに至るのか、われわれには分からない。だが、われわれはすでに迷いの道に踏みだしてしまったのだ。選んだ道はすすむしかない」。なお問答はつづいた。「子どもが生まれたらどうするのか」、「原野の神が教えてくれたようにする」。「結婚するときはどうするのか」、「原野の神が教えてくれたようにする」

原野の神は善悪両面をもつが、祖先たちはかれと縁を切ることができなかった。祖先が受け入れたものを捨てるべきではない。祖先の道を捨てることはできない。私たちはもはや、祖人のように直接至高神に会うことはできない。私たちは地上で原野の神の道を生きるしかないのだ。この道で滅びるなら、滅ぶしかない。

バグレ結社の道を守るべき自分たち

こう思い定めた祖先たちは占いを通してバグレ神（原野の神）のまつり方を知り、バグレ結社をつくってバグレ神をまつりはじめた。

原野の神は、災厄ももたらしたが、それに対処する方法も教えてくれた。「盗む神、騙《だま》す神、災厄をもたらす神」は、単なるうそつきではなく、欺《あざむ》きつつ真実を示し、混乱させせつつ導くのだ。バグレ結社は、祖先がよしとした道なのだから、祖人の犯した誤りの結果（至高者が人間から離れたこと）は運命として甘受して、バグレ結社の道を守りつづけよう。私たちは祖人の教えをしっかりと胸に刻みつけよう。これこそが「黒い結社」の知恵だ。

原野の神は、「白いバグレ」の儀礼で死を避けることができるとわれわれを欺いたが、同時にそのことに気づくセンス（醒めた知覚にもとづく常識＝正気）も与えてくれた。このセンスは私たちを助けてくれる。だが、このセンスを絶対視すると、今度はこのセンスが私たちを欺いて真実を見えなくする。愚かさが過ぎても頭がだめになるが、センスがありすぎるのも危うい。私たちは適度のセンス（正気）と適度の愚かさ（狂気）でより深い真実に到達する。それを助けてくれるのが原野の神だ。センス（正気）をもって死が避けられない現実であることに向き合おう。それが「黒いバグレ」の道だ。だが同時に、適度の愚かさ（狂気）を発揮して現実を相対化し、生のプロセスには「死と再生」が必要だという真実も認識しよう。それが死と再生の儀礼を行う「白いバグレ」の道だ。これでおしまいだ。明後日私たちは、白いバグレを行う。はじめて結社に入る若者たちには、まず白いバグレを授けよう。

このように「黒いバグレ」の長い朗誦は終わる。

グッディは、ロダガア人の複数の村でバグレ神話の朗誦を記録しただけでなく、同じ村で一九四〇年代、六〇年代、九〇年代と半世紀にわたる追跡調査をして、大枠は共通だが、関心の焦点や内容には大きな変化があることに気づいた。

本章で紹介した「黒いバグレ神話」の主題は、至高神と原野の神と祖人の関係だが、約二〇年後、同じ結社で朗誦された「黒いバグレ神話」は、すっかり様変わりして、村の草分けの親族集団が放浪の末その地にたどりつき結社を設立するにいたった経緯を物語る歴史伝承に近いものになっていた。歴史的政治的状況や人びとの関心に応じて変化したのだろう。ロダガア神話の時代と場所による多様性は、世界観の深いところにまで、つまり創世における神々の役割や人間と神々の関係にまで及んでいることが少なくない。意外に思われるかもしれないが、一般的に言って、儀礼の手順などに関する「白いバグレ」と比べると、世界観的理論的な関心に応える「黒いバグレ」の方に地域ごとの独自性も時代的な変化も顕著なようだ。

本書では繰り返し述べてきたことだが、これは神話を文字化しない（文字テキストをつくらない）社会ではめずらしくないことだ。ロダガアの例も、自律的な地域コミュニティの生活の場における集団的想像力が私たちが考えるよりはるかに柔軟で創造的だったことを示している。神話のこうしたあり方を光源にして見ると、文化の中央集中と専門分化・専業化が進んだ社会に暮らす私たちの生活の場における想像力のいかにも貧弱な有様が浮かび上がってくる。

「原野の神」と「悪い神」のつながり

アフリカにおける従来の神話研究は変化と多様性に十分な注意を払ってこなかった。それはグッディが強調するとおりであるが、神話世界に変化しにくい部分や広い地域で共有される面があることも事実である。バグレ神をはじめとする「原野の神」はこのことを示すよい例だ。西アフリカのサバンナ地帯（いわゆる西スーダン）の広い地域で私たちは、名前は地域によってことなるけれどもよく似た属性をもつ原野の神に出会うことができる。それだけではない。原野の神が出没する地域はさらに広範に亘《わた》っているかもしれない。というのは、そこからはるか東方の南スーダン南部からコンゴ民主共和国やウガンダ共和国の北部にいたる「至高神の分裂」の神話（第一章参照）にも原野の神の面影を見ることができるように思われるからだ。

神話によれば、天と地が分離したとき至高神自身も自己分裂して、その一方は地上にとどまり、他方は天上はるかに去っていった。地上にとどまった片割れは、原野の奥の川の上流に、配下の精霊たちとともに暮らしている。巨大な白い人間の半身の姿をしたその神は、「悪い神」とよばれる。「悪い神」に憑依された者は精神に異常をきたして原野をさまよい、シャーマンや妖術師になる者や、音楽その他に特異な才能を発揮する者もいる。

まだ確かな根拠は見つかっていないが、私は原野の水源に住むといわれる「悪い神」（至高神の片割れ）と、西スーダンの「原野の神」とはどこかでつながっていると考えている。原野の神への理解を深めるためには、サハラ南縁とその南のサバンナ地帯での広範な比較研究が必要になるだろう。これはアフリカの神話研究の今後の課題の一つである。

バグレ神に話を戻そう。バグレ神話の朗誦《ろうしょう》に接すると、朗誦しているのは私たち自身なのではないか、ふと錯覚に陥りそうになる。バグレ神はどこか現代文明を連想させる。かずかずの恵みと悲惨をもたらしつつ爆走する文明、人間が生みだしたものなのに不透明で、どこへ向かおうとしているのかもわからない現代文明。市場経済と一体となったテクノロジーは次から次へと深刻な問題を引き起こすが、その問題を「解決」するのもまたテクノロジーだ。そのようにして私たちはますますテクノロジーに依存するようになる。たとえば遺伝子操作や生殖医療や移植医療。テクノロジーの発達が新たな欲望を生みだし、その欲望に応えるためのテクノロジーが開発される……。そしてこの循環が人間をどこへ導くかは誰にも予測できない。人間にとって文明とはそのようなものらしい。その文明への道を拓いたのは農耕のはじまりだ。この神話には農耕文明をめぐる思索と予感が凝縮されているのではないだろうか。そして私たちは今それを他人ごとでなく受け止められる時代にさしかかったようだ。それではサバンナの焼畑民たちにとって、「原野（の神）」とはどのようなものなのか。詳しく見ていくことにしよう。

人間のうちにあるコントロール不能の「原野」

「原野」は見ることができ、そのなかを歩くこともできる具体的な場所であると同時に、神話的霊的な空間でもある。だがそれだけではなく、人間や社会の内外にはたらく「力」でもある。

原野はまず人間論の構成要素として個々人の行動を説明する。不可解な行動をする者は、原野の影響下にある。突然激情に駆られて身近な人を殺傷するなど、とり返しのつかない異様な行動をした者は「原野にとらえられていた」のであり、良識に反して常習的に無法な行為をする者は「原野へ行ってしまった」のだ。

焼畑民ロダガア人と同じく北ガーナのサバンナで焼畑農耕をいとなむカッセーナ人によれば、人間にはジョロとウェという二つの魂がある。ジョロは父方の祖先から伝わり、ウェは生まれる時に至高神から直接に与えられる。社会人として普通に生きていけるのはジョロがあるからだ。ジョロは父系親族集団の成員としての「自己」であり、いわば表層の自我であり社会的人格である。これに対してウェのほうは、個人に宿る「至高神の断片」で、なかば個人に内在する霊魂であり、なかば個人の外にあって個人を守る守護霊である。「虫の知らせ」の「虫」は、カッセーナ語では「ウェ」ということになる。個人の癖や特異な才能をになっているのも「ウェ」だ。「ウェ」という語は運命という意味もおびている。つまりウェは、あえて今風にいえば、同時に深層の自我であり、社会的な規制や教育によってはコントロールしきれない性格や衝動であり、直観であり、運命であり、守護霊である。各人は祖先に由来する社会的、常識的な面と、至高神に由来する個性的な面を合わせもっているのだ。

人生の途上で遭遇する災厄の一部はこの人格観によって説明され対処される。ウェは個人の魂だがなかば独立した意思をもっていて、怒ったり不満をもったりすると当人に災厄をもたらすことがある。赤ん坊が夜泣きをつづけたり、狩りにでて獲物が捕れないことがつづいたり、くり返し野獣に襲われたりしたとき、占い師に占ってもらうと自分のウェのせいだと言われることがある。そんな場合にはウェのために祭壇をつくってまつる。そのようにして自分の魂を鎮め整えるのだ。ウェの祭祀《さいし》をとり行う占い師は、狩人と並んで原野の世界と特別親密なかかわりをもつ。彼らの守護霊は、至高神の長男とも分身ともいわれる原野の神ウダガだ。各人の魂と占い師と原野の神と至高神は、一筋の糸でつながっている。

「村里」と「原野」のバランスの上に成り立つ人生

人生における危機は、原野につながるウェと村里に属するジョロのバランスが崩れたことの表れだ。そのような危機に遭遇すると、人はウェをまつって鎮《しず》め、原野との関係を整えて人生の次の段階へとすすむ。人生はその積み重ねともいえる。だから、逆説的なようだが社会的に成長することは原野に近づく（原野との調和が深まる）ことでもある。個人の成熟の度合いは、自分のなかで原野と村里を統合させる度合いによって測られる。結社の上級者ほど原野の神の真実をより深く知っている。

赤ん坊は原野からくるが、成長するにつれて原野から遠ざかって村里の中枢に近づく。それが壮年までの人生だ。ところがそれ以後、加齢による成熟は再び原野に近づくこととみなされる。壮年の男女より老人の方が原野に近いのだ。これは、私たちの社会にもかつてはあった「幼児は無知と経験の不足のせいで社会的規範に無頓着なのにたいして老人は知恵と経験があるために必ずしも規範に縛られない」という考えなどにも通じるように思われる。

「原野へ向けての成熟」ともいうべき観念は、文化のさまざまな側面にみられる。たとえば、逆説的だが「村里度」（社会性、文化性の度合い）とでも呼ぶべきものを測る尺度は、どれだけ人手が加わっているかということだ。ところが、あるところで逆転が起こる。この章の冒頭で紹介したボボ人の仮面の場合、人手が加わる程度は、木の葉の仮面、木製の仮面、布製の仮面の順である。ところが、それらのうちで布製の仮面がいちばん原野に近いとみなされるのだ。同じような考えは、第七章で紹介するヨルバ社会にもある。

この場合は美意識が前面に出ていて、理解も統御もしにくいという「原野」の特性がはっきりとは認められない。また、「普通の」人びとの人生や習俗のなかでどのようにはたらいているのかもよくわからない。しかし、ここで指摘されている日本的理念と「原野」というアフリカ的理念とを比較してみることは実りある作業ではないだろうか。

姻族や共同体にもみられる「原野」と「村里」の共存

原野をめぐる観念の束を「原野の思想」と名づけてみよう。「原野の思想」には社会の見方（ある種の社会哲学のようなもの）もふくまれている。

たとえば、大都会をめぐって次のような表現がある。見知らぬ土地からきた者は「原野からきた者」とよばれる。この表現は分かりやすいが、遠い大都会へ行った者は「原野へ行った」のであり、そこから戻った者は「原野から戻った」のだと言われると、一瞬おやと思う。しかし見方によっては大都会は、規範から逸脱しがちな人間のエネルギーがぶつかり合い、次々と新しいものが出現する異界だ。大都会が「原野」であるという観念は、私たちにとってもさほど分かりにくいものではない。

注目すべきは、いわば世界の中心であり生活の拠点である村里にも「原野」が内在すると考えられている点だ。共同体の内なる原野の代表は姻族《いんぞく》や、姻族との関係である。ロダガア人やボボ人の社会の核となっているのは、父系の親族集団、つまり同じ父方の祖先をもつ人びとの一体感だ。祖先が異なる集団は、状況によっては敵になる。ところが、同じ祖先をもつ者同士は結婚できないから、親族集団が存続するためにはどうしても異なる親族集団と婚姻関係を結ばなければならない。姻戚関係は集団の存続のために欠かせないが、潜在的な敵との緊張をはらんだ関係でもある。男にとっては、母も妻も自分たちの集団の外部から来た異分子だ。母方の親族との関係も、父方の親族との関係とは異なる意味をもつ。彼らはその意味を掘り下げて「原野的なもの」として捉える。

「原野的」なのは姻族だけではない。王位継承戦に敗れた放浪の王子と土地の有力者の娘が恋に落ち、その子孫が代々首長となり、土地の有力者の子孫が代々大地の祭司となったという伝説が、アフリカ大陸のいたるところで伝承されている。カッセーナ人の土着の社会組織では、移住民の系譜に連なる集団が王をだし、先住民あるいは土着の集団が大地の祭司である「土地の主」をだすものとされていた。こうした伝承がつねに歴史的事実を伝えているとはかぎらない。共同体を構成する二つの集団や役職、この場合であれば宗教的役職者と政治的役職者を、村里と原野の関係をモデルとして関係づけたとみなした方がよい場合もあるだろう。さらに、占い師は原野の神を守護霊としていて、王とは別のかたちで原野と直接的に結びついている。ロダガア人やボボ人のように結社のある社会では、拮抗関係がさらにはっきりしてくる。結社はしばしば原野と深いつながりをもち、原野の神を守護霊とし、鍛冶師が指導的な地位を占めている。そして、父系の親族集団を基盤とする首長が昼の権力ならば結社は夜の権力であるという具合に、両者は拮抗している。村人たち特に成人した男たちは結社と親族集団の両方に属している。言い換えれば自分の内部に拮抗する二つの原理を併せ持っている。二つの異なる原理あるいは力を拮抗させるシステムは、アフリカの伝統的な制度の根幹をなす仕掛けだ。それは、世界の一元化へむけて排除や抗争に明け暮れる私たちの文明システムとは異質なシステムだ。「原野の思想」は、同一の社会を構成する異質な制度や原理、土着のものと外来のものなどを、それぞれの特質をいかしながら適切に関連づけるよう機能している。

「原野」に向かって成熟するテクノロジーの理念を

「原野の思想」には「技術思想」としての面もある。焼畑民たちは「技術」というような抽象的な観念は持っていないが、そのことさえ忘れなければ、神話的世界観のなかに「技術思想」らしきものを探ることは許されるだろう。

焼畑民の神話における技術思想は鍛冶（師）の位置づけによく表われている。彼らにとって最先端の技術である鍛冶が創世神話に登場するのはおかしいと思われるかもしれないが、生きている神話は生の重要な構成要素をすべて「なぜ……」という問いの対象にするものだ。「人間はなぜ鍛冶を行うようになったのか」というのも典型的な神話の問いであり、その答えから人間観や技術観を読みとることができる。

焼畑民の神話によれば祖人はしばしば鍛冶師である。祖人は人類の特性を体現する原型だから、鍛冶師としての祖人というイメージは、鍛冶という技術が人間の本質と運命に深く関わるものだという観念を示唆する。

しかも祖人に鍛冶を教えたのは、ロダガア神話にみられるように、しばしば「原野の神」だ。技術の正体にはどこか人間の理解やコントロールを超えたところがある、この神話にはそういう意味での「技術の他者性」への洞察が込められているように思われる。神話は技術のもう一つの面も忘れていない。自然（原野）を源泉とする技術は、他者性を帯びているが同時に、自然と人間の交流を実現するものでもある。これは、自然と文化を峻別《しゅんべつ》して技術を文化の代表とし、自然を技術的操作の対象に過ぎないものとみなす単純な技術観とは異質な思想だ。

鍛冶（師）の技術は生の多様な側面と内的なつながりを持っていて、そのつながりは習俗《しゅうぞく》（神話や儀礼）のかたちで表現されている。祖人＝鍛冶師は人間に火や穀物をもたらした。鍛冶（師）は占いや魂のケアや成人式や葬儀において欠くことのできない重要な役割をはたす。それらすべてで鍛冶は人間と原野を仲介する。鍛冶の発達洗練が人間と原野を引き離し人間の一方的な原野支配を強化するというようにはならないで、むしろ人間と原野の関係をより深めることになる。これはまさに「原野へ向けて成熟する技術」だ。ここではこれ以上深入りできないが、「原野へ向けて成熟する技術」という理念は現代のテクノロジーと文明の将来を考えるうえでも有力な手掛かりとなるかもしれない。

焼畑民の社会と高度産業社会をいきなり対比するのは飛躍が過ぎてピンとこない、そう思われるかもしれない。それなら、鏡と考えてみたらどうだろう。焼畑民の社会という鏡に私たちの社会における生活とテクノロジーの関係はどのように映るだろうか。たとえば先端テクノロジーが鎮魂や成人式や葬儀と深くかかわるといった場面はすっぽりと欠落している。そんなことは当たり前だと言われるかもしれない。だがこの気づきが現代における暮らしとテクノロジーの関係を新たな目で見直すための糸口になるかもしれない。

金とテクノロジーが近代社会の神々であることはよく指摘されるところだ。そのことについての「専門的な」議論は深められ洗練されている。だが焼畑民の伝統という鏡を前にすると気づくことがある。私たちは、「生きること」とテクノロジーの内的関係をめぐる知恵と共通了解を生活の場（村々町々）で生みだす伝統を持っていないのではないか。テクノロジーを自分の外部にある手段としてもっぱら成果を享受する。そこには徹底して受け身の姿勢と根深い思考停止がある。

金（市場経済）とテクノロジーの複合システムは混沌への道ではないか。依然として技術信仰は圧倒的であるが、不安も芽生えつつある。テクノロジーが正体不明の不気味なものとして立ち現れつつある。神話の観点からすれば、これはとりもなおさず人間というものが正体不明な不気味なものとして立ち現れつつあるということだ。

テクノロジーの発達に無邪気に夢を託すことはできなくなったが、いまさらどうすればいいのか。とは言っても、現代人は自然科学やテクノロジーを手ばなすことはないだろう。なすべきことはテクノロジーを闇雲に抑制することではなくて、関心と方向性を転換することだ。人間の内外の生命の営みへの認識を深める。一方的に自然を変えるのではなく自然と人間（文化）の関係を変えることによって生を充実させるようなテクノロジーを生みだす。それこそが私たちがめざすべき「原野に向かって成熟する」テクノロジーだ。そのためのヒントは、現代の科学や芸術はもちろんのこと、「原野の思想」にかぎらず世界各地の草の根の土着の神話世界や習俗のなかにも数多く潜んでいる。これが本章で主張したいことの一つだ。

現代文明と「原野」

先に述べたところからも明らかなように「原野」の思想は単なる技術観ではなくはるかにラディカルで総合的だ。原野（とその神）は、社会や文化と対立する不可解な野生の象徴でありながら、同時に、文化的制度や技術の源泉でもある。原野という鍵概念は、自然を一方的に手段化しないで、文化と自然を内的に関係づけることを可能にする。そしてまた、神、野生、妖術、憑依、力、技術、悪、歴史的変化、姻族など、「村里の日常性に収まりきらないもの」と日常性とを関連づけて、生活の総合性を実現する。

私たちの社会にも、相互扶助と自由競争、家族（あるいは共同体）の統合と個人の解放、国家と地域コミュニティ、あるいは男性的なものと女性的なもの、若者と老人、先端的テクノロジーと手仕事（職人仕事）や第一次産業など異質な原理や活動が存在している。それだけではない。日本の社会は今、一方では国家や市場やテクノロジーによる一元化・画一化が進むと同時に、民族、宗教、言語、ジェンダー、経済的格差などこれまでに経験したことのない多元化・多様化に直面しようとしている。生活のなかで異質なものの交流と共存を実現し、異質なままに組み合わせて多元的・複合的な自生的な文明をつくろうとする試みに、「原野」が貴重なヒントを与えてくれると考えるのは見当違いだろうか。

最後に付け加えておきたいことがある。「原野の思想」は、人間生活の全体的な構成原理である点で、主として精神のあり方に関わるいわゆる「荒野の思想」や「砂漠の思想」とは異なる。「自然と親しむ」、「自然との共生」、「自然保護」などというときの「自然」とも、最近流行のキャッチフレーズ「森の思想が世界を救う」の「森」とも異なる。この違いを忘れると本章の主張はぼやけたものになりかねない。

アフリカ史のなかの「原野の神」

本章を閉じるにあたって、もう一度アフリカ史の文脈に目を向けよう。

そもそも焼畑民は、どのようにして「原野の神」と出会ったのだろうか。アフリカの人びとは、近代ヨーロッパの強烈な画一化の圧力にさらされるまで、文化帝国主義とよべるようなものを経験してこなかったので、古い文化を組織的に絶滅させることはせずに、多様な文化的伝統をはぐくみ堆積《たいせき》してきた。かつて大陸全域に広く居住していた採集狩猟民が、鉄器を使用する農耕民や牧畜民に圧迫されてしだいに生活圏を狭めるというようなことはあったけれども、それでもなお、南部アフリカに住むサン人の一部は、十八世紀にいたるまで後期旧石器時代に属する石器を用いて狩猟していた。

このような背景のもとに、狩猟民の「野獣の主」や焼畑民の「大地の主」や天地分離神話などが出会い融合して、「原野の神」が生まれたのだろう。アフリカ史の底流にふかく根ざす「原野の神」は、ある面では天や大地と対立しつつも両者を媒介し、移住民と土着民を結びつけ、新しい鉄の技術を土着の世界観に接続するための受け皿ともなった。このような土壌から生まれた原野の神話は、サハラ南縁の地で、サハラや地中海世界からの影響のもとで本格的な宇宙創造神話へと展開する。次の章で私たちは、宇宙論的な存在へと成長をとげた「原野の神」に再会することになる。

第四章
青い狐と水の神
——マリ・ドコン人の神話

最初の創造の挫折は、しばしば「他者」の出現というかたちをとる。創世神話には、創造主が意図的につくりだしたわけではない協力者や反抗者、妨害者が登場することがある。創造活動は、妨害や逸脱に対処するため既定の方針を修正しながらすすめられ、結果的には世界は創造主と敵対者の共同作品となる。

ドゴン神話と周辺文化とのつながり

ロダガア人やボボ人の居住地から北上すると、サハラ砂漠の南縁近く、マリ共和国の中央部にバンディアガラ山地がある。イスラムの影響をきらったドゴン人は、山地に移住して、ニジェール川流域に面する急峻な断崖に村をつくり、雑穀栽培を主とする農耕を営みながら、神話を生きる「祖先の道」をまもってきた。人口は約二五万。ドゴン語は、ロダガア語やボボ語と同じくニジェール・コンゴ語派のグル語群に属する。

ドゴン神話は、西アフリカの森林地帯やサバンナの伝統に根ざしているが、同時に、サハラ砂漠のオアシス群や地中海世界にもつながっている。五〇年以上も前ことだが、ドゴン人の神話に初めて接したとき、小さな村々の神話世界の思いがけないネットワークの広大さに眩暈《めまい》を覚えた記憶が、いまなお鮮明だ。

ドゴン神話に登場するオゴは、罰をうけて狐に変えられるが、このオゴははるか北方のモロッコのスーフィー教団（イスラム内部の神秘主義的な教団）の巡礼の儀礼に登場する道化を思わせる。水の神ノンモは、上半身が人間で下半身が魚の西アジアの水神と似ている。四元素（水、火、土、大気）と、四方位（東、西、南、北）を対応させるドゴン神話のシンボリズムは、サハラのオアシス社会のものと共通している。さらに、ドゴンの神話を収録した『青い狐』の訳者坂井信三氏が指摘するように、ドゴンの黄道十二宮は地中海世界とのつながりをうかがわせる（マルセル・グリオールほか『青い狐』）。こうした事実はあるが、本章では、西アフリカの森林地帯やサバンナの伝統に根ざしているものにとくに注目したい。

ドゴン神話は、宇宙の生成過程を詳しく語っているので、サハラ以南のアフリカでは類例のない特殊なものと思われがちだが、基本的な主題や構想には、第三章で紹介した焼畑民との共通点が多い。ドゴンに隣接して住み、焼畑と商業を主な生業とするマンデ系の諸民族は、かつて一三世紀にマリ帝国を築いたことで知られているが、ドゴンとよく似た神話をもっている。

グローバリゼーションのなかのドゴン神話

一九三〇年代、フランスの民族学者たちがドゴンの世界観と神話の調査研究をはじめた。調査開始から一五年（！）たった一九四六年に、ひとりの長老が男子結社の決定にもとづいて、この研究集団のリーダー、フランスの人類学者（民族学者）M・グリオールを自宅に招いた。彼はグリオールに、神話や儀礼、制度や慣習などについて、三三日をついやして語り聞かせたのである。その内容を、グリオールは『水の神――オゴテメリとの対話』として出版した（訳書新装版は一九九七年）。その後、急激な社会的変動のなかで伝統的な知識が失われることを恐れた長老たちは、グリオールたちの調査を利用して、伝承を文字化して長く伝えることを決意し、研究者と共同して神話と世界観を文字で記録する作業をすすめた。ドゴン社会にはさまざまな事象の起源に関する多数の神話があり、また地域ごとの異伝も併存していた。それらを編集して首尾一貫した創世神話をつくりあげたのは長老と研究者の共同作業だったのだ。その成果の一端は、一九六五年にグリオールと弟子ディーテルランの共著

『青い狐』として出版された。今日、サハラ以南のアフリカ神話で世界的にもっともよく知られているのはまちがいなくドゴン神話だろう。

一九八九年、バンディアガラ断崖のドゴンの集落は、伝統文化をふくめてユネスコの世界遺産に登録され、現在では観光名所になっている。創世神話を現前させる仮面の群舞はテレビなどを通じて世界中に知られ、日本人観光客も訪れる。シリウスを世界の臍《へそ》とするドゴン神話にひかれたマニアックなファンが世界中にいるという。

創世神話のおもな登場者は、至高神アンマ、アンマの配偶者である大地、アンマの被造物とも子どもともいわれるオゴ（青い狐、これ以後は狐《ユルグ》と表記）とノンモ（水の神）、ドゴン人の始祖、アリやクモ、アカシアなどの生き物たちである。オゴもノンモも至高神の子（被造物）だが、ノンモが従順にアンマの創造活動を手伝うのにたいして、長子のオゴは絶えず反抗し、逸脱し、そのことによって世界のあり方に大きな影響をおよぼす。創造主アンマは、オゴがもたらす混乱に対応するかたちで創造をすすめたので、結果的にみれば、世界はアンマとオゴの共同作品といえなくもない。

アンマは世界を創り終えると、オゴとノンモ（そして人間）に後をゆだねて隠退する。アンマが隠退した世界で、ノンモは生命や水、光、耕地、昼、秩序の主《ぬし》となり、反抗の罰として狐《ユルグ》に変えられたオゴは、死や乾燥、闇、原野、夜、無秩序の主となる。私たちはここで、オゴ（狐《ユルグ》）の姿で立ち現れる「原野の神」に再会するのだ。

生きた神話

ドゴンの村々で神話を伝承するのは、葬儀をつかさどる男子の仮面結社だ。結社の内部では、それぞれの階層が独自の神話をもち、高い階層の神話ほど、より抽象的、理論的な関心に応えるものになっている。同様のことは、前章で紹介した焼畑民ロダガアの結社にもみられた。ポピュラーな神話では「水の神」が主人公なのに、最上位の長老たちだけが知る「最高の秘儀」に属する神話では、創造主に従順な「水の神」ではなく、反抗と逸脱を重ねる「狐」が主人公だ。しかし、どちらか一方が正しく他方が間違っているというのではなく、同じ主題について、数多くのバージョンがそれぞれの存在価値をもって並存している。事象の多くが複数の神話的な物語を伴っているし、新しい事象が出現すれば、それに関する神話がつくられる。それらを集めれば、まさにドゴン世界の百科全書の様相を呈する。この流動性・多様性は、無文字社会ではめずらしくない事態だが、ドゴン社会がヨーロッパ起源の近代に巻きこまれ、文字化された神話が権威あるテキストになることで、この事態は変わりつつあるようだ。

以下に、創世神話の二つのバージョンを紹介してみよう。最初の方がポピュラーなバージョンで、具象的なイメージで構成され、ノンモ（水の神）が中心的な役割をはたす。至高神の長子オゴははじめから狐《ユルグ》として登場する。これにたいして後の方は、限られた長老たちのあいだで伝承される上級者用バージョンに基づいて編集されたもので、抽象度が高くまたノンモよりもオゴの存在感がつよい。このバージョンでは、オゴは物語の後半になってから至高神に反抗した罰として狐《ユルグ》の姿に変えられる。

至高神アンマは、粘土の壷を二つつくった。赤銅線を螺旋《らせん》状にまきつけたほうは太陽となり、白銅線をまきつけたほうは月となった。虚空《こくう》に抛《ほう》った土くれからは星々が生まれた。伴侶が欲しくなって粘土で大地をつくると南北に伸び広がって、あおむけに横たわる女になった。蟻塚がクリトリスで、シロアリの巣が子宮だ。

天地聖婚の挫折と「狐《ユルグ》」（オゴ）の誕生

アンマが大地に近づくと、男性的な部分である蟻塚が立ちはだかって抵抗した。アンマは蟻塚をへし折って大地と交わった。これが女子割礼の起源である。蟻塚の妨害による原初のつまずきは世界に決定的な刻印を残した。アンマは、「双極性」をもった世界、つまり存在するものすべてが男女二つの魂をもつか、男女の双子であるような世界をつくるつもりだったが、混乱した最初の交わりからは、男の魂しかもたない狐が一人だけ、しかも月足らずで生まれた。この不完全で不吉な誕生から穢《けが》れが生じ、穢れは世界に死や無秩序をもたらした。

第二の聖婚とノンモ（水の神）の誕生

次にアンマが割礼をほどこした大地と交わると、アンマの精水である雨が大地を潤して、男女双子のノンモ（水の神）が生まれた。ノンモは、上半身が人間で下半身が蛇、手足はしなやかで関節がない。

緑色でなめらかな体は、のちの地上の植物を思わせる緑色の産毛に覆われていた。ノンモは大地の子宮で育ち、月みちてから天に昇ってアンマの教えを受け、水と生命と秩序の主としてアンマから創世の業《わざ》をひきついだ。

ことばの誕生

ノンモが天の高みから見下ろすと、母なる大地はことばも衣服ももたず、力なく裸で横たわっていた。それは、最初の聖婚のつまずきがもたらした無秩序の現れだ。秩序が回復されなければならない。ノンモは、天の植物の繊維をなって腰蓑《こしみの》をつくり、「水」と「ことば」を吹きこむと大地の腰を覆った。腰蓑の総《ふさ》は螺旋状だったが、それは水とことばを表す形であり、生命の象徴だった。素朴ではあるが事物をかたちづくる力をもつ「第一のことば」はこうして生まれた。

狐による近親相姦

空しく彷徨《さまよ》っていた孤独な狐はこれを見ると、一挙に「ことば」とパートナーを手に入れるチャンスとばかり、母なる大地の腰蓑に手をかけた。大地は抵抗し、アリに姿を変えてアリの巣のなか、つまり自分の胎内へ潜っていった。ユルグは欲情につき動かされて後を追い、争った後ついに大地と交わった。大地の腰蓑は流れた血で赤くそまった。これがはじめての近親相姦であり、またこの世における男女の争いの元型でもある。このときたまたま至高神アンマは眠っていたのだが、狐はアンマが死んだと早合点し、奪ったばかりの赤い腰蓑を身につけ、勝ちほこってアンマを嘲笑しながら弔いのおどりをおどった。おどる狐の足跡は、世界を創るアンマの運動を真似て螺旋を描いた。ところがアンマは死んでいなかった。早とちりした狐は声を奪われ、「第一のことば」を宿した腰蓑とともに原野へ追放された。

赤く輝く腰蓑は、のちに人間世界に死をもたらすと同時に、葬儀で用いられる仮面の起源ともなる。狐は、粗くはあるが創造の秘密に通じる「第一のことば」を人間に教え、このことばを通じて人間に創造主アンマの企てを知らせるようになった。それが、今日でも行われる「狐の足跡による占い」である。

人間の創造と両性の起源　近親相姦の結果、大地は不浄になり、アンマの創造活動の伴侶であることができなくなった。アンマは当初の企てを変え、自分だけで創造活動をつづけることにした。アンマが粘土の玉を投げると、男女一組の人間になった。不浄となった世界でつくられたかれらは、一対をなしてはいたが完全性を体現する双子ではなかったし、それぞれ一つの魂しかもっていなかった。

この不完全な人間たちが、狐と同じような非行に走らないようにと、アンマに忠実な水の神ノンモは、素早く地面に二つの円を描き、男性の魂を入れた円に女を横たえ、女性の魂を入れた円に男を横たえた。こうして新しく創られた二人の人間は、それぞれ男女二つの魂を与えられ、男の女性魂は包皮に宿り、女の男性魂はクリトリスに宿った。

しかし、狐の近親相姦によって不浄となった地上では、人間はもはや双極（両性の魂）をそなえた完全な存在であることはできない。二つの魂をもった人間の状態が不安定であることに気づいたノンモは、それぞれに割礼をほどこして安定させた。男の包皮を切除すると女性魂を宿した包皮はトカゲとなり、女のクリトリスを切除すると男性魂を宿したクリトリスはサソリになって、ともに原野へと走り去ってそこを住処《すみか》にした。この一組の男女から生まれた八人の子どもがドゴン人の八つの氏族の始祖である。

至高神の隠退

こののち創造主アンマは次第に大地から遠ざかり、地上の世界をかたちづくる事業はノンモの手でつづけられた。一組の男女のノンモが地上に降りて、大地の子宮であるシロアリの巣に入り、「光」と「水」と「ことば」によって大地を浄化した。こうして大地は、アンマの創造活動に直接かかわることはできないが、地上の生命を支えるには十分な清浄さをとり戻した。狐《ユルグ》の不浄な力から大地を護るために、この一組のノンモはそのままシロアリの巣に宿った。

人間の天上滞在と天上追放

ノンモは、シロアリの巣のなかで人間の始祖たちを水とことばによって浄化すると、地上での生活に必要な知識を学ばせるべく天へ送った。このとき始祖のひとりは、「第二のことば」を開示する役目を与えられて地上に残り、「第二のことば」を込めた布を織ってアリに与えた。アリはのちにそのことばを人間たちに伝えた。

天に昇った始祖たちは、争いによって混乱が生じないよう、互いに付き合うことを禁じられ、それぞれが別々にノンモから教育を受けた。鍛冶師だった最年長の始祖は、ノンモから与えられた八種類の穀物のうちもっとも小さいフォニオを、あまりに小さくて調理に手間どるとあざけり、けっしてそれを食べないと誓った。この誓いにもかかわらず、他のすべての穀物を食べ尽くしたあげく、弟を誘っていっしょにフォニオを食べてしまった。互いに付き合うことの禁止に違反し、また誓いを破るという二重の罪を犯したことで、最年長の始祖は天上界にふさわしくない不浄な身となった。他の始祖たちも影響されて、禁を犯して互いに付き合いはじめ、争いや混乱が生じた。そこで始祖たちは、地上での生活をはじめるのに必要なものをもって、天から逃げだすことにした。非行の罰としてアンマによって地上へ追放されたのだともいわれる。

地上への降下

始祖たちは、地上へ降るため大きな籠で「浄《きよ》い大地の主の穀倉」をつくった。それは、やがて実現すべき世界の原型で、世界を構成する森羅万象や地上での人間生活に必要なものを表す徴《しるし》と、現在私たちが普通に用いている「第三のことば」とをふくんでいた。出発間際に、鍛冶師である最年長の始祖は、火をもっていないことに気づき、天の鍛冶師である大ノンモの仕事場に忍びこんで、太陽のかけらを盗みだした。すべてがととのうと始祖たちは穀倉に乗りこみ、虹にそって降りはじめた。

盗みをはたらいた鍛冶師は、天からの攻撃にそなえて、大槌と弓矢を手にして穀倉の屋根に仁王立ちになった。この大槌には、天から盗んだ一六種類の穀物の種子が隠されていた。盗みに気づいた女の大ノンモが投げつけた火の矢から身を守るために、ふいごの革を振り回したのが盾の起源となり、革袋の水をかけて火を消したのが女の火祭りの原型となった。つづいて男の大ノンモが投げつけた稲妻の火を消した行為は、男の火祭りの原型になった。

地上の生活のはじまり

攻撃を受けた穀倉は猛スピードで降下して大地に激突し、万物の徴《しるし》と「第三のことば」は、着地の衝撃で広く拡散し、それらから地上世界の森羅万象が生じた。始祖たちの手足は着地の衝撃で折れて、それまでなかった関節ができ、農耕に適した体になった。始祖たちは、不浄な大地の上に天からもってきた土をまいて畑をつくった。だから開墾し耕作することは、ノンモの大地を広げて狐《きつね》（オゴ）の大地を浄化することなのだ。人間たちは農耕によって太陽（オゴの火）と水（ノンモの水）をいっしょに働かせて、作物の実りをもたらすのだ。

すでに述べたように、創世神話には複数のバージョンがある。つぎに、最上位の長老たちが伝承する「青い狐」の物語の概略を紹介しよう。

太初、暗黒の虚空で、ひとつのかぎりなく小さな粒子が螺旋運動をはじめた。この微粒子には至高神アンマが潜んでいたとも、微粒子はアンマ自身だったともいわれる。粒子はしだいに宇宙卵へと成長していった。アンマは螺旋運動をしながら、これから創造する世界を思い描き、思い描いたことを表す記号を宇宙卵に描いた。それは、水、火、土、大気の四元素と、のちにそれらからつくられる宇宙の森羅万象を表わす二六六の抽象的な徴（記号）だった。アンマは、前の記号に上書きするように次第に具象的な記号を描き、ついには具体的な事物の像を描いた。アンマがその像に「ことば」を吹きこむと、像はことばと螺旋運動の力によって実在するものとなった。最初に実在するようになったのは四元素だ。アンマの思いは実在するものの世界を生んだ。形のないものから形あるものが生まれ、極小のもの（微粒子）から極大のもの（宇宙）が生まれた。

最初の創造の失敗

アンマは、四元素で世界を創ろうと思い、まず世界の母型・母胎としてアカシアの種子を創った。だが、四元素をただ重ね合わせただけだったので、「水」の元素がこぼれ落ちてアカシアは干からび、最初の創造は失敗に終わった。それでもアカシアは死滅せず生きのびて、新しくつくられた世界で野生植物の主となり、今にいたるまで世界に混乱（無秩序）をもたらしつづけている。

アンマは、二度目には四元素をよく混ぜ合わせて、もっとも小さい穀物であるフォニオの種子を創った。「ことば」と「水（精液）」を与えると、フォニオは、螺旋運動と分化をくり返しながら宇宙卵へと発達し、その内部にやがて宇宙を構成することになる森羅万象が生じ、それらは全体として次第に人間の形になった。アカシア、フォニオにつづく創造の第三の母型《モデル》は人間だったのだ。生物としての人間が創造されるのは、ずっと後のことになるのだが。

神の長子の逸脱行為と大地の創造

宇宙卵は上下二重の胎盤へと変化した。これはのちに起こる天地分離の予兆だ。アンマはそれぞれの胎盤のなかに男女両性をもった鯰《なまず》の姿をした双子を創って、ことばを吹きこみ水を注いだ。それらは両性をもっていたが、女性原理のほうはまだ顕われていなかったので、男の双子にみえた。上の胎盤に宿ったのはノンモ・ディエ（大ノンモ）とノンモ・ティティヤイネ（使者のノンモ）だ。大ノンモはアンマの代理としての天の鍛冶師で、とくに人間や穀物の霊を守護することになる。使者のノンモは問題が生じた場所に派遣されて処理にあたる。下の胎盤に宿ったのは長子オゴとノンモ・セム（供犠のノンモ）だ。オゴはやがてアンマに反抗して混乱をもたらし、供犠《くぎ》のノンモはオゴの反抗によって穢《けが》れた宇宙を浄化するために生け贄にされることになる。

アンマは、時がきたら女性原理を顕わしそれぞれを両性をそなえた存在にするつもりだった。両性具有者を母型にして、双極性をそなえた世界つまり対立する二つの極をもつ楕円の世界を創造するというのが、アンマの当初の企てだったのだ。ところが、下の胎盤に宿る双子のひとりであるオゴが、一刻も早く完全な（つまり両性をそなえた）存在になりたいという願望に突きうごかされた。かれはせっかちに月みちる前に胎盤をでて、自分の女性原理（つまり女性魂）を探しはじめる。まずアカシアを調べ、それから宇宙を隈なくなく探したが見つからないので、孤独と不安から逃れるために自分自身の宇宙をつくることにした。

アンマの創った宇宙を真似ようと、まず自分を宿していた胎盤の広さを歩幅で測ると、その行為によって空間と時間の単位が生じた。アンマの宇宙を調べ終えたオゴは、「私だって、これくらいのものはつくれる」と豪語した。アンマはオゴの慢心を挫《くじ》くために、「日向《ひなた》でもなく日陰でもない場所をつくってみろ」と難題をあたえた。オゴは宇宙卵から繊維を盗むと、宇宙を創造するときのアンマの螺旋運動を真似て、ぐるぐる回りながら、自分の周囲に笊《ざる》を編んでそのなかに閉じこもった。網目から光が射しこむ笊のなかは、日向でもなく日陰でもなかった。

アンマは、機知に富むオゴがほんとうにもう一つの宇宙をつくるのではないかと恐れて、「私と競うのをやめろ」と戒めたが、オゴは伏せた笊の下に隠れたままアンマをせせら笑った。いらだったアンマに舌を切られてオゴは声の張りをなくしたが、ひるまず胎盤の一部をもぎとって方舟《はこぶね》をつくり、それに乗って天界をはなれた。旋回しながら降る方舟の動きによって、はじめて上下の対比が生まれた。

アンマは、混乱が大きくなるのを防ぐため、オゴの方舟（胎盤）を大急ぎで大地につくり変えて固定したので、天地の対立という枠組みが決まった。オゴは自分の女性魂を探して、新しくできた大地（胎盤）にもぐりこんだ。それは、最初の近親相姦であるとともに、大地を耕す行為、つまり農耕のはじまりでもあった。このオゴと大地との近親相姦から生まれたのが奇怪な姿をしたイェバン（原野の精霊たち）

の一族である。イエバンは近親相姦によって増殖していく。

オゴは、大地のなかに女性魂が見つからないので、ふたたび天に昇った。自分が生まれた胎盤のなかを探そうとしたが、アンマがすでにそれを燃える太陽に変えていたので、火傷しながら爪で小さな切れ端を掻きとることができただけだった。太陽に焼かれた火傷の跡は、のちにオゴが罰として狐に変えられたとき、毛の縞模様としてのこる。太陽は、オゴの月足らずの出生と反抗をしめす証拠として、いまも燃えつづけている。オゴは、火傷しながら手に入れた胎盤のかけらのほかに、地上の生命の元になるフォニオの種子も盗んで、ふたたび方舟で地上に降った。アンマは、オゴの方舟が天をでた穴を、オゴの盗みの証拠となるよう月としてのこした。

地上に戻ったオゴは、盗んだ種子を隠そうと胎盤のかけらをかぶせた。これが種まきのはじまりだ。アンマに遣わされた使者のノンモが、オゴの非行が悪い実を結ぶのを防ぐため種子をおおった胎盤のかけらを踏みつぶしたが、つぶしそこねた部分からフォニオが芽生えた。胎盤は腐っていたし、種子には男性原理しか宿っていなかったので、芽生えたのは不浄な赤フォニオだった。赤フォニオは大地を不浄不毛にしただけでなく、その後もさまざまな悪をもたらしつづけることになる。使者のノンモが胎盤を踏みつぶしたとき、地中にいた原野の精霊のひとりが逃げ遅れて性器をつぶされて死に、その死がやがて人間の世界にも伝染することになった。つまり、オゴの盗みと近親相姦はこの世界に死をもたらしたのだ。

人間の誕生と性のはじまり

オゴの非行によって宇宙が不浄になり、アンマは創造活動をつづけることができなくなった。アンマは、宇宙を浄化するためにオゴと同じ胎盤にいたノンモ（供犠のノンモ）を生け贄にすることにした。供犠のノンモは、オゴといくぶんか本質を共にしているだけでなく、実際にオゴの非行の共犯者だったともいわれている。

アンマは使者のノンモに命じて、まず供犠のノンモを去勢させた。使者のノンモは、臍《へそ》の緒の上に男根を重ねて両方をいっしょに切断してしまう。去勢の血から「世界の臍」である最初の星シリウスが生まれた。供犠のノンモの性器から流れでた精水は、のちに雨となってオゴの乾いた大地に降りそそぎ、川や湖沼、海をかたちづくることになる。

去勢された供犠のノンモは、直立の姿勢で一本の木に縛りつけられ、喉を切り裂かれた。切り裂かれた喉から噴きだす血は「大地の経血」とよばれる。宇宙に広がったその血から星々が生まれた。供犠のノンモは喉の渇きをうったえて、銅の椀で水を飲むことを許され、飲みすぎて椀のなかに一匹の蛇を吐いた。この蛇はのちに地上で農耕の守護者となる。

死にゆくノンモの生命は拡散して宇宙のすみずみまで浸透し、宇宙はしだいに浄化されていった。ノンモの臓器の切れはしを四方に投げて宇宙の浄化を完成すると、アンマは、ノンモの遺体の各部分をもとに宇宙をつくりなおした。

宇宙を浄化し組みなおした後で、アンマは、生け贄にしたノンモを新たに男女の双子として甦らせた。

本来なら、創世の理念にのっとって、双子のそれぞれに男女一対の魂を与えるべきなのだが、この時はすでにオゴの非行で世界は変質し、「双極性」という理念をつらぬくのがむずかしくなっていた。両性具有者のように双極性を体現する個体が不安定さを示すようになったのだ。アンマはやり方を変えて、供犠のノンモの「身体の魂」を二つに分けて、はじめて男女二種類の「性器の魂」をつくり、双子の一方に「男性器の魂」を、もう一方に「女性器の魂」をあたえた。こうして、分化した両性による生殖への道が開かれた。

天地の分離

抜け目なく天をうかがっていたオゴは、これを見ると、探しもとめていた女性魂を手に入れるチャンス到来と天に急行し、供犠のノンモの「女性器の魂」を盗み、自分の男根の包皮のなかに隠して逃げた。使者のノンモはオゴに追いついて包皮を喰いちぎり、「女性器の魂」をとり戻した。これが男の割礼のはじまりだ。このとき流れた血から、「月経中の女の星」火星が生まれた。男の割礼の傷から流れる血は経血同様に穢れたものとみなされる。女性性の宿る包皮を切りとられたオゴは、永遠に男性原理しかもたない不完全な存在として生きることを運命づけられた。

アンマは、割礼をほどこされて地上にもどったオゴを罰として青い狐《ユルグ》に変えた。狐になったオゴは二度と天には昇れない。それ以後地上の存在が天に行き来することはできなくなった。天と地は分離したのだ。追い討ちをかけるように、使者のノンモは狐(オゴ)の歯をへし折り、舌を切りとった。もはや天に昇れず口で話すこともできなくなったが、狐（オゴ）は、天の胎盤にいたときアンマの秘密を知り、また音を伴わない原初の「ことば」を与えられていたので、それ以後も地面につける足跡によって、人間にアンマの秘密を漏らしつづける。これが現在でも行われている「狐の占い」だ。

社会のはじまり

アンマはつぎに、生け贄にしたノンモの身体の残りの部分をつかって人間たちを創造した。供犠のノンモを宿していた胎盤（オゴを宿していた胎盤でもある）から、四組の双子を創った。これがドゴンの八人の始祖である。同じ胎盤の供犠のノンモの血で濡れた部分からは鍛冶屋と語り部を創り、オゴの血で汚れた部分からはオゴの双子の妹であるヤシギを創り、オゴの臍の緒からは皮職人を創った。鍛冶屋、語り部、皮職人、ヤシギなどは、ノンモやオゴと血を分けているからノンモと同世代であり、ノンモの子どもとみなされるべき一般の人間とは異なる種類の人間である。彼らはそれぞれ、鍛冶屋、語り部、皮職人などのカーストの始祖になった。

アンマは、双子のノンモや人間たちを創り終えると、白いフォニオにふくまれたすべてのものに名を与え、名づけられたものたちは螺旋運動をしながら成長してフォニオ一杯に広がった。やがてフォニオが弾けて、放出されたものはすべて、大地に降ろうと待機していたノンモの方舟に注ぎこまれた。供犠のノンモから生まれた男女二人のノンモと、ドゴンの始祖となる四組みの双子が乗りこむと、方舟はシリウスの輝く暗黒の虚空を降りていった。方舟が大地に着くと、はじめて太陽が昇って世界は光に満ちた。やがて雨が降りはじめ、方舟は窪地にできた池に浮んだ。男女のノンモは水に入って鯰《なまず》の姿に戻ると「水の主《あるじ》」になり、青い狐（オゴ）は太陽の光を嫌って薄暗い洞穴に逃げ込んだ。供犠のノンモの胎盤でつくられたこの方舟は、湿り気をおび、清浄で豊饒な新しい大地となって、オゴの方舟からつくられた乾いた大地（原野）に覆いかぶさった。やがてこの新しい大地に、人間たちの耕地と村里が広がっていく。ノンモたちの方舟につづいて、もう一方の方舟で鍛冶師、語り部、皮職人、ヤシギたちも大地に降りてきた。方舟が降りるのと時を同じくして、天空では星々の位置が定まった。地上に原野と村里の区別が生まれ、同時に天の世界もととのえられたのだ。

アンマは、創造した宇宙をオゴやノンモにゆだねると身を引いて卵の形に戻り、天の真ん中、つまり東西南北の中心に座って全宇宙を見守っている。アンマは、森羅万象を表すあの二六六の徴（記号）をいまももっているから、いつの日かいまある宇宙を壊して、新しい宇宙を創るかもしれない。

創世の物語は以上で終わる。これは、ボボ人の表現を借りれば、「ウロ（至高者）の物語」、『古事記』でいえば「神代」の物語だ。神話はこの後、地上における人間社会形成の物語、つまり「人代」の物語になる。そのなかから、ドゴンの村落社会の柱ともいうべき、男子仮面結社と首長制の起源の物語を要約してみよう。

仮面結社と首長制の始まり

ドゴンの村々は、仮面結社と首長の二重権力制になっている。男子の仮面結社アワは災厄と死をつかさどり、首長オゴンは作物の豊穣をつかさどる。ドゴン社会でもっとも重要なこれら二つの制度の起源には、反抗者オゴの妹（双子の片割れ）であるヤシギが深くかかわっている。ヤシギとは何者か。オゴが、アンマの意図に反して月みちる前に胎盤をでたために、オゴの女性魂（あるいは双子の片割れ）に予定されていたヤシギも、女性魂しかもたない不完全な存在として生きるはめになった。ヤシギは本来オゴの女性魂であり、オゴはヤシギの男性魂である。ヤシギとオゴは互いに分身関係にある。以下にみるように、ヤシギのふるまいはまさにオゴの女性版だ。地上で人間社会がかたちづくられる過程では、宇宙創造の過程でオゴが演じたのと同様の役割をヤシギが演じる。つまり、ヤシギがタブーを犯して混乱と不浄をまきちらし、そのつど人間たちがそれに対処するために新しい制度をつくりだす。男子結社も首長制も、そのようにしてはじまったのだ。

狐（オゴ）と大地の近親相姦の血で染まった腰蓑は、不浄なものの力を秘めて赤く輝いていた。この腰蓑が、狐と大地の近親相姦から生まれた原野の精霊（イエバン）から人間の女たちの手にわたり、彼女たちは、その力によって男たちを支配した。やがて力の秘密に気づいた男たちが暴力で腰蓑を奪い、その力を今度は自分たちでひとりじめにした。若い男たちはこの経緯を年長者には知らせていなかった。これは大きな掟違反で老人たちへの不敬のきわみだ。ちょうどその頃、ひとりの老人が天寿をまっとうして亡くなり、蛇の姿で甦りの時を待っていた。この老人が腰蓑をまとった若者たちを見て、怒りのあまりつい人間（生者）のことばでどなりつけてしまった。蛇の姿で人間のことばをしゃべるのはタブーだったので、タブーに違反した老人は不浄となり甦ることができなくなってしまった。

知らせを受けた長老たちは、亡骸《なきがら》を洞窟に安置して腰蓑でおおった。まもなく村で、腰蓑のように肌が赤く、蛇のように鱗がある子どもが生まれた。死んだ老人の霊がその子に憑《つ》いたのだ。大蛇の仮面をつくって死者の霊の依代《よりしろ》とし、その子どもを死者儀礼の司祭として聖別すると、子どもの身体は正常に戻った。男たちが仮面と腰蓑を身につけ、その子を司祭として死者を慰めいたわる儀礼を行うと、死者は浄化され、生者を見守る「生きた祖先」になった。しかしこれ以後、死んだ人間は甦ることができなくなった。男たちは、原野の神である狐（オゴ）を祭神とする仮面結社を創設して、ことの次第を伝承し、仮面を保管し、死者をまつるようになった。

仮面結社は、狐（オゴ）の神話と仮面を伝承し、仮面を保管し、狐をまつり、災厄がおきると狐の足跡の占いにもとづいて対処し、また葬儀をつかさどる。狐の占いに用いられる「ことば」は結社の秘儀言語であり、結社のシンボルである唸《うな》り木の音は狐の声である。儀礼では、結社の成員は仮面を被って、狐がはじめた弔いの歌を歌い、弔いの踊りを踊る。仮面は、始祖たちや胎児（将来の子孫）たち、そしてオゴに加担して天の力と戦って敗れた動物たちである。

この仮面結社はたんなる葬儀団体ではなく、多面的な機能をもち、首長や親族集団とともに村の主柱となっている。結社は男子の成人式を主宰し、成人式は結社の入社式を兼ねていて、成人式を経た者は全員結社に加入する。結社は加入した若者に生活に必要な技能や知識を教え、神話や仮面の造り方をはじめ伝統的な知恵や芸能を伝授し、病気・災害・外部とのもめごとなどメンバーや村を襲う災厄に対処し、メンバーの死に際しては葬儀を主宰する。この多面的な機能の要をなすのは、死に対処することだ。

死に対処することを第一義的な使命とする組織がこのように多面的な機能をもち社会で中心的な位置を占めていることは、この社会の伝統が死を核心にすえていること、つまりは生と死の関係を核心にすえていることを示している。このような例に接するといろいろと自問させられる。死を影の部分に押しこめて、ひたすら健康や延命を価値とする私たちの社会は、はたして本当に生を核心にすえた社会といえるのだろうか。この結社のあり方は私たちが社会の制度を構想するうえで多くのヒントを与えてくれる。

ヤシギ（オゴの女性分身）の登場

別の伝承によれば、初めての死は、ヤシギが禁忌に違反したことでもたらされ、彼女の息子が初めての死の儀礼の司祭となり、この母子によって、葬儀をとりしきる男子仮面結社が創始された。仮面結社は女人禁制だが、例外的に女性しかつけない重要な司祭ポストがある。この女性司祭と結社長は、ヤシギとその息子の後継者とみなされている。

やがてドゴン社会に首長制が生まれることになるが、それもまたヤシギの非行に由来するものだ。地上で暮らすようになったヤシギは、禁忌とされている穀物を栽培して、夫にもそれを食べさせた。

禁じられた作物を栽培することは耕地を穢《けが》す。夫は、穢された耕地を浄化するための生け贄にされたが、蛇の姿で甦り、穀物の守護霊となった。この守護霊を最初にまつった者が、初代の聖なる首長オゴンに即位し、それが首長制の起源になった。

神話はこうして、衣食住、道具、制度、自然環境など、それこそあらゆる事象の起源を物語っていく。それらを集成すれば一種の百科事典になるだろう。

至高神の秘密、あるいははじまりという神秘

ドゴンの創世神話も読者にはすでにお馴染みの主題を多く含んでいる。タブーの侵犯による人間世界の始まり、人間による神への挑戦、人間の能力と増長に対する神のいらだちと危惧、世界の母型としての人間、など。興味深いのは、人間同士が直接交流すること（付き合うこと）がタブーとされていたことだ。人間が人間であるためには他者と交流しなければならないのであるが、この世の初めには人間を人間たらしめるこのような基本的な営みが禁じられていた。人間はこの禁を破ることによって人間になり、それにともなって世界は世界になった。原初に何が禁じられていたかを通して、その民族が人間をどのような存在と考えていたのかが分かる。

このような神話はドゴンの人と社会にとってどのような意味を持っていたのか。すくなくとも文字で記録され始めた一九三〇年代には神話は生きた現実だった。

まず「はじまり」あるいは「始源」ということについて。

複雑精緻な創世神話をもつドゴン社会には、不思議なことに、宇宙のはじまりや至高神の創造活動について詮索したり細かく語ったりすることへのある種のためらいがある。ためらいどころか、「アンマの秘密」をめぐっては、はっきりしたタブーすらある。

神話によれば、宇宙はフォニオというイネ科の穀物を母型として創られた。フォニオは今日でもこの地域に自生しているが、日常生活では食べたり話題にしたりすることが禁じられている。なぜなのか。長老たちはいう。「もののはじまりこそアンマの最大の秘密だ。だからフォニオについて軽々しくしゃべってはいけない。創造されたときには、すべてのものがフォニオのように小さかった。その後、ほかのものは大きくなったのに、アンマの分身ともいえるフォニオだけはなぜか大きくならなかった。アンマ自身もフォニオのように小さいのだが、そのことを軽々しく口外してはならない」。オゴの罪は、じつは宇宙の起源の秘密、つまりアンマの本質を知ったことにこそあるので、そのことと比べるなら、反抗したり盗んだりしたことなど微罪でしかないという人すらいる。にもかかわらず、青い狐となったオゴは「最初のことば」を用いてアンマの意思を漏らしつづけ、人間たちは人間たちで、世界のはじまりについて、飽くことなくさまざまな神話を紡ぎだす。同じ村の内部にすら、「至高神は土器をつくるように宇宙を創った」「至高神はことばとイメージによって創造した」「世界は至高神でもある宇宙卵がおのずから展開したものだ」など、私たちならまったく異なる世界観に属するとみなすような観念が共存している。

「はじまり」の物語は、好奇心を刺激するだけでなく、存在するものを正統化し根拠づけることもあれば、根拠を掘り崩して相対化することもある。起源神話は開示すると同時に隠蔽し、答えではなく問いを与えて、考えつづけるよう刺激する。神話に捉えられた人は考えることを止めることができない。よく問題にされる神話の政治性も、この観点からみなければならない。権威や権力を正統化し根拠づけるだけだのものと考えるなら、それは神話を見そこない見くびることになる。神話が権力や権威の自明性を括弧に入れて根拠を問い続けていることも忘れてはならない。

「始源」は謎に包まれていて遠いが、意外に近くもある。心を澄ませば身近に感じられると人びとは言う。アンマは一回目の創造でアカシアをつくったとき、咳ばらいをして痰を切ったが、それが「土」となり、唾液が「水」となった。その時のアンマの激しい息遣いが「火」となり、強く吐いた息が「大気」となった。人はいまも身の回りの土、水、火、大気から、創造するアンマの息吹を感じとることができるのだ。二回目の創造の母型となった穀物のフォニオは、最初は空気の泡のように旋回し、音と光とさまざまな物質の分子を放射していた。この音がこころの底で実際に聞こえるという人たちもいる。音楽はこれらの音を増幅して聞かせるものだ。ドゴン人と同じくマリ共和国に住むミニアンカ人の音楽家のことばに耳を傾けてみよう。「音楽は、私たちの生存そのものをかたちづくる目に見えない波動や、耳に聞こえない音の感覚を、増幅し聞こえるようにするものだ」。

挫折する最初の創造の試み

始源の謎の一つは、最初の試み（創造）の失敗だ。創世の最初の試みが失敗に終わるというモチーフは、『古事記』などを通じて私たちにも馴染みがある。イザナギとイザナミのあいだに最初に生まれたのは、蛭《ひる》に似た水蛭子《ひるこ》で、育たないので、葦《あし》の舟に乗せて流し捨てた。同様に、至高神アンマと大地のあいだにもまず不完全なオゴが生まれた。だが、『古事記』とドゴン神話には大きな違いがある。水蛭子はどこかへ流されたきりだが、オゴはアンマの創造活動に介入しつづけ、世界の本質的な構成要素として今日にいたっている。オゴだけではない。世界の最初の母型として創られたアカシアも失敗作だったが、完成した世界で野生植物の主としての地位をたもっている。

最初の創造の挫折は、しばしば「他者」の出現というかたちをとる。創世神話には、創造主が意図的につくりだしたわけではない協力者や反抗者、妨害者が登場することがある。創造活動は、妨害や逸脱に対処するため既定の方針を修正しながらすすめられ、結果的には世界は創造主と敵対者の共同作品となる。敵対者が、創造後の世界で本質的な役割を果たしつづけることもめずらしくない。「他者」の存在は創世にとって欠くことのできないもののようである。

原初の挫折の神話は、創造主にも想定外ということがあると主張しているのだろうか。創世神話では、神が最初に創った人間（祖人）の自発的な意思が攪乱要因になることが多い。人格をもつ存在の意思は、本質上、神も完全にはコントロールできないものなのだろうか。ここでも神話は、答えよりも謎（問い）を差しだし、はてしない思考に向かわせる。アフリカには、「謎々」と「神話」を指すのに同じ言葉を用いる民族もいるのだ。

他者による混乱をへてできあがった不完全な世界は、たんに不完全なだけなのだろうか。その不完全さには、神が意図した深い意味があるのではないだろうか。少なくとも次のことは言えるように思われる。当初アンマの念頭にあったのは双極性原理が完璧につらぬく秩序だが、それは、あまりに完全で静的な秩序ではなかったか。オゴのせいでその計画が挫折して、双極性が追求されるべき目標になり、オゴ的なものとノンモ的なものの関係が予定調和ではなく闘争や協働もふくむものになったことで、世界は予測のむずかしいダイナミックなものになった。

はたしてアンマは失敗したのか。オゴは、罪を犯したと言えるのか。

ドゴン人のあいだには、すべてはアンマが仕組んだことであり、アンマはすべてを見通して、オゴの逸脱行為を創造のために利用したのだという声もある。「アンマがノンモとオゴという異質の存在を創った理由は、宇宙を生き生きしたものとするために、混乱や対立が必要だったからだ。オゴが無秩序を助長し、双子のノンモがオゴと戦って宇宙の組織化と管理にたずさわる、というかたちが必要だったからだ」。

オゴは狐に変えられ、舌を切られ、永遠に原野を彷徨《ほうこう》するよう運命づけられたが、それにもかかわらずドゴン人はオゴを特別視して、高らかに宣言する。「私たちの大地は、オゴが存在するがゆえに宇宙のなかで特別な位置を占めるのだ。この宇宙に、生き物の住む大地は数多くあるが、オゴはわれわれの大地にしかいない」。

私にはオゴが人間的なものの原型であるように思われてならない。

創造は無秩序と穢れを必要とする

無秩序や混沌が創造の条件だと言われれば、私たちにもなんとなく分かるような気がする。しかし、「穢《けが》れ」が創造に不可欠の力だと言われると、首をかしげるだろう。

人間は、規範と秩序がなければ生きられないが、同時に、規範から逸脱する生物、つまり無秩序をもたらす生物でもある。人間がこのような存在であるかぎり、秩序と無秩序の相克が創世神話の主題になるのは必然だろう。ところが、「穢れの神話」と呼んでもよいドゴンの創世神話はそこに止まらない。逸脱や侵犯による無秩序は「穢れ」をもたらし、穢れは世界創造に不可欠な役割をはたす。狐（オゴ）と妹ヤシギの逸脱や侵犯がもたらす穢れがなければ、宇宙も社会も存在しなかった。

今日の日本では、「穢れ」はほとんど死語になったようだが、「汚い」「不潔」「汚《よご》れ」などの日常語は、いまも衛生観念に限定されない意味を秘めているのではないか。その核心部分は私たちには捉えがたいけれども。

至高神アンマは隠退しながらも世界をたもつ

オゴの非行によって大地が汚されたとき、天地分離がはじまった。やがてオゴが狐に変えられて、もはや天に昇ることができなくなったとき、アンマの創世の活動がいったん終わり、天地の分離が完成したのである。アンマはその力の大部分を、自分の補佐役であるノンモ、反抗者オゴ（！）、人間たちに委ねて隠退し、宇宙の運行と展開、そして生き物の面倒見を彼らにまかせた。

アンマは死んだわけでも、この世界との関係を完全に絶ったわけでもない。アフリカの他の諸民族の神話にもしばしば見られることだが、アンマは隠退したが、死だけはひきつづき自分の管轄事項とした。人間はいまも死を通して至高神と繋がっているのだ。地上においては、狐（オゴ）を祭神とする仮面結社が、アンマの代理として死の儀礼をつかさどる。

アンマは隠退したけれど死んだわけではない。「アンマ」という語は、「しっかりとつかむ、同じところにたもつ」ことを意味する。万物の元となる「記号」を保持することによって、世界をひとつの全体たらしめているのはアンマなのだ。人びとは、儀礼のなかで、マントラ（真言）のようにアンマの名を唱えて、世界を「たもつ」アンマの働きと一体化しようとする。アンマにとっては、世界を破壊したり作り替えたりするのはたやすいことだ。ドゴン人に隣接して住むバンバラ人は、至高神が現存する世界を破壊して新しい世界をつくることで、いくつかの世界が継起する神話をもっている。世界を創造したあとに隠退した至高神が、地上の歴史にふたたび介入することがありうるという観念が、ドゴン人やバンバラ人に限らずアフリカで広く見られることについては、すでに第一章で述べたところだ。

神話の過程をなぞる人間生活

神話は制度形成の原理をも提供している。「地上の人間生活や文化は、オゴの反抗のせいで実現できなかったアンマの理念を、別のかたちで実現する営みだ」。人間はどのような社会をつくるべきか、制度や習俗の意味は何なのか、という問いに、ドゴン風に答えるとこうなるだろう。アンマは双極性を備えた世界を創ろうとしていた。そこではすべての存在が男女両性の魂を持つことで双極性の理念を体現するはずだったのだが、オゴの反逆によって変質した地上の世界は、そのような存在を受け入れることができなくなってしまった。そこで人間たちは、夫婦によって擬似的な双極性を実現しようと結婚の制度をつくった。人間たちはまた、オゴの近親相姦と盗みによってはじまった農耕を、オゴとノンモの協働へと換骨奪胎した。人間たちが原野に耕地を広げることで大地を浄化して、アンマから与えられた種子をまくと、オゴに由来する太陽とノンモに由来する水が協力して作物を実らせる。

仮面結社と首長制も宇宙論的な任務をおびている。オゴが災厄をもたらすと、まず仮面結社が狐の足跡の占いでアンマの意向をうかがい、その結果にしたがって、聖なる首長がノンモに供物と祈りをささげる。人間たちはこうして、アンマとノンモが、オゴがもたらした混乱に対処しながらすすめた創造の過程を、日々の暮らしのなかで反復するのだ。

聖なる首長と仮面結社は、日本の天皇と将軍の関係などを思わせる一種の二重権力制（あるいは二元権力制）だが、両者の関係はノンモとオゴの関係を反映している。それは、聖と俗の関係でもなく、軍事と祭祀の関係でもなく、もっと多面的で宇宙論的な性格をはらんでいる。

ミクロコスモスとしての人間——神話と人生

神話は人生に意味を与え、いかに生きるべきかのモデルになる。「オゴ的要素とノンモ的要素が調和して活力をおびるように生きよ」。これがドゴンの神話的人生論のエッセンスだ。

胎児はアンマやオゴのように螺旋運動をする。子どもたちは遊びやいたずらに熱中することでオゴに倣《なら》う。幼児はオゴのように「大地と戯《たわむ》れる」のが好きなので、泥んこ遊びに熱中する。子どもは「もう一つの世界をつくりたがる」ものだ。だから、自分たちだけの世界でゴッコ遊びに興じる。子どもたちのいたずらや野放図さや反抗や、そこに垣間見られる創造性のひらめきなども、オゴと結びつけられる。

両性具有的とみられている子どもたちは、十二、三才で割礼を受ける。少年たちは女性魂が宿る包皮に、少女たちは男性魂が宿るクリトリスに割礼を受けて、「真の」男性や女性になり、結婚して子孫をつくる資格を得る。割礼は、理想の双極性と両性具有性が失われた状況で安定した生を営むための工夫だ。若者たちはオゴと同様、異性の片割れを求める欲望に衝《つ》きうごかされる。だが母との近親相姦は許されない。その代わりに母方の従姉妹と結婚する。壮年期の人びとは社会の中枢の担い手として、農作業を通じてオゴとノンモの協働の実現に寄与する。また、一方では仮面結社でオゴをまつり、占いと供犠によって死や災厄に対処し、他方ではノンモをまつる首長を支えることで豊穣を確保する。

老年期の人びとはどうか。老人たちの知恵はオゴのほうに、つまり原野のほうに傾く。儀礼をはじめるために必要とされる無秩序を体現することは彼らの役割だ。祭壇をつくるに先だって、日ごろは謹厳な知恵袋の長老たちがしたたかに酔っぱらう。儀礼にふさわしい状態をつくりだすために、酩酊し、「秩序のために無秩序を」と唱えて哄笑しながら村の広場を徘徊する。

そして死。死はいまも至高神の手中にある。人は死によって神話的世界の要であるアンマと接したのち、祖霊となり、ノンモと共に生者の生活を見守る。

人間にとっての「技術」を象徴する鍛冶師

第三章でみた神話群と同様、ここでも鍛冶師がさまざまなかたちで活躍する。アフリカ大陸ではかつて、鉄の技術は狩りや焼畑農耕の効率を高めて、人間がサバンナに広がり、森林地帯に進出することを可能にした先端技術だった。それは、農具や狩猟具として生への道を、そして武器として死への道を切り拓く両面性をもつ点という意味で、典型的な技術だ。鉄の技術をめぐる思想は、鍛冶師の姿に結晶している。

天上で至高神を補佐する大ノンモは、「天の鍛冶師」ともよばれる。アンマがつくった一組の男女から生まれたドゴン人の始祖たちの最年長者も鍛冶師で、彼がタブーに違反したために人間は天上にとどまることができなくなった。しかし、天上から逃げだす際に、栽培植物の種子と火を盗んで、地上での人間生活の基盤を準備したのも彼だった。

鍛冶師は、生け贄にされたノンモを宿した胎盤の断片でつくられたので、ある意味ではノンモの双子の兄弟ともいえる。彼は、地上に降下すると、人類に火の起こし方を教え、弓矢や槍を与え、病気の治療法を教えた。世界で初めて雨が降った朝、人間に穀物の種子と鍬を与え、栽培の方法を教えたという、ボボ人の鍛冶師やロダガア人の原野の神（バグレ神）を想わせる伝承もある。

鍛冶師がノンモと親縁性をもっていることは明らかだが、他方ではオゴとのつながりも深く、一筋縄ではゆかない。鍛冶師は、オゴを祭神とする仮面結社で若者に割礼をほどこしたり、狐の「ことば」を教える教師役を務めるなど、重要な役割をはたしているのだ。

それだけでなく、さまざまなエピソードが鍛冶師とオゴの強いつながりを暗示している。ドゴン人の始祖である鍛冶師は、天上でこともあろうにアンマの分身ともいえる穀物のフォニオを嘲弄《ちょうろう》したうえ、フォニオを食べないという誓いをやぶる神聖冒瀆《ぼうとく》を犯した。彼はこの後、オゴの胎盤でつくられた太陽のかけらを盗んで天から逃げだした。鍛冶師のこうしたふるまいはもうほとんどオゴそのものといえる。人びとのイメージのなかで鍛冶師が原野と深いつながりをもっていることは、鍛冶の技術がじつは（オゴと大地の近親相姦で生まれた）原野の精霊イエバンに由来するという伝承にも表れている。

このように鍛冶師の姿は多面的で錯綜している。これでは何のことだか分からないと思われるかもしれない。しかし私たちはすでに、サバンナの住民たちの思考と物語がでたらめではないことを知っている。私たちが鍛冶師の姿から多面的で錯綜した印象を受けるのは、村人たちが先端技術である鉄の技術について、ある結論をだすよりもむしろさまざまな角度から考えてきたからであり、また、おそらく彼らの神話についての私たちの知識が不十分だからでもあろう。

鍛冶師は世界各地の神話に登場する。それらの鍛冶師像には、ある種の神性や知恵や機知、権力（王権など）との緊張関係、冒険と失墜など、ドゴン人の神話とも響きあう共通性がある。ギリシア神話の火と鍛冶の神へファイストスは、座ると金縛りになる黄金の玉座をつくって母親である大女神ヘラに復讐する。北欧伝説に登場する鍛冶師ヴェールンドは、自分を虐待したニドゥド王にすさまじい復讐を果たすために技術の粋を尽くす。「王が無理に鍛冶師を支配しようとすると、鍛冶師は王権の危機をもたらす」。これらは、権力とテクノロジーの緊張を孕んだ関係の神話的原型だ。

翻《ひるがえ》って現代社会では、権力とテクノロジーは蜜月関係、ほとんど一心同体で、相互に依存し合い強化し合っている。私たちには、国家や市場経済と切り離されたテクノロジーを考えることはむずかしい。そのため私たちは、テクノロジーに関して思考停止におちいりがちだ。ＩＴや核や生物兵器など権力に挑戦し権力を脅かすテクノロジーの兆しも見えつつあるが……。

イカロスは、知恵を備えた匠《たくみ》であった父が慎重であるよう戒めたにもかかわらず、翼をつくって太陽めざして飛び立ち、太陽の熱で蝋が溶けて海に墜落する。童話には、自分の魔法をコントロールできなくなって困りはてる魔法使いの未熟な弟子や、踊りだすと永遠に踊りつづけなくてはならなくなる靴などが登場する。昨今これらのイメージがあらためて鮮烈な印象をとり戻しているようだが、原野の神が語りかけるものはそれらよりさらに大きく深い。神話は、テクノロジーの本質に関してどちらかと言えば「能天気」だった私たちに立ち止って考えるよううながす。

鍛冶師をめぐる焼畑民たちの神話は、高度技術文明を生きる私たちに差しだされた鏡だ。そこには私たちのどのような姿が映しだされるのだろうか。たとえば、私たちの多くは原子力という危険きわまりない先端技術を、より便利な生活や経済的な豊かさをもたらすという理由で、もろ手をあげて歓迎した。その技術やそれを担う人間たちの本性について、(焼畑民のように)「生活の場で」で熟慮を重ねて、政治や経済とは別の次元で思想とビジョンを練り上げようなどとは思ってもみなかった。鏡をのぞきこむと、海図も目的地も羅針盤もなく、加速度を上げつつ航行する巨艦のなかで、目先の得失以外にはほとんど思考停止して恍惚《こうこつ》の表情を浮かべている人びとの群れ(つまり私たち自身)が映っているのではないだろうか。この点ではサバンナの焼畑民たちも遠からず私たちの仲間入りすることになるのだろうか。

「狐」とは何者か——文明と人間の神話的ビジョン?

オゴ(狐)は父である至高神に反抗し、母である大地と近親相姦を犯した。この点に注目して、オゴをフロイトの「エディプス・コンプレックス」と結びつけて解釈する人がいる。さまざまな解釈に開かれているのが神話の特徴だから、この解釈も頭から否定はしないが、的を射ているようには思えない。オゴは、双極性による秩序の挫折とその再編のドラマの登場者であり、しかもアフリカ的文脈では、サバンナの神話世界の主ともいうべき「原野の神」の現れのひとつだ。このオゴのイメージによって、前章で述べた「原野の思想」はいっそう深化し洗練された。

個人的には神話のなかで最初に「狐」に遭遇したときに経験した強い既視感がいまも忘れられない。いつかどこかで会ったことがある……そうだ、これは典型的な文明人ではないか。ドゴン神話を読みなおしてみると、人間とオゴのあいだには、人間とノンモのあいだとはちがうかたちの深いつながりがあることがわかる。オゴの強すぎる欲望やこらえ性のなさ、神への挑戦、そそっかしさ、不安、焦りなどは、常軌を逸していて、いささか滑稽で道化めいている。だがこれは裏を返せば、完全性や全体性への並はずれて強い希求の表れとみることもできよう。

「たまたまアンマが眠っていたのを死んだと早合点し（神は死んだ！）、狐は勝ちほこってアンマを嘲笑しつつ弔いの踊りを踊った。踊る狐の足跡は、アンマの創世活動を真似て螺旋を描いた。しかし、アンマは死んでいなかった。早とちりした狐は、声を奪われ、原野へ追放された」。

文明人を映しだすこのみごとな（不思議な）鏡を前にして、私たちは苦笑するのか、粛然とするのか……。現代文明は、「狐」（オゴ）のいびつな分身が増殖して、「水の神」（ノンモ）を圧倒し、バランスが崩れたために危機に遭遇しているといえるのではないか。もしそうだとすれば、なすべきことは私たちの文明を動かす「オゴ的なもの」をとり除くことではなく（それは不可能だ）、「オゴ的なもの」の本質への神話的な認識を深めて、それに拮抗する「ノンモ的なもの」をより強化することだろう。それは遠大で抽象的な思想的課題といったものではない。「オゴの働き」と「ノンモの働き」を「動的均衡」による創造性の関係に置くことは、日々の暮らしのなかで工夫できることだ。そしてそれこそが、ミクロコスモスとしての人間が、地上でアンマの業《わざ》を継承する道なのだ。

第五章
さまざまな顔を持つ始祖
——ウガンダ・ガンダ人の神話

神話は、矛盾するかにみえる二つの真実を統合して生きるという課題に人を直面させる。さまざまな語り手が、キントゥの話を肩の凝らない娯楽として、炉端で、中庭で、野外の木陰で、それぞれの工夫と技量を傾けて生き生きと語る。娯楽としての物語が聞く者をジレンマに直面させて、権威、権力、反抗、尊敬、服従について思いをめぐらすよう誘う。

さまざまな顔をもつ始祖キントゥ

この章では舞台を東アフリカ、ヴィクトリア湖周辺の丘陵地帯に移して、半農半牧民の王国の神話世界を逍遥《しょうよう》しよう。

ヴィクトリア湖など四つの湖に囲まれた大湖地方には、肥沃な草原や丘陵地帯が広がっている。現在では、ウガンダ、ルワンダ、ブルンジの諸国があるが、十四、五世紀から十九世紀にかけて、ブニョロ、ブガンダなどの諸王国が相次いで興亡した。それらの諸王国の神話や王朝史や氏族の歴史などに共通して登場するひとりの人物がいる。その名はキントゥ（もしくはカントゥ）。

キントゥはさまざまな顔をもつ。至高神、至高神の息子か孫、祖人（最初の人間）、民族の父、流浪する戦士たちのリーダー。栽培植物や家畜や鉄などをもたらし、また婚姻や父系氏族や王国の制度を創始した文化的英雄でもある。外来性や放浪や異質な文化の出会いとも縁がふかい。トリックスターとしての風貌も見え隠れする。

キントゥの物語については、この地方の歴史の再構成をめざして口頭伝承や祭祀の研究、考古学的研究など各方面からの研究が連携してすすめられている。ここでは神話世界、それも神話と歴史の境界が定かでない領域に、キントゥの姿を求めることにしよう。

ブガンダ王国

この地方には古くから、神聖な王をいただく半農半牧民の土着の小王国群があったが、東南アジア起源の食用バナナが導入されると、高い生産力が人びとをひきつけ土地の獲得競争が激しくなった。この地域はまた、古くから干し魚などヴィクトリア湖の水産物の交易がさかんで、カヌーによる水上交通が経済活動にも軍事活動にも高い機動性を与えていた。

こうした状況のなかで、次第に小王国群を統合する権力が育ち、世俗的な軍事大国としてのブガンダ王国が、十八世紀から十九世紀にかけてヴィクトリア湖の北西に興隆《こうりゅう》した。その時期のブガンダ王国は、インド洋沿岸の諸都市を相手に象牙などの交易も行っていて、高度に中央集権化した統治機構、強大な軍事力、洗練された宮廷の作法などによって、訪れたヨーロッパ人たちを驚かせた。

そのブガンダ王国も、一八八四年にイギリスの植民地支配下に入った。一九六二年にウガンダ共和国が独立すると、第三五代ブガンダ王ムテサ二世が初代大統領になったが、一九六六年にクーデターが勃発すると国外にのがれ、ブガンダ王国は滅亡した。その後も今日にいたるまで、ブガンダ王は国家の機構には属さないが、民族文化の担い手として影響力をたもっている。

キントゥの物語

植民地時代のブガンダでは、植民地当局もガンダ人ナショナリストも、それぞれの理由でブガンダ王国の歴史の権威あるバージョンをつくろうと、神話や王朝の歴史伝承を精力的に収集し記録した。

ガンダ人たちは、「キントゥの子孫」としての強固な一体感をもっていたので、最初に文字化されたのは始祖キントゥの物語だった。内外の研究者やナショナリストの手で、さまざまな集団が伝承してきたキントゥの物語が、キントゥから現王までの系譜を核とする正史としてのブガンダ王朝史へと次第に統合されていった。

死と婚姻と民族の起源――ポピュラーな伝承のなかのキントゥ

最初に、もっともポピュラーなキントゥ物語を紹介しよう。

死の起源と婚姻の起源と民族の起源が、互いに切り離せない一つの出来事として語られている。

一人の牧童が、牛を一頭つれて、飄然《ひょうぜん》とガンダの地へやってきた。牧童の名はキントゥ。そこに人間は住んでいなかったが、至高神ググルの娘ナンビが兄弟たちとともに天から遊びに来ていた。キントゥに出会ったナンビは、どこから来たのかも分からない裸のキントゥに、一目で恋してしまった。ググルは、娘のナンビがキントゥと結婚したがっているのを知ると、息子たちにキントゥの牛を盗んで天に連れてくるよう命じた。ナンビは、いなくなった牛を捜すキントゥを天に導いた。ググルは、キントゥを試すために次々と難題を与えた。家一杯の食物を食べ尽くすこと、岩から薪を切りだすこと、露で壺を一杯にすること、ググルが所有する牛の大群のなかから自分の牛を見つけだすこと、などなど。キントゥはナンビに助けられて、これらの難題をすべてこなした。ググルはついに、娘とキントゥの結婚に同意し、二人が地上で暮らすのに必要なもの、つまり家畜や栽培植物の種などを与え、次のように忠告した。

「兄のワルンベが戻ってこないうちに急いで出発せよ。何がおこっても決してひき返してはならない。お前たち二人を見つけたら、ワルンベは必ず地上までついていくだろう」。だがナンビは、地上へ向かう途中で、鶏の餌にする穀物を忘れてきたことに気づき、キントゥの制止をふり切って天へ戻った。ナンビを見つけたワルンベは、一緒に地上へ行くと言ってきかず、ググルもワルンベが同行することを許した。

キントゥとナンビに三人目の子どもが生まれると、ワルンベがやってきて、家事の手伝いにと子どもを一人要求した。キントゥは、父ググルに与える子どもがいなくなるからと断った。四番目の子どもが生まれると、ワルンベはふたたびやってきたが、キントゥはまた断った。ワルンベは、それならばキントゥの子どもたちを殺すぞと脅したが、キントゥは死がどういうものか知らなかったので、意に介さなかった。現実に子どもたちが死にはじめて途方に暮れたキントゥは、天に昇ってググルに訴えた。ググルは警告に従わなかったからだと一度は突きはなしたが、結局、ナンビのもうひとりの兄カイイクウジにワルンベを連れ戻させることにした。

地上に着いたカイイクウジは、ワルンベを捕まえようとしたが地下に逃げられた。カイイクウジは計略を立てて、人びとに二日間屋外に出ないよう、またワルンベを見ても声をださないよう命じた。ところが命令に背いて、ヤギを放牧していた二人の子どもが、近づいたワルンベを見て叫び声をあげたので、ワルンベはまた地下に逃げてしまった。

地下のワルンベはキントゥの子どもたちを奪いつづけたので、キントゥはこう宣言した。「私は、ワルンべが殺す数以上の子どもを生みつづけて、子孫を決して絶やさない」

こういう訳で、キントゥの子孫は不滅なのだ。この様子を見てググルは言った。「今後、ワルンべは地下で、キントゥとナンビは地上で、そしてカイイクウジは私とともに天上で暮らすことにしよう」

こうして、天、地上、地下の三層からなる現在の世界ができあがった。

これは民族の起源神話だが、とくに神聖というわけではない。伝承の専門家がいるわけでもなく、朗誦のための特別の場や形式があるわけでもない。地方によってさまざまなバージョンがあり、それらはだれもが知っていて、大人が子どもに娯楽や教訓のために話してやることもあれば、子ども同士で語り合って楽しむこともある。これは、まさに子どもにも分かるキントゥの一代記だ。自然児であり天涯孤独の牛飼いキントゥは、異性と出会い、恋をして求婚し、試練を経験して成人し、結婚して父となり、やがて一つの民族の始祖となった。

神話ではよくあることだが、一つの物語が現実の複数の次元、つまり人間的、社会的、宇宙論的、個人的次元にかかわり、それらを関連づけている。キントゥとナンビが結ばれたことによって、人間が死すべき存在になると同時に、婚姻と氏族の制度に支えられた社会が成立し、天界、地上界、地下界が分離して三層構造の世界ができあがった。

社会構造の観点からは、キントゥがガンダ社会の大黒柱である父方の氏族を代表し、ワルンべは母方の氏族（つまり姻族）を代表する。また、至高神は人間にとって母方の祖父で、冥界の主ワルンべは母方の伯父だ。人間はまさに宇宙の諸領域の結節点であり、ミクロコスモスである。

ガンダ人による神話の解釈

これは「キントゥの子孫は不滅である」という格言の由来を示すものとして伝承されていた物語だが、植民地体制下で注目を集めて文字化されると、ガンダ人たちは新たにさまざまな解釈を試みるようになった。代表的なものを二つ紹介しよう。

キリスト教徒は、アダム神話との類似に注目して、ググルを創造主（ゴッド）に、キントゥを祖人アダムに、ナンビをイヴに、ワルンベを創造主に反抗したサタンに、カイイクウジを救世主キリストに、それぞれ対応させた。ナンビとイヴは、食物にかかわる誘惑に屈して人類に死をもたらした点で似ている。死は不従順に対する至高神の罰であり、至高神の命令に背いたナンビがこの世に悪と死をもたらしたのだ。

ガンダ人はこう解釈することで、聖書とガンダ神話は同じことを別のかたちで述べており、宣教師たちは新しい教えをもたらしたのではなく、ガンダ人がすでに知っていたことを思いださせたにすぎない、と主張しようとしたのである。

しかし、この解釈には無理がある。男のキントゥが穀物をとりに戻ったという伝承も少なくないからだ。それらの伝承によれば、キントゥは天の王の寵臣で、しばしば宴会に招かれては、地上で待つ身内の者たちに土産をもって帰った。王は忘れ物をとりに戻ることを禁じていたのだが、あるとき、したたかに酔ったキントゥは、トウモロコシを忘れてきたことに気づいてとりにいった。王は、不服従への罰を与えるために、部下の一人をキントゥに同行させた。その部下の名は「死」であった。ここでも、不服従と穀物の獲得と死の発生がセットとなっているが、神の命令に従わなかったのは男であり、宮廷に役職をもつ族長キントゥだ。

もう一つの有力な解釈は、キントゥとナンビの結婚に着目する。十九世紀後半にブガンダ王国の宰相の地位にあり、みずから歴史伝承を精力的に記録したムリラは、最初、旧約聖書をモデルとして解釈したが、独立後に、婚姻儀礼の起源の物語として解釈しなおした。

ムリラによれば、キントゥとナンビの結婚は、この世ではじめての結婚であり、ガンダ社会の結婚の範型である。ガンダ人たちは今も、この二人がふんだ手順にしたがって結婚する。つまり結婚に際して、女の兄弟は手筈をととのえ求婚者を父に紹介し、女の保護者としての役割をはたす。

求婚者は女の父に婚資（結納）として牛を与え、さらに一定期間労働奉仕する。新婦の父は、娘夫妻が家庭生活をはじめるのに必要なものを与える。新婦は、婚姻の儀礼が終わって最終的に新郎の家へ行くとき、ナンビのように、頭に鶏をのせていく。新婦の兄弟は、ワルンベと同様、新郎の家を訪ねて姻族の絆を固める。生まれた子どもの一人は、義理の親や義理の兄弟の家へ手伝いに出し、数年たつと二頭のヤギと引き替えに戻してもらう。これは、神話をガンダ社会の憲章とみなす解釈である。

結婚と死

イギリスの人類学者ベンジャミン・レイも婚姻に注目するが、その観点はムリラとは異なる（Benjamin Ray, *Myth, Ritual, and Kingship in Buganda*）。この物語はたんに婚姻儀礼の青写真を提供するだけでなく、社会と世界観の基本的な骨組みとかかわっている。ガンダ社会は父系の親族集団だが、互いに婚姻によって結ばれることで成立する。親族の絆と姻族の絆がガンダ社会を織りなす。

しかし、親族の結束と姻族とのつながりは、つねに調和するとはかぎらない。たとえば『古事記』のなかで、夫である天皇と兄サホビコのあいだで苦悩するサホビメの姿は私たちにも親しい。この主題を死の起源とたくみに結びつけている点に、キントゥの物語の特徴がある。

レイはこの神話に「婚姻のはじまりは死をもたらしたが、人間は婚姻と死によって真の意味で人間的な存在たりえている」というメッセージを読みとる。

この神話は、「婚姻制度が存在する／婚姻制度が存在しない」「人間が死ぬ／人間が死なない」という二組みの対立命題によって構成されていて、「婚姻制度の存在」と「死」、「婚姻制度の不在」と「不死」がそれぞれ結びついている。結婚もせず死にもしないのは、神人分離以前つまり人間前史の状態であり、死すべき存在が結婚によって子孫を残すのが、神人分離以後つまり今日の人間のあり方だ。ガンダ社会の制度に即していえば、父系の絆だけに固執するなら（つまり異質なものとの交流＝婚姻を拒否するなら）、人間的な生も社会も存在できない。父系の絆と姻族の絆の矛盾を克服してはじめて、死を前提とする人間的な生と社会が可能になる。

この観点から登場者たちの言動を検討すると、至高神ググルが、息子で新婦の兄のワルンベに内緒でことを運ぼうとしたのは、妻方の利害代表者を排除しようとしたことであり、ガンダ社会の婚姻制度の否定に通じる。キントゥが、ナンビがひき返すのに反対したのもこれと同じ意味をもつ。あえてひき返そうとしたナンビは、死を受け入れることによって婚姻制度を成立させようとしたのだ。キントゥはまた、ワルンベに子どもを差しだすことを拒否することによって、姻族としての義務を否定した。そして、ワルンベ（死）こそは、二人に同行しようとし、さらには子どもを要求することによって、一貫して婚姻制度の実現に固執している。

あらためて確認しておこう。創造主ググル（至高神）とガンダ社会の権威と権力を象徴するキントゥは、この世のはじめに一度は婚姻のはじまりを阻止しようとした。つまり人間的生と人間社会を否定した。これにたいして、死（ワルンベ）と従属的な立場にある女性の代表であるナンビとは、婚姻制度をはじめようとした。つまり人間的生と人間社会を肯定した。しかし最終的には、個人の不死ではなく集団（父系集団）の不死を選ぶことによって、二つの原理を統合したのはキントゥである。

神話のまなざしは、権威や権力と人間的生や社会との緊張をはらんだ微妙な関係に注がれているのだ。

付言すると、「私は子孫を絶やさない」というキントゥの最終宣言は、『古事記』でイザナミが、一日に千人殺すと言ったのに対抗して、イザナギが一日に千五百人生むと宣言したことを連想させて、興味ぶかい。

結婚と鶏

鶏に着目すると、ナンビがはたした役割の重大さがさらにクローズアップされる。

ガンダ社会では、姻戚関係を結び維持するために鶏が欠かせない。かつては、新婦の父はかならず新婦に雄鶏を持たせた。婚家につくと新婦は敬意の徴《しるし》としてその雄鶏を新郎に与え、新郎からそれを改めて与えられると、料理して婚家の女たちに供する。これによって新婦は正式に妻として認められるのである。

その翌日、今度は新郎が雄鶏をたずさえて新婦の実家に義理の兄弟を訪ね、みずからこの雄鶏を料理して義理の兄弟とともに食べる。これ以後、義理の兄弟が訪ねてくると、夫はいつも雄鶏でもてなさなければならない。

男があやまって義理の母の体に触ったときは、タブー侵犯によって生じた不浄を祓《はら》うために、鶏を供犠《くぎ》しなければならない。そのほか、夫が戦争から帰ると、妻は鶏の料理を出さなければならず、また夫婦喧嘩の後では、妻は和解の徴に夫に鶏を贈る。

このように、ガンダ社会では鶏なしには姻族と付き合うことができない。もしナンビが餌を取りにひき返さなかったら、地上で鶏を飼うことができず、したがって姻族の関係もなかっただろう。この解釈にたいしては、鶏は放し飼いにされるのだから、穀物の餌など必要ないという反論はあるものの、「穀物をとりに戻るというナンビの行為、つまり至高神の命令に反して死を招く行為がなければ、地上に鶏はなく、したがって鶏を不可欠とする婚姻制度もありえなかった」という論法は十分成り立つだろう。

関連して一つだけつけ加えておくと、ガンダ社会の始祖であり最初の家父長であるキントゥの物語とされるわりには、ナンビの印象がつよい。少なくとも前半部分では、決定的な一歩を大胆に踏みだすのはいつも彼女である。ナンビこそが人間的生と人間社会への引き金をひいたのであり、彼女もまた天地分離のきっかけをつくった始原の女たちのひとりなのだ。

人間を人間にしたのは服従か不服従か?

「不服従」もこの神話の主題だ。夫と妻、妻の兄弟や妻の父と夫、親と子といった基本的な社会関係における権威と服従は、ガンダ社会を支える基盤であり、それに反することは社会にたいする反逆である。とくに、親にたいする子の服従は、すべての権威—服従関係のモデルとなっている。

この観点からは、キントゥの物語は、権威にたいする不服従が悲惨な結末(死の発生)をもたらしたという教訓物語のようにも思われる。ナンビは父ググルと夫キントゥの忠告に従わず、キントゥは義理の兄の要求に応じず、子どもたちは伯父カイイクウジの外出と発声を禁じる命令に従わなかった。「ああ、あのときナンビが父の忠告に従っていれば、あの子どもたちがカイイクウジの命令に従っていれば、この世に死というものはなかったのに……」という思いが、聞く者の胸をよぎるだろう。実際、ガンダ社会では、大人が子どもたちに服従の大切さを教えるためにこの物語を話して聞かせることがある。

だが、これまで述べたところからも明らかなように、キントゥの神話は、単純な教訓物語ではない。たしかに、ナンビが父の命令に背かなければこの世に死は生じなかった。だがそうなれば、婚姻もなく、したがってまた人間社会もなかっただろう。神話のメッセージに疑問の余地はない。不服従と反抗こそが、われわれが生きている世界をつくりだし、人間を人間にしたのだ。つまり死や災厄に脅かされながらも、地上で自律的な生活を営む存在にしたのだ。ここには、道徳的な教訓物語と神話の違いが端的に表れている。

私たちはともすれば死のマイナス面だけに注目しがちだが、もし死がなければ、つまり人間が死ななければ、人間生活は今とはまったく異なるものになるだろう。今ある人間の生活に基本的なかたちを与え、支えているのは死なのだ。神話は人びとをジレンマに直面させ、安易な二者択一や思考停止を許さない。

権威と反抗について考えていると、神話と近代的風潮の大きな違いが気になってくる。呼び方はどうであれ、権威あるいはそれに類したものなしに多少とも安定した人間生活を維持することは不可能だろう。人間は文化的動物だ。ということは、後天的に身につけ共有する観念や価値観や規範なしには存続できない動物だ、ということだ。こうした意味での文化の伝承は、ある種の権威なしには不可能だから、権威は人間にとっての基本的な要件であり、それだからこそ、神話は権威という主題にこだわるのだろう。

近代的常識はこの点をどう考えているのか。近代化とともに、権威にたいする安易な軽視の言説と風潮が流布した。ところが奇妙なことに、現実には権威主義の近代的変種がおおいにはびこり、「画一化」や「思考停止」や「依存」が現代社会の特徴になっている。私たちは権威について生活のなかで深く考えることをやめたために、かえって権威を吟味する眼や、いかがわしい権威への抵抗力を失ったのではないだろうか。

死と王権

この点に関連して参考になりそうなことを、一つだけあげておこう。ブガンダ王国に隣接していたブニョロ王国の神話では、王権の起源と死の起源が同じコインの表裏とされている。

ガンダ神話で、婚姻のはじまりがもたらした死が人間を人間たらしめたように、ブニョロ王国をつくったニョロ人の神話では、王権と死が人間を人間たらしめたことになっている。ニョロ社会における権威については、イギリスの人類学者ビーティの報告がある。政府や統治に相当するニョロ語はブレミだが、この語は、ビーティによればニョロ社会を理解するためのキーワードで、「支配する」「統治する」「権威を及ぼす」という意味と同時に、「厄介だ」とか「重荷になる」という含意がある。だれかを「支配する」ことは、その人の「重荷になる」ことと同一視される。「王は人民をブレミ（支配）する」、「主人は召し使いをブレミ（支配）する」。これらは、「王は人民の重荷だ」、「主人は召し使いの重荷だ」と言い換えることができる。手に負えないものごとについても、「それは私をブレミ（支配）

する」という。

ニョロ社会の「ブレミ」は、人間を人間たらしめ、社会を社会たらしめる基本的な力（原理）なのだ。それは、王を頂点とする封建的・階層的な政治組織にとどまらず、社会のあらゆる側面に浸透している。夫と妻、父と子、義父と義理の息子、母方のおじと甥〔おい〕など、権威と服従の関係についてはつねに「ブレミ」という語がついてまわる。だが、「ブレミ」という語を、私たちの支配、権威、重荷などの語で単純に解釈してはならない。この語では肯定・否定の両面は分かちがたく、権威―服従の関係を、いわば人間社会の原罪とみなす観念と態度を表している。それゆえ「ブレミ」を表現し伝達するには、神話が必要なのだ。王権の起源と死の起源を結びつける神話は、「ブレミ」の関係の原型・源泉としての王権にたいする、この両面的な理解を表現している。

ニョロ神話の「ブレミ（権威や支配とそれへの服従）がなかったら、死もなかったが、人間的生もなかった」と、ガンダ神話の「反抗がなかったら、死もなかったが、人間的生もなかった」は、同じ真実の異なる側面を述べて互いに響き合う。このように権威、権力、反抗、尊敬、服従に関しても、神話は一筋縄ではいかない。

神話は、矛盾するかにみえる二つの真実を統合して生きるという課題に人を直面させる。さまざまな語り手が、キントゥの話を肩の凝らない娯楽として、炉端で、中庭で、野外の木陰で、それぞれの工夫と技量を傾けて生き生きと語る。娯楽としての物語が聞く者をジレンマに直面させて、権威、権力、反抗、尊敬、服従について思いをめぐらすよう誘う。あるいは、権威と服従をめぐるみずからの経験を反芻するよう誘う。ここでも神話は、直接答えを与えるよりはむしろ、人間的生の基本的問題に人を直面させ、問題に立ち向かうための力を涵養する。くり返しになるが、ここに神話的物語と道徳的なお説教との違いがある。

建国者としてのキントゥ

だいぶ寄り道をしたので、キントゥに話を戻そう。ポピュラーなキントゥ物語とは別に、宮廷で伝承されてきた王朝史ではキントゥは初代の王とされている。

ナンビと結婚したキントゥは、一族をつれてさまざまな土地に移り住んだ。それぞれの土地に子孫のだれかを残して次の土地へ移動した。そのような放浪の途上でブガンダの地にやってきたキントゥは、土地の有力者に、暴君である大蛇を倒してくれと頼まれた。

そのとき、土着の亀の一族が助力を申し出たので、キントゥはこれを受け入れた。亀は部下とともに蛇の王宮へ出向いて、不死をもたらす（死に打ち勝つ）力をもつ呪術師だと名のった。

「私たちの頭と手足は、夜になると消え、朝になるとふたたび現れる。それが私たちの不死の秘密だ」

夜になると、亀たちはみな手足を甲羅のなかに隠し、朝になるとふたたび現した。次の夜がくると、蛇は「不死の力がえられるよう、お前たちと同じように頭と手足を切ってくれ」と頼んだ。亀の一隊は、蛇たちの頭と手足をはねると、すぐキントゥに敵を滅ぼすことに成功したと報告した。

かれらは蛇の王宮の炉の火を消し、遺体の埋葬を終えると、蛇の首をキントゥに捧げて王に即位するようもとめた。キントゥは、王宮で首とともに一夜を過ごしたのち即位し、それぞれの氏族にトーテムと役職や領地を与えて、新しい王国の体制を創設した。これがブガンダ王国のはじまりだ。

歳月が流れ、あるときキントゥ王は妻ナンビと宰相キソロに留守をあずけて王国内を巡回する旅にでかけた。

留守中ナンビは間違いを犯して身ごもった。気づいたキソロは相手の男を捕らえて投獄しておいたが、キントゥ王が戻ったとき、疲れているだろうとすぐには報告しなかった。ナンビの腹が膨らんでいるのに気づいて激怒したキントゥ王は、キソロが犯人だと勘違いして、事情を説明しようとするキソロを槍で刺し、キソロは逃亡した。

事情が分かって、慰留のために使いの者にキソロを追わせ、キソロは説得されてひき返そうとしたが、槍の傷のせいで途中で死んだ。キントゥ王は自分の過ちで宰相を死なせたことを恥じて、森に姿を消した。かれの霊は、その森につくられた社の聖域に宿り、歴代の王や宮廷の神官がまつっている。キントゥ王の子孫であるブガンダ王国の歴代の王についても、王が死んだとは言わず王が「隠れた」と言い、その霊は「森」とよばれる聖域に宿る。

これは、王の系譜を核とする長大な王朝史の冒頭の部分である。地元の有力者たちの要請と支持によって、暴君を打倒して即位したということで、外来の王朝の正統性を根拠づけるとともに、ガンダもしている。

王の即位式と葬儀の原型を示し、また、それぞれの氏族のトーテムと権利義務を根拠づけるはたらき

「悪」や「愚」として描かれる土着の勢力を外来の英雄がトリックを用いて滅ぼすところは、次章でとりあげるルバ人の王権起源神話や、『古事記』のスサノオやヤマトタケルとも似ている。

多数の氏族の集合体であるガンダ社会では、必要なことは王朝の始祖であるキントゥが、どの氏族にも属さない外来者であること、土着の権力を打倒したこと、つまり氏族制度の外にあってそれを超える存在ということだったのだ。キントゥは各氏族にトーテムを与えたが、王家だけはトーテムをもたないということにもそれが表れている。

イギリスの歴史学者クリストファー・リグリーは、キントゥの物語が、諸集団や王家の既存の歴史伝承が整理統合されたあと、最後に付加された経緯を明らかにした（Christopher Wrigley, *Kingship and State: The Buganda Dynasty*）。伝説的あるいは歴史的な王朝史の前に神話的伝承を付け加えることは、アフリカではよく見られることで、関係者は二つの部分を区別している。『古事記』でいえば、神代編と人代編の関係にあたるだろう。

リグリーはまた、歴史的事実とされていた王の系譜についても、それぞれの時代の政治的状況と神話的物語を組み合わせて、何回もつくり直され、次第に形をなした過程を再構成してみせた。これは、ガンダ人がヨーロッパ人の歴史観に倣って、ヨーロッパ勢力に対抗する拠り所としてつくりあげた王国史を、ヨーロッパ発の新しい歴史観によって批判し相対化し解体した例といえる。

余談になるが、このエピソードは日本人にとっても他人事ではない。日本ではいまだにヨーロッパ発の学問や思想の「代理戦争」が行われている。たとえば、ヨーロッパ列強の圧力に対抗して独立を護るために、内発的変化によらずに彼らに学んでつくりだした「近代的」制度を、ヨーロッパ発の別の思想に依拠して「封建的反動的」と攻撃するというようなことだ。

こうした「代理戦争」が、社会と思考にどれほど混乱をもたらしたことか。日本人だけではない。近代ヨーロッパ文明と遭遇した諸民族は、世界のいたるところでこのような政治的思想的な「代理戦争」を経験してきたのだ。近代ヨーロッパ文明に遭遇するということは、そういうことなのだ。

祖人＝狩人としてのキントゥ

王朝史の冒頭に神話の森の住人キントゥを置くことで、王権を根拠づけることができるかもしれない。だがそれは同時に、王権の正統性や権威の確立という政治的思惑にとっては、必ずしも好ましくない効果をともなうこともある。起源神話は、ものごとに内在する矛盾に目を向けさせ、ラディカルな（根底的な）思考をひき起こし、この思考は王権にも向けられることになるのだから。

始祖であるキントゥの身元について、王朝史はこれ以上語らないが、ガンダ社会には、キントゥを「祖人＝狩人」として次のように描く伝承もある。

放浪中のキントゥは、キャンプ地に妻のナンビと宰相キソロを残して、その地方を偵察する旅にでた。そのときまで、人間は農耕も生殖も知らなかったのだが、留守のあいだにキソロは植物の栽培をはじめ、またナンビを妊娠させた。

家に戻ってナンビの腹が膨らんでいるのに気づいたキントゥは、キソロに何が起こったのか尋ねた。事情を知って腹を立てたキントゥは、槍でキソロの太股を刺しつらぬいた。傷ついたキソロは、呪いの言葉を投げつけて姿を消した。「あなたは、長く地上にとどまらないし、二度と私を見ることもないだろう」。思いなおしたキントゥは、使いの者にキソロを追わせ、キソロはひき返しかけたが、キャンプのあたりで野焼きの煙が立ちのぼるのを見ると、にわかに向きを変えて原野の彼方に逃げ去り、今もそこにとどまっている。キントゥ自身も、その後まもなく森の奥ふかく姿を消した。

キントゥの出自は？

さて、このキントゥとはいったい何者なのか。キントゥの身元を探るために、主要な登場者の身元を洗ってみよう。

キントゥの妻ナンビ。ナンビのあだ名は「耳穴」で、またキントゥの妻を「耳」と呼ぶ伝承もある。東アフリカには、罠にかかった耳の大きい女を救ってお礼に富を与えられた狩人や、ゾウの耳をもつ女神の話もあるので、ナンビの「耳」はゾウの耳ではないかと推測できる。一章でもふれたように、ゾウはしばしば野生の世界の主であり、原野に濃密にのこる始原の力の体現者である。ゾウとつながりがあるナンビを妻にしていることは、キントゥが元来、野生の世界と特別に親密な関係をもっていたことを物語る。

南隣のタンザニア共和国にも彼の同類がいる。共和国の北東隅に住む農耕民シャンバアの王国起源伝承によると、初代の王は原野を放浪する狩人であり、ライオンを友とし、雌ゾウを性の相手とし、また近親相姦を犯す妖術者であった。村里に入ってからは狩りの獲物で人びとをもてなしたり、敵から守ってやったりすることで、人望をえて王に推された。かつて私は、この話の「ゾウを性の相手として」という箇所を、野性を強調する誇張された比喩的表現と思っていたのだが、それは「祖人＝狩人」と「野生の世界の主」の関係という神話を背景にもっていたのである。

次に、キソロとキントゥ。野焼きの煙を見て原野に逃げ去り、そこに留まりつづけているキソロとは何者なのか。じつは、「キソロ」（Ki-solo）は、野生動物（n-solo）から派生した語で、キソロの正体は擬人化された「野生動物」、あるいは「野生動物の主」と解釈できる。キソロが恐れた煙は、野生動物を狩り出すために原野を焼く煙であり、狩りの象徴だったのだ。

これにたいして「キントゥ」（Ki-ntu）は、人間（mu-ntu）から派生した語で、キントゥとよばれる存在は、元来、人間の原型としての「祖人」なのである。それゆえこの物語は、人間と野生動物の分離の物語で、同時に農耕と生殖と暴力と死の起源の物語でもある。農耕と生殖をもたらしたのは原野の世界に属する動物の主キソロであり、初めての暴力を導入したのは祖人＝狩人のキントゥである。死は、キントゥの攻撃を受けたキソロの呪いに由来する。野生の動物と人間の役割が、私たちの常識とは反転していることが、第三章のバグレ神話などを連想させて興味ぶかい。

今日、キソロの子孫とされている人びとがまつる「カワウソの主」は、人間に生殖と農耕をもたらした雨の神だ。そしてこの雨の神は、若い戦士で膝に槍の傷跡をもつと伝えられているので、キソロの化身ではないかと思われる。

もうひとりのキントゥと世界のはじまり

ガンダ神話では、至高神や世界のはじまりとキントゥの関係ははっきりしないが、隣のブニョロ王国の王朝起源伝承では、キントゥは世界のはじまりの物語に登場する。

ブニョロ王国は、大湖地方の他の諸王国にさきがけて十七世紀半ばに最盛期を迎えて、この地方の大部分を支配下に置いた。のちにブガンダ王国に凌駕されるが、起源神話からは、他の諸王国にたいして本家的な位置を占めていたことがうかがわれる。ブニョロ王国は、ウガンダが独立して一九六六年に共和国になると同時に、第二六代の王をもって消滅した。

ブニョロ王国の起源伝承は、テンベジ王朝、バチュウェジ王朝、ビト王朝という三つの王朝の交代の物語だ。最初にテンベジ王朝がキタラ王国（七世紀から十二世紀）を建国した。創造主ルハンガに直接つながる神話的王朝で、実在したかどうかについてはなお議論が分かれている。次のバチュウェジ王朝は、肌の色の明るい北方系の牧畜民の王朝。最後は、北方のルオ語系牧畜民に起源をもつビト王朝で、ブニョロ王国を建国した。

ブニョロ王国の王朝起源伝承にはキントゥが登場する。

太初《たいしょ》には、天も地もなく、虚空に至高神ルハンガと弟のンキャだけがいた。ンキャが、被造物のない世界は退屈だと不平を言うので、ルハンガは天と地を創造した。ルハンガが石を放ると太陽となった。太陽の熱がンキャを苦しめたので、ルハンガは太陽を西に沈めた。闇のなかに石を放ると白く輝く月になった。ンキャは太陽と月の出現を喜んだが、それだけでは満足しなかった。ルハンガはンキャを眠らせ、夜明けを告げる鶏を創った。夜が明けると、ンキャが日陰で休めるよう木や草を茂らせた。そのころは天と地は接近していて、二本の樹木と鉄の柱で支えられていた。

あるときルハンガは、ンキャを地上に残して天界の様子を見にいった。天界で手を洗うと、水が落ちてンキャを濡らした。これが雨のはじまりだ。ンキャに、木の枝を折って、雨露をしのぐ小屋をつくることを教えたが、彼は木の枝を折ることができなかった。

そこで石を割って、ナイフと斧と槌を創って与えた。ンキャが眼を楽しませるものをほしがるので、花と灌木と昆虫と野獣を創り、ンキャが淋しがるので、家畜として山羊と羊を創ってやった。ンキャが胃袋は何のためにあるのかと言うので、牛を創り、木の椀を与えて、牛乳を飲ませた。ンキャは牛乳も好んだが、もっと固い食物もほしがったので果樹を栽培し、石を打って火をおこし、土器を創って、食物を調理してやった。

そこでルハンガはンキャに言った。「これで地上の生活に必要なものはそろったが、胃袋は額に汗して働くことを強いて、苦しみや盗みのもとになるから、人間が胃袋の言うことに耳を貸さないよう、食欲はとり除いた方がいいのではないかな」。ンキャは、「人間を従わせることができるのは胃袋の命令だけだから、胃袋の言葉である食欲は残しておくべきだ」と答えた。

そこでルハンガは、口が一つで中が二つに分かれた袋の中身、つまり飢えと恵み（食物）を地上に撒いた。

農民・牧畜民・王の発生

ンキャには四人の息子がいた。長男はカントゥ（キントゥと同じ）と名づけられたが、下の三人には名前がなくて、たんにカナ（子ども）と呼ばれていた。それではまぎらわしいので、ンキャは至高神の兄ルハンガに、それぞれに名前をつけてくれるようたのんだ。そこでルハンガは三人に、食物とそれを頭にのせて運ぶための草で編んだ輪、革のひも、牛の三つのうちから好きなもの選ばせた。次男は食物と輪を、三男は革のひもを、四男は牛を選んだ。

次に、牛乳をみたした壺を一晩中捧げもたせたところ、次男は牛乳を全部こぼしてしまい、三男はほんの少しだけこぼし、四男はまったくこぼさなかった。そこでルハンガは、次男をカイルと名づけて農夫に、三男をカヒマと名づけて牛飼いに、四男をカカマと名づけて王にした。カイルの子孫はイルとよばれる農民で、カヒマの子孫はヒマとよばれる牧畜民で、カカマの子孫は王族である。

第一王朝の成立——祖人と不死の王たち

こうしてカカマは、第一王朝であるテンベジ王朝の初代の王となった。仕事を与えられなかった長男のカントゥは腹をたてて、世界を混乱させてやろうと考えた。この考えを察した至高神のルハンガは、弟のンキャを連れて天上へ去って、天の支柱をはずした。鉄の柱は倒れて砕け、人間たちは飛び散った鉄の破片を道具や装身具に用いはじめた。支柱を失った天は、地から離れてはるか上方へと昇っていった。神が地上を去り天地が分離すると同時に、人間は鉄器を手にしたのである。

至高神ルハンガの去った地上を統治したテンベジ王朝では、カントゥが人びとの心に働きかけて混乱と逸脱の種をまきつづけ、そのために世の中に悪がはびこったので、カカマは息子のババに王位を譲って姿を隠した。

ババの統治のもとで国はおおいに栄えたが、カントゥはまたもこの繁栄を壊そうとルハンガのもとへでかけて、地上の生き物たちの食欲をとりあげるよう求めた。求めに応じてルハンガが食欲をとりあげたので、生き物たちは食物を口にしなくなり、しだいに衰弱した。事情を知らないババは、この事態がルハンガのせいだと考えて、心のうちでルハンガを罵《のの》った。

カントゥがババの心のうちを察知して、さっそくルハンガに告げ口したので、ルハンガは怒って口は一つで中が二つに分かれた袋から、病と飢えを地上にまき散らした。生き物たちの食欲は元に戻ったが、こんどは病気が人間と動物を襲い、王子のひとりが死んだ。ルハンガがンキャに、死んだ王子を四日後に生き返らせるべきかどうか相談したところ、ンキャは、永遠に死んだままにしておくべきだと答えた。それからは、地上の生き物はすべて死ぬ定めとなった。

しかし、ババ、ンコンコ、ンゴンザキとつづいた王たちは、いずれも死ぬことなく、統治を終えるとどこかへ立ち去った。ンゴンザキの後を継いだイサザ王は、冥界の王女と結ばれるが、冥界の主に捕らえられて冥界に幽閉され、テンベジ王朝はこれをもって途絶えた（ウガンダ共和国・ニョロ人）。

第二王朝の成立―神々しい王たちの没落

テンベジ王朝最後のイサザ王と冥界の王女のあいだに生まれたイシンブワを父とし、平民の女を母とする若者が、第二王朝チュウェジの始祖ンダフラ王となった。チュウェジ王朝の人びとの肌は明るく輝き、超人的な知恵と能力をもち、神的な威厳と魅力をそなえていた。彼らは、人びとの福祉に心をくばり、優れた技術でダムを築いたり石の橋を架けたり、大がかりな土木工事を行った。その遺跡はいまも残っている。

しかし、チュウェジ王朝もたいへんに短命で、一説によれば、ンダフラ王とその子ワマラ王の二代で終わった。優れた人びとが活躍していたにもかかわらず、ワマラ王の治世になると王国はさまざまな混乱や凶事に見舞われた。とくに、チュウェジにたいする臣下の尊敬の態度が薄れ、反抗的な振舞いがはびこるようになった。その背後には、自分自身の場所をもたないカントゥの隠れた策謀があったのだ。

人びとの尊敬が得られなくなったと悟ったワマラ王は、チュウェジの臣民を従えてブニョロ王国を去った。チュウェジたちがどこへ行ったのかはだれも知らない。チュウェジたちは、憑依霊として人びとを助けることができるよう、王国を立ち去るにあたって憑依霊の祭祀を人びとに教えておいた。姿を消したチュウェジたちは、その後、憑依霊として戻って、今日にいたるまで人びとを守護している。ワマラ王は死をつかさどる神としてまつられている。

祖人の「人間性」

チュウェジ王朝の後をビト王朝が継ぎ、ブニョロ王国を建国した。その初代の王は、地上で死んだ最初の王であった。ビト王朝とともに、死すべき人間による統治がはじまったのである。王朝伝承はまだつづくが、カントゥが暗躍するのはチュウェジ王朝までである。

はじまりの物語に登場する「ンキャ」の名は、語義的には「夜明け」を意味し、ンキャが天地分離とかかわっていることを示している。曙光とともに闇のなかから徐々に広大な天と地の姿が現れ、やがて蒼穹《そうきゅう》とサバンナ（大地）に分かれてゆく。ンキャが次から次へと要求をだすことで創造がすすむところは、一章で紹介した天地分離の物語の祖人を連想させる。祖人的な性格がここでは、至高神の弟（ンキャ）と甥（カントゥ）に分化していると考えてよいだろう。

ンキャが登場せず、至高神ルハンガと祖人としてのカントゥだけが登場する伝承もある。ンキャとカントゥは互換可能なのだ。カントゥは至高神にたいする反抗者であり、悪と混乱の導入者である。カントゥという名前はムントゥ（人間）と同じ語幹をもち、「小さい人間」を意味する。カントゥは、多くの天地分離神話に登場する祖人や女に見られるのと同じ「人間性」を具現しているのだ。ルハンガと弟ンキャが天上へ去り天と地が分離したのが、カントゥのせいであっただけでなく、テンベジ王朝やチュウェジ王朝の王たちが姿を消したのも、死すべき人間が統治するビト王朝が成立したのも、カントゥの策謀によるところが大きい。

カントゥは一見ひねくれ者の悪役のようだが、神と人間が分離して、地上に人間の世界が確立するまでのプロセスを推し進める役割をはたしている。

天地分離の過程としての王朝史

世界の創造からビト王朝（ブニョロ王国）の成立にいたるまでは、天地分離が進行する過程として解釈できる。神人分離、天地分離の過程は、テンベジ、チュウェジ両王朝の時代に徐々に進行し、チュウェジ王朝の終焉によって完了した。テンベジ、チュウェジの二王朝は、世界の始原と、死すべき人間が統治するビト王朝とをつなぐ仲介者もしくは移行期とみなすことができる。

各王朝の歴史伝承のなかには、天地分離の神話でおなじみのエピソードがくり返しでてくる。至高神ルハンガと祖人カントゥがキソロとよばれるゲームをしていたとき、カントゥがいんちきをしたのでルハンガが怒って地上を去った。祖人のトリックスター的性格が垣間見られるエピソードだ。

チュウェジ王朝の初代の王も、ビト王朝の初代の王も、ともに父を通じて前の王朝とつながっているけれども、母方は、平民や未開な異邦人だった。カントゥとともに異族との婚姻も、王朝の交代つまり人間世界確立へのプロセスを進めることに寄与したのだ。母方の伯母に罵られて腹を立てた王が姿を消したため、終わりを告げた王朝もある。カントゥとともに女（しかも姻族の女）が王朝交代劇の舞台回しの役をになったのだ。

チュウェジ王朝の最後の王であるワマラは、今日、死をつかさどる神としてまつられている。王権（権力）は人間的秩序をもたらしたが、それは死のはじまりでもあったのだ。先に述べたように、ガンダの神話によればこの世に死を導入し、人間を今日あるような人間にしたのは原初の「反抗」あるいは「不服従」だった。

人間的秩序への移行期としてのテンベジ王朝とチュウェジ王朝の時代を語る伝承の語り口は、相反するニュアンスをふくんでいる。一方では、神的な知恵と能力をもつ王が統治する理想の時代として語られ、他方では、カントゥの影響で混乱がまして崩壊にいたる過程として語られる。こうした天地分離の過程が、現在の世界や王権に刻印を残しているというのはいかにも神話らしい認識だ。

第六章

虹と雷雨の戦い

——コンゴ・ルバ人の神話

中央アフリカのサバンナ地帯では、それぞれの集団の神話が相互に関連して、ひとつづきの広大な神話圏をかたちづくっている。……住人たちは、ルバ人をふくめて、自分たちの神話と隣人たちの神話のあいだに差異を生みだすことに熱心で、共通の主題や素材を用いいながら、論理的な変換を行うことで多様な神話を生みだしている。

ルバ人とルバ王国

ルバ人は、中央アフリカから南・東アフリカにかけてひろく居住するバントゥー系諸族に属する。ルバ語は、リンガラ語、スワヒリ語、コンゴ語とともにコンゴ共和国の国語に採用されている。バントゥー諸族の起源地はおそらくナイジェリアとカメルーンの国境あたりで、紀元前後にコンゴ盆地の熱帯雨林に住み着いたと思われる。

ルバ人がさらに南下して現在のコンゴ民主共和国南部のシャバ州にあたる地域に定着したのは、紀元八、九世紀ころのことだった。そこは、コンゴ川の支流や湖や沼が複雑に入りくむ広大な低地で、さまざまな資源に恵まれていた。ルバ人たちは、焼畑農耕や漁労のかたわら、鉄や銅、湖沼でとれる塩などの交易に従事した。やがて各地の特産物を交換する交易網が発達し、それは大陸を横断して象牙や金などをインド洋沿岸の諸都市にはこぶ長距離交易路にもつながった。

大西洋岸からタンガニーカ湖西岸にかけて広がる中央アフリカのサバンナ地帯では、十世紀前後から、交易路の秩序と安全の維持を受けもつと同時にみずからも大規模な取引にたずさわる勢力が王国を形成し、コンゴ、クバ、ルバ、ルンダ、ベンバなどの諸王国が、興亡の歴史をくり広げた。

ルバ人の王国は、十五世紀末には諸王国を影響下におく帝国へと成長した。十八、九世紀のルバ帝国は、中央アフリカで最大の規模をほこり、現在の国名でいうと、コンゴ民主共和国中部の森林地帯の南縁からザンビア共和国北部にいたる地域を勢力圏としていたが、十九世紀末に、アラブの奴隷狩りや西欧列強など外部勢力の圧力や内部の王位継承争いなどの結果、弱体化し解体した。

その延長で現在、この地域ではレアメタルなどの資源をめぐり勢力が入り乱れて戦闘を繰り返している。私たち日本人はそうした資源を消費はするが、そこで起こっていることにはあまり関心を示さない。

さて、かつてのルバ王国の王は、アフリカによくある神王（あるいは神聖王）だった。神王は、始祖から伝わる神秘的力を宿している。その力は国の活力の源となって人びとに恵みをもたらすが、不用意に接すると破壊的な影響をおよぼす。そのために王国の制度の中核は、神王の力を統御し活用するための複雑な制度からなっていた。神王をめぐるさまざまなタブーがその重要な部分だ。王の候補者を即位式前に王とよぶこと、臣下が王の身体に触れること、王が裸足で地面を踏むことなどはタブーとされていた。王の身体が衰えると、始祖から継承した神秘的力に悪影響がおよばないよう、王を殺してその力を壮健な新王の身体に移さなければならなかった。

神聖王権の起源神話

神聖王権には起源神話が欠かせない。起源神話は神聖王権を「正統化」するためのたんなる手段ではなく、神聖王権の本質的な構成要素となっている。神話ぬきの神聖王権はありえないのだ。王朝史ではまず王権の起源神話が語られ、歴史的・伝説的な部分がそれにつづく。

はるか昔のこと、いつのころからかコンゴ河の東岸に、「小屋づくり」という名の男と、「土器づくり」

という名の女が住んでいた。二人はハイエナが交尾するのを見て、初めて性交ということを知り、男女の双子を産み、その双子もまた男女の双子を産んだ。こうしたことが何代かつづくうちに、人びとはコンゴ河を越えて西岸に定着した。そこは河川が縦横にはしる低湿地で、人びとは漁労や罠猟や落とし穴猟で暮らしていた。

やがて、双子でない男の子と二人の妹が生まれ、男の子はンゴンゴロ（虹）と名づけられた。成人したンゴンゴロは、アカアリ（軍隊アリ）の小さな群れがはるかに多勢のシロアリを圧倒しているのを見て、周辺地域に戦争をしかけて勢力範囲を広げ、覇王《ムカランガ》として知られるようになった。ンゴンゴロはとんでもない暴君で、人びとをしいたげ、大酒を飲み、酩酊するとなんの罪もない臣下の手足を切ったり、耳や鼻をそぎ落としたりした。タブーなど眼中になく、妹たちとは近親相姦の関係をむすんでいた。かれの肌は血のように赤く、それに染まってまわりの土までが赤くなった。

同じころ、コンゴ川東岸の神王《ムロプウェ》の国に「狩人ムビディ」とよばれる温和で優雅な王子がいた。たまたま姉が可愛がっていたライオンと戯れていてライオンを見失い、姉がどうしても許してくれないので、やむなく探索のために放浪の旅にでた（別の伝承によれば、姉が可愛がっていたのは、ライオンとよばれる巨大な猟犬で、ムビディ自身もつねに大きな猟犬を連れていた）。放浪の途上で、ンゴンゴロが住む村のはずれを通りかかったムビディは、茂みに従者を隠し、自分はあたりの様子を見るために池のほとりの木に登った。たまたま魚採りにやって来たンゴンゴロの二人の妹が、水に映った見知らぬ男の姿を見つけ、漆黒の肌をもつ美丈夫ぶりに心を奪われた。二人からムビディのことを聞いたンゴンゴロは、この異邦人を村に迎え入れ、そこで暮らすようすすめた。

ンゴンゴロは地面にあぐらをかき、大口を開けて笑い、皆の見ているところで飲み食いした。一方、ムビディは口を開けて笑わず、また食事をすすめられても人前では飲食しないで、特別の小屋で、特別の火で料理したものだけを食べた。それが、ムビディが育った神王の宮廷の作法だったのだ。

ンゴンゴロは、無理にでもムビディを笑わせようと、いろいろ工夫をこらした。あるとき思わず口を開けて笑ったムビディの前歯が二本欠けているのを見て、ンゴンゴロはしつこくからかいの種にした。自分が属する民族の徴《しるし》である抜歯を笑い物にされることは耐えがたく、ムビディはその地を立ち去ることにした。

かれはンゴンゴロの二人の妹を妻としていて、二人とも身籠っていた。ムビディは信頼関係にあった「大地の主」（大地の祭司）に、やがて生まれる子どもの後見を頼んだ。

「生まれた子どもの肌が黒ければ自分の子だからよろしく頼む。赤ければンゴンゴロの子だ。この鉄の玉とゴムボールは子どもの身をまもるために使い、矢は将来子どもが私の故郷を訪ねて来るときに、身元を明かすためにもたせてくれ」

ムビディは渡し場の船頭に、肌の赤い男が来たら川を渡さないように、漆黒の肌の男が来たら渡すようにと言い残して、東方の故国へと去った。

やがてンゴンゴロの二人の妹は、それぞれ男の子を産んだ。そのひとりが、のちに初代のルバ王となるイルンガだ。自分の称賛名を唱えながら生まれるなど、イルンガの誕生は奇跡にいろどられていた。

のちに王になると、このことを記念して「日の出とともに自ら名のりをあげながら生まれた者」と名のった。

イルンガは母方の伯父であるンゴンゴロのもとで育てられ、早くから舞踏と格闘技と狩猟の腕で勇名をはせた。イルンガの勇名に嫉妬したンゴンゴロは、ゲームを挑んだが、呪力を帯びた鉄の玉とゴムボールをもつイルンガに敗れた。イルンガは、勝利を宣言して高々と称賛名を唱えた。「私は、熟してもなかなか落ちないディココの実だ。もう落ちるのではないかと人びとが何度も見に来るので、道が窪んで溝になる」

この称賛名は、「私は逞しい。私の死を期待する人は、長いあいだ空しく待つことになる」を意味する。ゲームの後でンゴンゴロは、母がゲームに負けたかれを嘲笑したことに腹をたて、穴を掘って生き埋めにしてしまった。

ある雨季の初めのころ、イルンガはかつてのンゴンゴロと同じように、シロアリの大群を圧倒するアカアリ（軍隊アリ）の小集団に着想をえて征服者たらんと志し、戦士として頭角を現し、「征服者イルンガ」とよばれるようになった。ゲームに敗れて恥をかき、今また戦士としてのイルンガに恐れを抱いたンゴンゴロは、イルンガの殺害を企て、舞踏会を催して踊るイルンガを落とし穴に落とそうとした。イルンガは戦闘用の槍を振りかざして踊った。イルンガが落とし穴に近づくたびに、祭司から命じられていたドラム奏者が太鼓言葉で危険を知らせたので、イルンガはすばやく槍で地面を刺して落とし穴を見やぶった。

イルンガは、踊りを見るために集まっていた人びとの頭上を飛び越えて逃げ、父が残した矢を携えてコンゴ川を渡り、東方の父の国に向かった。ンゴンゴロに命じられた祭司とドラム奏者は、高い樹のてっぺんで太鼓と鐘を打ち鳴らしてイルンガに呼びかけたが、イルンガは戻らず、怒ったンゴンゴロは二人がつかった蔦《つた》の梯子《はしご》を切り落とした。樹上で餓死を待つばかりになった祭司は、ドラム奏者に飛び降りるから腰につかまれと言ったが、ドラム奏者は怖がって樹にしがみついていた。飛び降りた祭司は東方へ逃げ、ドラム奏者は樹上で餓死した。

ンゴンゴロはイルンガを追ってコンゴ川の渡しに来たが、渡し守はンゴンゴロの赤い肌を見て、船は盗まれたと嘘をついた。ンゴンゴロの部下があわててつくったパピルスの筏《いかだ》は、増水で膨れあがった濁流にのまれ、橋を築こうとしたがそれも水勢に押し流されてしまい、ンゴンゴロはついに諦めた。

一方、イルンガは、父の国で自分の軍隊を組織すると、ンゴンゴロを打倒すべく怒濤の勢いで戻ってきた。イルンガの来襲を知って洞窟に隠れたンゴンゴロは、毎朝、規則ただしく丘の上で日光浴をした。イルンガは、ンゴンゴロの妹たち（つまり自分の母たち）の手引きで、隠れ家のンゴンゴロを捕らえた。ンゴンゴロの首をはねて、頭は籠に入れて保管し、胴体は川底に埋葬したところ、一晩のうちに蟻塚ができて頭を入れた籠をすっかり覆ってしまった。これはンゴンゴロの霊がその地に止まることを望んでいる徴と解釈され、社が建てられてルバ王国の最初の聖地となった。以後、王が死ぬたびに、その頭を埋めて新しい聖地をつくることが習わしとなった。

イルンガ一行はさらに西へ進んで、ムンザとよばれる地に王都を築き、ムウィネ・ムンザ（ムンザの王）

として即位した。称賛名は「私は大地に広がる巨大な岩だ。私の手の届かぬ土地はない」。これがルバ王国のはじまりだ。

王朝史はこの後、伝説的・歴史的な部分に入るが、ルバ人は、冒頭のこの部分を、この世のはじめの出来事として、それにつづく部分と区別している。今日では、この部分は十六、七世紀ころに、つまりルバ王国が他の諸王国を支配する帝国へと発展した時期に編纂《へんさん》され、既存の歴史伝承の前に新しく付け加えられたと考えられている。ただし構成要素や象徴には、バントゥー系諸民族に共通の古い伝統に根ざすものが多い。

外来王権の正統化

ルバ社会には、元来、中央権力は存在せず、地域社会の土地とその資源は、「大地の主」(大地の祭司)の管轄下にあった。外来の勢力である王は、新たに支配する地域の大地の主を首長として任命するか、自分の臣下を大地の主の娘と結婚させたうえで首長に任命した。外来の王権による支配は、平等主義的な伝統をもつ土着の人びとにたいして説得力がなければならなかったのだ。この物語では、正統性をもたない覇王ンゴンゴロが人びとを苦しめていたことが強調され、またイルンガが、ンゴンゴロの妹や大地の主の支持をえて王朝を樹立したことになっている。

この神話は神聖王権をかたちづくる諸制度を根拠づける。

ンゴンゴロとイルンガは、アカアリから着想をえた。王が領土拡張のために度重なる遠征を行うのは王の本質の発露だから、だれも押しとどめることはできない。

王位は、複数の候補者による王位継承戦に勝ち残った者が継承する。継承戦に参加できるのは、ンゴンゴロとイルンガの子孫だけだ。若き日のイルンガと同じく、「戦士」あるいは「隊長」とよばれる王族の若者たちは、特別の儀礼をへて王位継承の候補者として公式に認定される。候補者は、母方の親族集団の支援をえて王位継承戦にのぞむ。母方の伯父のもとで育てられたイルンガの境遇を再現するためだ。各候補者は、対立候補の「母方の伯父」と戦うことになって、戦いは神話に語られるイルンガとンゴンゴロの戦いの再現と考えられている。

候補者指名の儀礼も、候補者が踊る特別な舞踏も、ともにクトンボカとよばれるが、これは落とし穴を前にしてイルンガが踊った舞踏、イルンガとンゴンゴロの決定的な決裂をもたらしたあの舞踏の再現である。この儀礼や舞踏によって、候補者たちは生命を賭けた勝ち抜き戦へと踏みだすのだ。

王位継承戦に敗れた王子は、イルンガに敗れたンゴンゴロを体現すると見なされ、ひとりの女性とともに酩酊するまでヤシ酒を飲まされ、顔を赤土に押しつけられて窒息死する。赤土はンゴンゴロの赤さを連想させる。頭は撥《は》ねられて籠に保管され、体は川床に埋葬される。保管されている頭は、継承戦を勝ち抜いた新王の即位儀礼の際に、四日に一度太陽に当てられる。あたかも逃亡中のンゴンゴロが毎朝丘の上で日光浴したように。

ンゴンゴロと同一化するのは敗れた王子だけではない。即位儀礼において新王は、自分の母や姉妹と儀礼的に性交し、その後、自分の娘や姪(兄弟の娘)と結婚する。これはンゴンゴロの行為を反復し、ンゴンゴロと同一化するためだ。この儀礼の意味はそれだけにとどまらない。新王は、人間社会のもっとも基本的な規範、つまり近親相姦の禁止をあえて侵犯することによって神秘的な力を獲得し、非人間的あるいは超人間的な存在としての神王となるのだ。

近親婚をふくむ一連の即位儀礼によって、王は初代の王イルンガのように、ムビディ的原理とンゴンゴロ的原理を一身に統合し、人間的・文化的な秩序を超越し、半ば非人間的あるいは超人間的な存在となる。

王は、身体的に衰えると、儀礼的な手順をへて殺され、首を撥ねられるのが習わしだったといわれる。王の頭は聖なる籠に入れられて、王位継承戦で敗れた王子の頭とともに保管された。これらの死者は、王権のンゴンゴロ的な側面を象徴し、かれらの頭蓋骨は大地に属するンゴンゴロの神秘力を宿して、神王の力の源泉になる。

王国の起源は、ムビディがンゴンゴロを滅ぼしてとって代わったという単純なものではないことを強調しておきたい。ンゴンゴロの力や特性は、イルンガを通じて神聖王権に欠くことのできない要素として継承されているのだ。

王国の起源神話は、王権だけではなく、ルバ社会の婚姻と継承の制度の変化をも根拠づける。ムビディがもたらしたのは、神聖王権だけではなかった。ムビディとンゴンゴロの妹たちの結婚は、ンゴンゴロとその妹たちの近親婚とは異なる新しいかたちの外婚制(他の集団から配偶者をえること)のはじまりであり、イルンガが父のもとへ行ったのは、それまでの母系に代わる父系の継承のはじまりであった。王国の成立にともなって、基層的な社会組織にも変化が生じたのだ。

覇王と神聖王の本質

この神話は王権の「正統化」と「根拠づけ」のためのたんなる手段ではなく、神聖王権のエッセンスを表現し、コスモロジーのなかに位置づけ、生きられる現実にする「ことば＝力」だ。

イルンガはンゴンゴロを殺して神聖王権を樹立した。だが、ンゴンゴロはたんなる引き立て役や敵役ではない。イルンガはンゴンゴロの甥で、かれの性質の本質的な部分を受け継いでいる。神話はこのことを強く印象づける。後で述べるように、低湿地に住むンゴンゴロの妹たちと、高地からやってきたムビディの結婚は、天の力と地の力の聖婚であり、そこから生まれたイルンガは（したがって彼の後継者である歴代の神王も）ムビディの特性とンゴンゴロの特性の両方を受け継いでいる。平和を愛する優雅なムビディ的なものだけでは神聖王権は成り立たないのだ。この物語を朗唱する際には、ンゴンゴロの野生の危険な力が迫力をもって強調される。そうすることによって、天の力と地の力を、そしてまた洗練された文明の秩序と危険な野生の力を、一身に兼ね備える神王の特質が表現される。ンゴンゴロの殺害も、たんに王権樹立の障害を排除するためではなく、天の象徴である頭と地の象徴である胴体を分離して天と地を適切な関係におくという宇宙論的な意味を持つ行為なのだ。

それでは、ンゴンゴロ（覇王）とは何者なのか。まず彼の系譜的な背景からみていこう。

双子の時代——覇王とは何者なのか

ンゴンゴロは長くつづいた「双子の時代」の直後に生まれた。ンゴンゴロには「双子の時代」の特質が刻印されている。ルバ社会には双子に関する興味ぶかい神話がある。

至高神は、人間を身体の片側だけをもつ存在（片側人間もしくは半身人間）としてつくった。片側（半身）人間は、協調性にとんだ穏やかな性格だが、生殖によって子孫を残すことはできなかった。その後、神の手ちがいで両側人間が生まれた。両側人間は片側人間とは反対に、攻撃的暴力的な無法者だったが、生殖によって子孫を残すことができた。片側人間が両側人間の横暴を訴えるので、至高神は両側人間を滅ぼして片側人間だけにしようかとも思ったが、片側人間は子孫を残せないので、両側人間を滅ぼすのをやめた。その後、地上には双子が生まれたが、それは両側人間の性質をさらに極端にしたような存在だった。

ここでは、双子性は、四章のドゴン人の場合とは異なって、求められるべき理想ではなく、暴力や無秩序をもたらす過剰と見なされている。しかもそれが生殖のはじまりと結びつけられている。この神話的なビジョンは、古代ギリシアの次のような神話を連想させないだろうか。人間はもともと現在の人体が背中合わせに二つくっついた形をしていた。顔が二つあり、四本の手と四本の足を用いて回転し、猛スピードで移動し、狡猾《こうかつ》で、力も強かった。それをもてあました神々が、人間を弱体化するために、背中で二つに切り離して今日のような人間をつくりだした、というのだ。

双子と片側人間は、サハラ砂漠以南のアフリカ全域にわたってみられる主題である。双子の誕生は、吉兆か凶兆のいずれかとみなされて、特別の儀礼をともなう。片側人間のイメージも広く分布している。片手、片足、片目などの欠損によって片側人間を表すこともある。片側人間はしばしば神性と結びつく。三章で見たように、南スーダンやウガンダ北部などでは、原野の水源に住む至高神の分身が、巨大な片側人間としてイメージされている。

ここで紹介した起源神話からは、双子が双子を産む最古の時代がどのようなものだったかはよく分からない。ンゴンゴロと妹たちの誕生によって両側人間が優勢な時代へと移行し、ンゴンゴロが支配する社会には暴力や無法が蔓延《まんえん》していた。これは前代の名残りをひきずっているせいではないかと思われる。そこに東方の高地から神聖王国の王子がやってきて、覇王の妹たちと結婚し、宮廷の洗練された作法をもたらした。物語では、神聖王権が存在する社会と存在しない社会の対比、神王の宮廷の作法と土着の習俗の対比に焦点があてられる。それは、私たちが理解する「洗練」と「粗野」、「文明」と「未開」の対比と似たもののようである。

虹と太陽

この物語は、私たちにはごく普通の歴史伝承ないし伝説と思われるが、じつは二重性を帯びている。

登場者たちがくり広げるドラマと、太陽や月や星、雷雨、乾季と雨季などの自然界のドラマとが、二重写しになっているのだ。「二重写し」という表現は誤解をまねくかもしれない。太陽や暴風雨は覇王や神王の絵解きではないし、ンゴンゴロやムビディやイルンガは天空現象の擬人化ではない。この神話を伝承する人びとの受け止め方、経験の仕方を考えれば、むしろンゴンゴロと彼が代表する覇王と太陽は、そしてイルンガと彼が代表する神聖王権と暴風雨は、同じこと（同じ本質・力・理念）の異なる現われにすぎないといったほうがいいと思われる。

この観点からンゴンゴロの正体を探ってみよう。以下はベルギーの人類学者ド・ウーシュの解釈によっている。

まず、ンゴンゴロの正体からはじめよう。「ンゴンゴロ」はルバ語で「虹」をさす。ルバ人にとって虹は大蛇だ。虹の大蛇（ンゴンゴロ）は、（乾季にも残る）「地上の水」と「天上の火」（太陽）の主であり、「天上の水」（雨）と「地上の火」（料理の火）の敵である。ウーシュの構造論的分析によれば、ここでの「天上の火」は自然の火であり、「地上の火」は文化の火だ。

虹の大蛇はシロアリの巣に住んでいるといわれる。それは、雨季のはじめに大発生する羽アリの群れを、天に昇る大蛇と見立てたところに由来するのだろう。雨季を前にして、虹の大蛇は雨の到来を妨害しようとして天に向かって身を伸ばし、炎の息を吐く。地上の水から鎌首をもたげ、身を伸ばして天と地をつなごうとするともいわれる。これが覇王ンゴンゴロが体現する力の正体だ。その力が圧倒的になれば天地の区別はなくなり、雨は降らず、太陽が地を焼き、季節は循環せず、つまり永遠に雨季が訪れず、世界は混乱のなかで破滅するだろう。

神話のなかのンゴンゴロは、大地の主とドラム奏者に命じて、イルンガを呼び戻すべく樹上でドラムと鐘を打たせる。ンゴンゴロは、天の原理を体現するイルンガを大地に縛りつけて、つまり天と地の分離を妨げて、世界を混沌状態に戻そうとするのだ。この場面は、天と地をつなごうとして塔をつくった人びとが、塔の上で打ち鳴らしたドラムや鐘を連想させる。

ンゴンゴロは、地上の水と特別なつながりをもっている。彼は低湿地に住む漁労民の出身で、その一族は川と川をつなぐといわれる虹のように、川や湖を縫うように移動したし、その勢力圏は二つの川に挟まれた低地に限られていた。何度も試みたが、コンゴ川を越えて東岸の高地に達することはできなかった。これにたいして、イルンガによって創始された王国は、ルバ人の版図をコンゴ川のはるか東方にまで拡大したのだ。

「穴」——野生の危険性

ンゴンゴロが、イルンガに敗れた彼を嘲笑した母を生き埋めにしたというエピソードも、重要なことを示唆している。ンゴンゴロの凶暴さを強調するための小道具としてかるく読み過ごしてはならない。ンゴンゴロの母は、地面の穴に生き埋めにされた。問題はこの「穴」である。ルバ社会には「穴」にたいする強い関心があり、とくに自然の穴にたいする怖れがある。自然のままの穴は、野生的なものがもつ不毛で危険な側面の象徴であり、文化的に手入れすべきものである。ここでいう穴には、地面の穴も、口や性器や肛門など身体の開口部もふくまれる。ンゴンゴロは、大地や地上の水だけではなく、手入れされていない不毛で危険な「穴」とも深いつながりをもっている。

彼の一族が住んでいた地方は、「穴の多い土地」とよばれ、彼らはそこで洞窟を住居とし、落とし穴で狩りをした。ンゴンゴロは、文化的に手入れされていない大口を開けて笑い、人前で飲食した。イルンガを殺すために落とし穴をしかけた。ンゴンゴロの母は大口を開けて笑い、穴の中で殺された。ンゴンゴロが最後に隠れたのは洞窟だった。

少女たちは、成人式に際して性的魅力を付与するため小陰唇を伸ばす施術を受けるが、それ以前の少女の性器は「ンゴンゴロの穴」とよばれる。これは、まだ文化的な手入れを受けていない自然のままの穴や、生殖と結びつかない不毛な穴を意味するのだろう。

ここには、単純に自然すなわち豊穣、自然すなわち生命というのとは異なる世界観、人間と社会にとって自然がもつ両面性（あるいは両価性）に注目する世界観がある。

虹の大蛇の死と天地分離

ンゴンゴロは、先に述べたように太陽（天上の火）の主でもある。イルンガに追われたンゴンゴロは、洞窟を隠れ家として、朝日のように毎朝丘の上に現れるが、ほかの時間は湿った洞窟に潜んでいた。つまり、地上の水と天上の火のあいだを往復していた。虹もまた、地上の水と天上の火を結びつける。イルンガに撥ねられたンゴンゴロの首は蟻塚の乾いた土におおわれ、胴体は川床に埋葬されて水底に没した。頭は虹の乾いた側面（天上の火＝太陽）を、胴体は湿った側面（地上の水）を表している。ルバ人の別の伝承によれば、太陽は毎夜、湖のほとりの蟻塚に住む赤毛の小人の国を横断して旅する。ここでは、血にまみれたンゴンゴロの首と、湖に沈む太陽が二重写しになっている。

ンゴンゴロは天地の分離を妨害する力、世界に非連続性と区分を導入することに反対する力である。イルンガがンゴンゴロの首を撥ねたのは、水と火を、天と地を、乾季と雨季を分離する行為であった。世界の正常な運行と秩序を確保する行為であったといってもよい。

稲妻と暴風雨＝神王とは何者なのか

それでは、ンゴンゴロと敵対するムビディやイルンガとは何者なのか。ンゴンゴロは「地上の水」と「天上の火」（太陽）の主なら、ムビディとイルンガは、「天上の水」（雨）と「地上の火」（料理の火）の主と考えられる。ンゴンゴロが「乾季の主」ならば、ムビディとイルンガは「雨季の主」ということになる。物語の筋にそってムビディとイルンガを観察すると、この推測が裏づけられる。

この地域では、雨は東からやってくる。そして、ムビディはまさに雨のように東の高地から、低地にあるンゴンゴロの国へやってきた。また、高さと軽快さはムビディの特徴である。ンゴンゴロの妹たちに初めて会ったとき、彼は樹上にいた。彼はやすやすとコンゴ川を越えて高地の故郷へ帰った。

ムビディがンゴンゴロの国に現れたのは、ンゴンゴロの妹たちが漁に忙しい乾季から雨季への移行期だった。ムビディの穏やかな出現は、雨季の初めの一時的な小雨だ。ムビディの二人の妻が妊娠したのは、雨季の二番目の月（キョングェ＝成熟の月）つまり最初の収穫の時期で、彼が東方の故郷へ去ったのは、しばらく雨が遠ざかる小乾季（ルウィシ＝霧の月）だった。

これにたいして、息子のイルンガの誕生と成長やンゴンゴロとの対決は、雨季の後半すなわちもっとも雨の多い時期に対応する。小乾季の後にふたたび雨が降りだすころ、つまり大雨季がはじまるころには、アカアリの群れが見られる。イルンガに戦争と征服への着想を与えたのはこのアリだった。イルンガは「ンザジ」とよばれることがあるが、ルバ語で「ンザジ」は、「炎のような尾をもつ黒い牡ヤギ」と「獰猛《どうもう》な戦士」の両方をさす。このタイプの牡ヤギは稲妻の化身であり、漆黒の肌をもつ戦士イルンガも稲妻の化身である。ムビディが雨季の初めの穏やかな小雨であるのにたいして、イルンガは雨季の後半の本格的な暴風雨だ。そしてイルンガとンゴンゴロの対決は、雨を止めようとする虹と暴風雨との対決である。

父の国へ逃れていたイルンガが、軍勢を率いて怒濤《どとう》の勢いで戻ってくるのは、小乾季の後の稲妻と暴風雨の襲来だ。敗れたンゴンゴロの死は、暴風雨の増水による虹の溺死にほかならない。イルンガは稲妻の一閃でンゴンゴロの首を撥ねた。イルンガによるンゴンゴロの殺害は、天と地を分離し、乾季と雨季の循環を定めて世界の秩序を確立したが、それは人間に死すべき運命を確定することでもあった。ルバ社会においても神話は、王権のはじまりを天地分離や死の起源と結びつける。非連続性による秩序の確立の代価は死の到来だ。神話的意識には王権と秩序と死の内的な繋がりが見えているのだろう。

神聖王権の成立と世界の形成

イルンガはンゴンゴロの首を刎《は》ねた。それは水と火、天と地、乾季と雨季の適切な距離を確立して、いまある世界をかたちづくる行為だった。

たんなる非連続、たんなる分離では神話的世界は完結しない。過度の接近や癒着も過度の離反もまた無秩序をもたらすのだから、神話は適切な距離を維持する制度を用意しなければならない。それこそが、混乱と闘争の過程をへて癒着や断絶を克服した神聖王権なのだ。ムビディとンゴンゴロの妹たちとの結婚は、天の力と地の力を結ぶ聖婚であり、ムビディ自身ではなく、聖婚から生まれたイルンガこそが世界に統合をもたらす役割をになうことができる。王権をめぐる制度がそのための装置となる。王権の儀礼は、ンゴンゴロの頭と胴体を切り離したうえで適切に関係づけてムビディ的要素すなわち文明の力と、ンゴンゴロ的要素すなわち野生の力を統合する。

ここでちょっとだけ立ち止まってみよう。これらすべては遠いアフリカの過去の王権の話にすぎないのだろうか。神話が人間精神の普遍的な層に根ざしているとすれば、ンゴンゴロ的力やイルンガ的力は現代世界にも存在すると考えるほうが理にかなっているのではないか。現代社会ではンゴンゴロ的力、ムビディ的力、イルンガ的力はどんな場所でどのように働いているのか。そういう問いを立ててみると、現代社会のこれまで見えなかった面がみえてくるかもしれない。

神王の妻たち

ンゴンゴロの妹たち、つまりムビディの妻たちもこの神話のコスモロジーのなかに確固とした位置を占めている。

ルバ人は、雨と月を結びつけ、月と太陽を対立させる。また、明けの明星と宵の明星は、太陽の妹であり月の妻であると考える。この観点からすれば、ムビディは月で、明けの明星と宵の明星はムビディの妻だ。

月と太陽、夜と昼が共存できないように、ムビディとンゴンゴロは共存できない。ンゴンゴロの頭は西で血を流し（あるいは、赤く燃え）、ムビディは月のように東に消える。イルンガは、月の光に助けられてンゴンゴロの隠れ家を探す。二人の妻のうち、ンゴンゴロが日の出とともに日光浴にでることをイルンガに知らせたマベラが明けの明星だとすると、ブランダは宵の明星だ。そう考えると、ムビディ（月）の後を継いだイルンガが、ブランダ（宵の明星）の子であったこともうまく説明できる。宮廷において、王の食事をとりしきる二人の女官の頭飾りが「金星」とよばれることも、ムビディに食事を供した二人の妻の正体が金星だと考えられていたことを示している。

神聖王権と鍛冶

創世神話で鍛冶師が核心的な位置を占めていることは三章と四章で見た通りだ。鍛冶師はルバ社会では神王と密接だが一種の緊張をはらんだ関係にある。鍛冶師はしばしば事物のあいだの適切な距離を乱すことによって、神王の役割を妨害する。

ルバ王国では、神王が「料理の火(地上の文化の火)」を用いて天と地のほどよい距離を実現するのに対して、鍛冶師は「鍛冶の火(地上の文化の火)」を用いて天地を無媒介に結びつけて世界に混乱をもたらす。隣のルンダ王国では鍛冶師が「鍛冶の火」を天に届かせようとして火事をおこして、罰として天に届く塔をつくるよう命じられ、失敗して逃亡した。そこでは鍛冶師は、ンゴンゴロの機能の一部をになっているのだ。

鍛冶を先端技術と言い換えれば、この神話の現代版をつくることができようが、現代において王権(国家権力)は、ルバの場合とは違い、先端技術と緊張関係にあるというよりむしろ癒着していると言うべきだろう。

神聖王権と塔の物語

これらの王国の神聖王権の神話の骨格をなすのは天地分離の物語だ。神王は天地を分離したうえで、両者の適切な関係を維持することを任務としている。このことと関連して広く分布しているのが、天に届く塔を建てようとして失敗する「塔の物語」だ。天に届く塔を建てることは、天と地を癒着させ、非連続性と区分を消滅させて世界を混沌にひき戻す行為であるから、神王に対立する行為だ。ルバの地では、人びとは虹や羽アリの群れを見ると、金属、ドラム、壺などを叩いて騒音をたてる。そうすることで、危険なンゴンゴロの力を抑えて、秩序ある世界を維持しようとするのである。だがこの世のはじめに、人間たちもいちどは、ンゴンゴロのように天と地を直接つなごうと試みたのだった。

かつて人間は天上で至高神とともに暮らしていた。かれらが争うたびにたてる騒音に嫌気がさした至高神は、人間たちを地上へ追いやった。そこで飢えや寒さや病や死に苦しんだ人間たちは、天上の不死の世界へ戻ろうと、木材で巨大な塔をつくりはじめた。ついに天に達した者たちは、そのことを地上にいる者たちに知らせようと笛やドラムで騒音をたてた。地上は遠くなかなか連絡がつかないので、騒音はますます大きくなった。うるさいと腹をたてた至高神は、塔を壊してしまった。それ以後、人間たちは、天にいたることをあきらめた。

(コンゴ民主共和国のルバ人)

この世のはじめに、騒音は人間たちの意思に反して天地の分離をもたらした。だが今日の習俗では逆に、人間たちは自らの意志によって天と地の「ほどよい距離」をたもつべく、つまり天地の癒着を避けて世界をまもるべく、虹の大蛇に対抗して騒音をたてる。天と地の「ほどよい距離」をたもつというのは神話的な表現である。人間生活にひき寄せていえば、人間関係をふくむもろもろの事象のあいだに適切な関係をたもつことである。たとえば、親子兄弟、祖父母と孫、隣人、友人、指導者と一般の人びとなどのあいだの適正な関係をたもつことが、社会生活の秩序や調和の基盤をなす。虹に対抗して騒音をたてるという行為が象徴的に示しているものは、それが秩序と調和への意思の表明であり、確認であり、結局はそのことが秩序と調和を生みだすという点である。ルバにかぎらずこの地域の王国では、塔の物語は王権と深く関係している。ルバ人の南東に住むベンバ人はつぎのような王権神話を伝承している。

天界からきたゾウの耳をもった王妃が、あるとき王子たちに天に届く塔をつくることを命じたが、塔は途中で崩壊して多くの死者がでた。怒った王の罰を逃れようと異邦の地に離散した王子とその同伴者たちは、各地に王国を建国した。その後も王妃は塔を建てて天へ戻ろうと、いろいろ試みたが、はたせないまま地上で死んだ。それ以来、生きて天に帰った者はいない。

(コンゴ民主共和国のベンバ人)

このとき離散した人びとの子孫は、多くの民族に分かれた今も、「塔の人びと」と自称して、互いに同胞意識をもっている。「塔の人びと」は、天地を結び永遠の生命をえるという夢をいだいたが、この夢は秩序ある世界と両立しない。離散した「塔の人びと」が各地に樹立した神聖王権は、それぞれの仕方でこの矛盾の解決を試みた。

一例をあげると、塔の建造に失敗した王子のひとりだったベンバ王国の始祖は、自分の遺体を天日でミイラにさせて太陽とひとつになることによって、不死を手にすると同時に天と地を媒介することに成功した。不死になった王は、絶やされることのない宮廷の聖なる火とともに、個々人の死をこえる共同体の生命の永続性を保証する。それ以後、王の遺体をミイラ化することと王宮の聖なる火を絶やさないことは、ベンバの王権儀礼の中心的な部分となった。

神話同士の対話

中央アフリカのサバンナ地帯では、それぞれの集団の神話が相互に関連して、ひとつづきの広大な神話圏をかたちづくっている。ルバ神話の構造や世界観も、そのなかに置くといっそうくっきりした像を結ぶ。このことを明らかにしたのは、この地域の神話を系統的に比較した人類学者ド・ウーシュだ。住人たちは、ルバ人をふくめて、自分たちの神話と隣人たちの神話のあいだに差異を生みだすことに熱心で、共通の主題や素材を用いながら、論理的な変換を行うことで多様な神話を生みだしている。

ド・ウーシュは言っている。「バントゥー語系の集団や王国の神話は、歴史が提供する共通の素材を用い、地域ごとの自然環境のわずかな違いに対応しつつ、論理的な変換を楽しんでいるようだ」

たとえばつぎのような具合だ。ルバ王国の神話と、西隣のルンダ王国の神話を比較すると、両者の類似と相違が、論理的な一貫性をもつことが浮かびあがる。

ルンダ王国の始祖チビンダ・イルンガは、ルバ王国の始祖カララ・イルンガの弟、息子、あるいは甥だったといわれている。いずれにしろルバでは、土着の首長（男）に二人の妹がいたが、ルンダでは土着の首長（女）に、二人の兄がいた。ルバでは、放浪の王子（月）が土着の首長（太陽）の妹たちと結婚し、その息子（暴風雨）が土着の首長を倒して即位した。ルンダでは、放浪の王子（太陽）

が土着の首長（月）と結婚して即位し、土着の首長の二人の兄は国を去った。

雨が少ないルバ王国では太陽は危険で悪意を秘めているが、月は恵みぶかい。神王は月や稲妻と結びつき、太陽は邪悪な覇王である。反対に、降雨豊かなルンダ王国では、太陽は恵みぶかく月が悪意を秘めている。そこでは神王は太陽であり、稲妻の破壊的な力を統御する。

ルバでは明けの明星と宵の明星は月の妻だが、ルンダでは太陽の妻である。

ルバでもルンダでも、天と地を分離したうえで両者のほどよい距離をたもつのは神聖王権の役目だが、神聖王権に敵対して天と地を無媒介につなごうとするのは、ルバでは「天上の火（太陽）」（自然の火）の主である覇王（虹）であり、ルンダでは「地上の火（鍛冶の火）」（文化の火）の主たる鍛冶師である。

草の根からのまなざし

ド・ウーシュは注目していないが、こうした王権神話の空間の外部に草の根の神話空間が広がっていて、そこでは神聖王権にたいする草の根からのまなざしをうかがわせる神話が伝承されている。

ルバ王国の基盤は、自給自足的で多少とも自律的な土着の村落群であり、そこに住む人びとにとって王権は元来外部からの力だ。かれらは、王権が「上から」浸透させるイデオロギーと自前の独自な王権観のあいだの折り合いをつけながら暮らしていたのだろう。

「不動の者（大地）」が、「放浪者（太陽）」をからかった。「放浪者よ、お前は根なし草だ。お前は人格も顔もない奴隷にひとしい」。放浪者はこの侮辱に腹をたてて四〇日のあいだ戻ってこなかった。そのために世界は飢饉と災厄に見舞われ、人びとは「放浪者」の力を身にしみて知った。

「不動の者」は使者に、「放浪者」へのメッセージをもたせた。「言葉によって創造する方よ、われわれは飢えと病で死に瀕している。助けにきてほしい」。何人もの使者が足を棒にしたが、一箇所に留まることのない「放浪者」を見つけることができずあきらめた。だが「放浪者」のほうはすべてを見通していた。

使者のひとりの夢枕に立って告げた、「この鶏と羊を飼いなさい。それらが時を告げるとき、私は去ったのと反対側からお前たちのもとを訪れ、少しだけとどまろう」。目を覚まして本当にその鶏と羊を見いだした使者は、驚いて「不動の者」の家へ連れていった。「不動の者」は、長老たちを集めて待った。鶏と羊が声をあげると同時に、人びとは東に赤く燃えるものを見て、ひざまずいて礼拝した。「主よ、太陽をつくり、雲をつくる者、言葉で創造する者よ」

それ以来、「放浪者」は毎日訪れるようになったが、あまり長くは滞在せず、かならず来たのと反対側から去った。

こうして大地はふたたび豊饒になり、災厄は遠ざかった。

（コンゴ民主共和国のルバ人）

ここでは大地や太陽が、王朝起源神話の場合とは異なる意味を帯びている。「不動の者」は大地であり、それを具現するのは土着の大地の主や首長だ。「放浪者」は至高神のシンボルとしての太陽であり、ここでは暗に王をさしている。大地は定着と連続性と共同体の秩序を象徴し、太陽は移動と非連続性と混乱を象徴して、互いに拮抗する。これが土着の神話的思考だ。

村人たちは神聖王権を認め、自分たちが王国の一員であるという帰属意識をもっていた。だが彼らにとって、自分たちを直接支え自分たちを自分たちたらしめるのは、何よりもまず親族集団であり、自分たちの「くに」とは、その親族集団に属する土地だった。土着の人びとにとって、所属する親族集団をもたない外来者は根なし草である。かれらは一人前ではなく、奴隷であるか奴隷にひとしい者たちである。この点では王族といえども例外ではない。王族は外来者であり、それゆえ根なし草である。だが王が支配者であり、世界の要であり、活力の供給者であることも否定できない。この神話的小品には、そういう両面的な意識のありようが見てとれる。

伝承と記録

ベルギーの人類学者ド・ウーシュは、行政官や宣教師や人類学者が残した断片的な記録を収集して精細に研究し、ルバ神話をふくむこの地域の豊かな神話的世界への扉を開いた。

ルバ王国の宮廷には、「記憶の人」とよばれる語り部がいて、王の巡行《じゅんこう》に従い、称賛名で王を称えたり、起源伝承を朗唱したりした。それとは別に、ルバ王国の影響下にある地域には、王の権威を根づかせることを任務とするバムブディィエ結社があって、王国の歴史と慣習を伝承していた。結社の宝物のなかには、起源伝承のエピソードを表す徴を配列した記憶板がふくまれていた。一九六〇年ころに現地調査を行ったイギリスの歴史学者リーフは、まだ存命中だった「記憶の人」数名に直接インタビューして、神話や歴史伝承を記録することができた。

第七章 都市国家の神々
——ナイジェリア・ヨルバ人の神話

エシュは、世界のさまざまな領域が固定し孤立することを好まない。原野と海、太陽と月は、互いの立場を入れ替えたり闘ったりしたことで、それぞれ新しい性質や力を獲得したかもしれない。もしそうなら、エシュのいたずらは創世活動のつづきであり、混乱を持ちこむことによって世界をつくり替え活性化しようとしているともいえる。

ヨルバ人とその王国

西アフリカのギニア湾岸の諸国、ナイジェリア、ベナン、トーゴなどは、記紀神話やギリシア神話を連想させる神々の物語の宝庫だ。「人間くさい」神々の骨太なドラマがくり広げられる。代表的なのはヨルバ人の神話だ。

ヨルバ人は人口約一五〇〇万。そのほとんどがナイジェリア共和国南西部に住んでいる。ヨルバ語は、ニジェール・コルドファン語族のクワ語群に属する。ヤムイモ、キャッサバ、トウモロコシなどを主作物とする農耕民だが、伝統的に大規模な都市的集落を形成してきた。

紀元七、八世紀ころに、王をいただくヨルバの戦士集団が北東から森林地帯に侵入し、土着の集団を従えて城壁に囲まれた都市を築いた。十三、四世紀には、イフェ王国、オヨ王国など、一〇あまりの王国＝都市国家が成立した。各王国は政治的・宗教的権威としての王をいただく。それらの王国は一人の神話的始祖に発するとされ、王権発祥の地であると同時に世界創造の中心でもある古都イフェが、全ヨルバの聖地となっている。

ヨルバの諸都市の経済的基盤は、農耕と交易だった。都市住民の多くはヤムイモやバナナの農耕に従事していて、朝に城門を出て、日中を近郊の森を切り開いた耕地で過ごし、夕方戻ってくるという生活を送っていた。都市には専門の手工業者の居住区域があり、鍛冶師、木工師、皮革職人などが王直属の職能集団を形成していた。

都市はそれぞれ活発な交易活動によって結ばれていた。地域内の交易には農民や職人も関わったが、北部のサバンナとの遠距離交易には専業の商人が従事した。彼らの交易網はサハラ砂漠を越えて、地中海世界にまでつながっていた。

こうした伝統は今も生きていて、ヨルバ社会では工芸や芸能がさかんで、またヨルバ商人は、西アフリカの流通システムの有力な担い手で、ヨルバ語は地域の共通語として用いられている。

ヨルバの諸都市では、イフェ王国の起源神話が広く受け入れられているが、それぞれの地域や集団が独自の伝承を発達させて、全体としてきわめて複雑で豊かな神話世界が出現した。ヨルバ社会全体で受け入れられる単一の正統なテキストといったものは存在しない。

神々と人間

本章では、ヨルバ語の「オリシャ」（単複同形）の訳語として「神（々）」という語をあてるが、オリシャの数は四〇〇柱とも八〇〇柱ともいわれる。日本では「八百万《やおよろず》の神」というが、『古事記』に登場する神は三〇〇柱くらいだろう。

世界は神々と人間の共生の舞台だ。ヨルバ神話に登場するオリシャは、固有名をもち多少とも個性をそなえている。オリシャを祭神とする信徒集団（祭祀結社）があるほか、親族集団や職業集団や都市が特定のオリシャを守護神にすることもある。オリシャは、例大祭、供犠、占い、憑依、夢などをとおして生者と交流する。神話の神々は、現在も生活のなかで生きている。ヨルバの神話や宗教事情は、日本人に記紀神話、神社の祭礼、神楽などを連想させずにはおかない。

オリシャは超人間的な力をもつ不死の存在だが、人間とよく似たところももっている。多くのオリシャは、地上で人間と一緒に生活していたことがあるし、また英雄的な人物が、死後、オリシャになるケースもある。

オリシャはみな多面的で複合的な存在だ。たとえばシャンゴ神は、王の祖先であり、雷と正義と激情の神であり、多産をもたらす神である。一般にオリシャは、おのおの自然現象（雷、暴風、川など）、社会的な職能（戦争、農耕、治療、王など）、理念（正義、公正、偶然など）、感情・性向（怒り、嫉妬、攻撃性、穏やかさなど）などのさまざまな側面を統合する存在であり、また、子授け、病気なおし、豊作などの得意分野をもっている。

大地と人間の創造

イフェ王国でポピュラーな起源神話によると、地上の世界は次のようにして創られた。

オロルン（至高神）はオリシャ（神々）とともに天界に住んでいた。下界には、水と泥土が茫漠《ぼうばく》と広がっていた。

オロルンは、新しい大地と人間をつくるためにオバタラ神を下界に遣わした。オバタラ神は、シュロヤシの木と天界の土を入れたカタツムリの殻をもち、鳩と五本指の雌鳥をつれ、鎖を伝って下界へ降りた。鎖にぶらさがったオバタラが泥土の上に天界の土をおくと、雌鳥が蹴散らして広げた。こうしてできた新しい大地に、鳩がシュロヤシを植えつけた。

オロルンが天からカメレオンを遣わして大地の具合を調べさせると、一度目は「広いが乾いていない」と報告したが、二度目には「広くて乾いている」と報告した。そこは、「イレ・イフェ（広い土地）」と名づけられ、のちに最初の王都となった。

大地が固まり植物が育つと、オバタラ神は粘土で人間をつくり、それにオロルンが生命の息を吹きこんだ。オバタラは次から次へと人間をつくるうちに疲れて喉が渇き、エシュ神がひょいと差しだしたヤシ酒を痛飲して酩酊してしまった。酩酊したオバタラが、出来損ないの身体をつくりはじめたので、急遽、オドゥドゥア神が天から遣わされて仕事をひき継いだ。オバタラがつくったのが先住民のイグボ人で、オドゥドゥアがつくったのがヨルバ人だ。オドゥドゥアは自分がつくった人間たちを治めるべく、イレ・イフェに建国して地上で最初の王となった。

オバタラとイグボ人は、大地は自分たちのものだと主張して、オドゥドゥアと戦った。戦いに敗れたオバタラと妻である川の女神イェモウォ（後出）は流刑にされたが、のちに和解が成立してイレ・イフェに戻った。それ以後、オドゥドゥアの子孫は王位を継承し、オバタラの子孫は「大地の主」としてオバタラ神をまつり、王の即位式においては王に戴冠《たいかん》する役目をになうことになった。

一説によると、オバタラは先住民イグボの至高神で、オドゥドゥアはヨルバ人の英雄が神格化されたものであるという。イフェの王は、今日にいたるまでオドゥドゥアの直系の子孫で、他の諸王国にもイフェ王国に系譜をさかのぼるものが多い。王権の正統性や王族（外来者）と平民（先住民）の階層関係を根拠づけるのは、この神話である。

悪の力（邪神たち）の発生

複雑化した都市国家では、さまざまな集団や勢力が、基本的な枠組みは共有しながらも、それぞれの利害に適合した神話を生みだす。イフェ王国にも、王族の支配を正当化するものとは別に、王権と拮抗するオバタラ祭祀とイファ占いの権威を根拠づける神話がある。人びとを災厄から護《まも》ることを職務とする占い師ババラウォたちの神話らしく、悪の起源など神学的な問題をめぐるこみいった内容らしいが、細部は部外秘とされている。

至高神オロルンは、オバタラ神がかたちづくった人間に、天で生命と魂と運命を与えた。すべてが終わると、神々と人間を地上で共生させることにして、オバタラを統治者に、オルンミラを助言者に任命した。

地上ではまもなく、オロルンに反逆する邪神たちが現れ、神々は二つの陣営に分かれて戦ったが、邪神たちの勢いが盛んで、オバタラやオルンミラの身さえ危うくなった。オロルンは反逆者たちを滅ぼそうと意を決し、オバタラの屋敷の前にシュロヤシの巨樹を出現させ、オロルンに従う神々と人間をその樹に昇らせると、天に引き上げた。その後で、数日間大雨を降らせつづけて、反逆者たちを滅ぼしてしまった。しかし、地上にはかれらの影響がのこり、それが悪の源でありつづける。

何世代かののち、オロルンは、オバタラとオルンミラとエシュを、今回は人間だけを連れて降下させた。オバタラはオルンミラの助言にしたがって地上に集落をつくり、人間たちを定着させることに成功した。オバタラの報告を聞いて、ほかの神々もそれぞれ自分に従う人間たちをひき連れて降下した。地上にのこっていた悪の力から生まれた邪神たちの破壊的な活動はつづいたが、天から降ったオリシャ（神々）がそれに対抗した。オリシャや人間の多くはオロルンの創造の意図を理解し、掟《おきて》にしたがって生活した。オバタラは人間社会の基盤を築くことに努め、オルンミラはオバタラの知恵袋として、人間たちの教師として活躍した。さまざまなオリシャや邪神の影響のもとで生きる人間たちのために、オルンミラは二人の人間を選んでイファ占いを教えた。

この時代には、人間は神々といっしょに暮らし、天と地を自由に行き来していたが、やがてオロルンは人間のふるまいに腹をたてて天と地をひき離し、人間は天に行くことができなくなった。

世界はオリシャと邪神の戦いの場だ。人間はイファ占い（イファ神託）によってオリシャと交流しその守護をえて生を全うする。これがイファ占いの神官たちの世界観のエッセンスだ。ここで引用したのは、世界創造とその挫折をふくむ複雑な物語の一部らしいが、その細部、とくにオロルンに反逆した神々の名前を部外者に明かすことは厳しく禁じられている。不心得者が、その神々の力を呼び起こして悪用するのを避けるためだという。

天と地の拮抗

この神話の話し手の視線は、天上から下界を見下ろしている。これは、北方からやってきて先住民を支配下においた者たちの視線だろう。

ヨルバ社会にはヨルバ人のこの神話とは別に先住民が伝承する旧い創世神話があって、それによると至高神オロルンの領分である天界と大地母神オニレの領分である下界はこの世の初めから常に対等なものとして拮抗していたことになっている。オニレは、オバタラやオルンミラ、エシュ、オグンなどの神々よりも古い文化に属する神で、海の女神オロクンなど仲間の神々がいる。

下界の神々は天神の働きかけを待つ受動的な存在ではなく、自分の意思と自律性をもった存在である。至高神オロルンが、下界に新たな大地をつくろうとオバタラを派遣したとき、オロクンは自分たちの領域への侵略に腹をたてて、つくられたばかりの陸地を海水でおおって至高神に戦いを挑んだ。このときカメレオンが機知をはたらかせてオロクンを説得し、至高神の権威を認めさせ世界を危機から救ったという。

天神オロクンによる世界創成の神話が広く受け入れられた後も、天と地の関係はけっして一方的ではなく、互いに対抗し拮抗するという考えが世界観の基調になっている。天と原野《イレ》（始源の大地）のあいだに、オバタラが「人間の土地《イレ・アイイエ》」をつくった結果、世界の三つの領域が定まった。「人間の土地」は、耕地と住居からなる文明化された領域。天の力と原野の力が出会う場所で、両者の調和によって維持される。

上方（天）と下方（地）の対立と拮抗という図式は、神話にとどまらずヨルバ人の生活全般に浸透している。一般に、権威や秩序や形式は上方（天）と結びつき、変化を求める反抗的な精神や流動的な生命は下方（大地）と結びつく。たとえば、権威主義的で抑圧的な長老たちと、反抗的で秩序から逸脱しがちな若者たちの対立は、天と地の関係をモデルとして理解される。また、男性と女性の関係では、男性は天と、女性は大地と結びつけられる。こうして、天・地、あるいは天・人間の土地・原野というモデルは、生活のさまざまな局面で、対立する異質なものに相互補完的な関係をもたせることを助けている。

神話は本来、たんなる物語ではなくこのように人間生活をかたちづくる力でもあるのだ。

神々の物語

ヨルバ神話をはじめとするギニア湾岸の神話をアフリカのほかの地域の神話から際立たせているのは、オリシャ（神々）の地上での活躍やオリシャ同士の交わり、英雄的人間がオリシャになった経緯などを語る物語だ。神々は人間とよく似た面があるけれどもはるかに強大で、おまけに不死身だ。美徳も悪徳も、人間の尺度をこえて極端で、善悪の彼岸の世界に属しているといったほうがよい。このような神々が、ときには市場や原野を徘徊し、お互い同士や人間とのあいだにさまざまな関係をとり結ぶ。神々と無関係の人間生活はありえない。人間は神々から逃れることはできないのだ。

本章では、五柱の神々、つまり大地と人間の造り主オバタラ、雷神シャンゴ、鉄の神オグン、生命の女神オシュン、占いの神エシュの物語を紹介しよう。

大地と人間の造り主オバタラ

オバタラ神は、ものの形をつくる神、いわば造形神である。胎児に形を与えるのは彼だ。だが、オバタラの手元が狂うことがある。そもそも、この世に身体的ハンディキャップが発生したのは、創世の時に酩酊したオバタラの手元が狂ったためだ。それ以来、ハンディキャップを負って生まれた人たちはオバタラと特別の関係があるとみなされる。オバタラはそのような人たちの守護神である。

イファ占いの占い師ババラウォたちによると、大地と人間に形を与えたオバタラは、いまも独特の「クールさ」で人間生活のかたちを支えつづけている。「クールであること」は、ヨルバ社会では高く評価される。「クールさ」は、冷静さ、穏やかさ、愛である。このクールさが、激情のぶつかりあいや暴力（過度のホットさ）が人間生活を解体するのを防いでいるのだ。

オバタラは、人びとが怒りや憎しみに駆られ、攻撃的になって争う場所に、ひそかに寛容さと穏やかさと愛を浸透させる。対立するもののあいだに、調和と秩序へと向かう目立たない動きをしかける。つねに晴朗で忍耐強い（クールな）オバタラは、自己主張が強く攻撃的な（ホットな）ヨルバの神々のなかで異彩をはなっている。一見弱々しい印象すら与えるが、静かに受難に耐える彼を迫害する者はかならず恐ろしい報いを受けるという鉄則があることを忘れてはならない。

オバタラの象徴は「白」である。いつも白い衣服を着ているオバタラは、「白衣のオリシャ」とよばれ、彼に関係するものは神官の衣装も祭具や生け贄も、すべて白い。この「白」は、オバタラの儀礼的倫理的な清浄さを表している。ヨルバの有力な神々は概して善悪の彼岸の力という印象を与えるが、倫理性が強調されるオバタラは、この点でも異彩をはなっている。他の大神たちとは異質な神話風土、精神風土に由来する神かもしれない。

オバタラは根元神か

オバタラはほかの神々を分身とする一種の「根元神」だともいわれ、それと関連のありそうな「原初の受難」の物語もある。

太初、地上にはただひとりのオリシャがいた。このオリシャには、アトゥンダとよばれる奴隷が仕えていた。あるとき、オリシャが山腹の畑を耕していると、アトゥンダが大きな岩をオリシャめがけて転がした。オリシャは岩に打たれてばらばらになり、その断片はヨルバ地域全体に散らばった。知恵の神オルンミラは、かけらを集めてオリシャを復活させ、オリシャンラと名づけてイフェにまつった。オルンミラが集めきれなかったかけらから、いまある無数のオリシャが生まれた。

じつはこのオリシャンラ（偉大なオリシャ、オリシャたちの主）こそオバタラだというのだ。また、奴隷の名の「アトゥンダ」は語源的に「破壊して、ふたたび創造する」という意味をもつから、オバタラは死して蘇る神だともいわれる。

クールなオバタラ神とホットな雷神シャンゴは親友だとする物語がある。相反するものは引きつけ合うということか。一見他愛ない物語のようだが、意外に生臭い政治的含意《がんい》を読みとれなくもない。

あるときオバタラは、オヨ王である親友シャンゴを訪問したいと思ったが、イファ占いは「旅は大凶。死が待っている」とでた。「久しぶりにシャンゴに会いたい、死を避ける手立てはないものか」。そこで、再度うかがいを立てて、次のようなお告げをえた。「旅は難儀なものになるであろうが、三つのことをまもれば死を避けることができる。第一に、何が起こっても文句を言わないこと。第二に、頼まれたことを断らないこと。第三に、口答えしないこと。なお、三着の白い服と黒い石鹸《せっけん》とシアの実のバターをもって行くとよい」

オバタラは、従者を連れず一人で旅にでた。老体をいたわって杖を頼りに、ゆっくりゆっくり歩いた。しばらく行くと、いたずら者のエシュ神が道端で、パーム油の大きな壺のかたわらに腰を下ろしていた。エシュは壺を頭に載せるのを手伝ってくれるようオバタラに頼み、赤い油をわざとこぼして、オバタラの頭から浴びせてしまった。オバタラはお告げにしたがって文句を言わずに立ち去り、川で水浴し服を着替えて旅をつづけた。エシュは同じような意地悪を三度もくり返したばかりか、「役立たずの老いぼれめ！」と口汚く罵ったが、オバタラは逆らわずに旅をつづけた。

やっとのことでオヨ国に近づくと、馬小屋から逃げだしたシャンゴの馬に出合った。そんなこととは知らず馬に餌をやっていると、シャンゴの家来たちが彼を馬泥棒だと思って牢屋に入れてしまった。占いのお告げにしたがって、反抗も弁解もせずに牢屋で時を過ごした。それから七年のあいだ、オヨは旱魃《かんばつ》や疫病に襲われつづけた。イファ占いが、老人が一人不当に投獄されているためだと告げたので、シャンゴ王の前に呼びだされ、やっとのことで再会が実現した。オバタラは楽しく滞在した後、土産物をたくさんもらって家に帰った。

イフェ王国は、シャンゴを主神とする新興の軍事大国オヨの勃興《ぼっこう》のまえに、政治的・軍事的には落ち目だが、オバタラ祭祀とイファ占いの本拠として宗教的権威をたもっていた。オバタラに不正を働く者は疫病の罰を受け、和解を望む者はイファ占いが導いてくれる。オヨがヨルバ世界の覇権を握ってからも、ヨルバ全土で広く受け入れられていたのはオバタラ神を主神とするイフェの神話であった。そうすることでオヨの覇権主義的な動きを牽制しようとした多くの都市国家の思惑がその背後にあったかもしれない。

雷神となったオヨ王国の王シャンゴ

雷神シャンゴは、ヨルバ諸王国のなかでもっとも強大だったオヨ王国の第三代の王だった。シャンゴ王については、互いに矛盾するようなさまざまな伝説が伝えられているが、遠征につぐ遠征でオヨの版図を最大にした英雄的な王であったという点では一致している。

法と秩序の護持に熱心な名君だったとも、反対にたいへんな暴君だったともいわれている。ヨルバ社会の英雄的人物のつねとして、彼も超人的な神秘的力の持ち主で、口から炎を吐いて敵を倒したり、雷を統御したりした。剛勇においても、感情の激しさにおいても、徳と不徳においても、常軌を逸していた。

シャンゴは死後昇天して神（オリシャ）になった。彼の死については、臣下に裏切られて怒りや失望のあまり自殺したというものと、自分が犯した過誤にたいする自責の念に耐えきれずに自殺したという、二通りの伝説がある。

シャンゴ王のもとでオヨ帝国の版図は年々広がりつづけたが、国民は戦《いくさ》に疲れ平和を望むようになった。シャンゴ王も、遠征をやめたいと思ったが、戦利品で強大になった将軍たちは、定期的な遠征をやめることに反対した。もっとも有力な二人の将軍ティミとグボンカは公然と王を批判した。シャンゴは、二人を戦わせて相打ちさせようと、まずティミを国境地域に封じた。王都から遠く離れたその地で、将軍は富と軍事力をたくわえ、王のようにふるまいはじめた。

そこでシャンゴは、もうひとりの将軍グボンカを討伐に向かわせた。相打ちになるというシャンゴの期待に反して、グボンカは呪力を発揮してティミを眠らせて捕らえ、都へ連れ帰った。シャンゴは二人に決闘を命じ、グボンカはふたたび呪力でティミを眠らせて首をはねた。勝ちに乗じてグボンカは王に挑んだ。

「王の呪術などたかが知れている。口から火を吐いて人びとを怖がらせているが、私を焼くことはできない」

グボンカは広場で大きな焚き火をさせた。

「さあ、焚き火に油を注ぎ、私を縛って火に投げこめ」

グボンカは火に投げこまれたが、なにごともなく炎の中から出てきた。

「街中の火を合わせても無駄だ」

人びとは、グボンカの力に恐れをなして、平和をとり戻そうとしたシャンゴを見捨てた。王妃オヤだけがシャンゴの側に立ったが、すでになすすべはなく、二人は都をでて、オヤの実家へ向かった。しかしシャンゴは、人びとに裏切られた痛手のあまり森の中で首を吊り、死後、昇天してオリシャになった。

一方、王妃オヤはただちに都にとって返し、シャンゴを悼む人びとを集めて「王は首を吊らなかった。王は死ななかった」と歌いながら行進した。列に加わる人びとが次第に増えて、ついに都を制した。

人びとは、将軍グボンカを司祭としてシャンゴを葬り、喪に服した。そのとき、「シャンゴは死んだ」と口にした者が雷に打たれたので、「シャンゴが死んだ」と口にすることはタブーになった。

シャンゴは雷神としてまつられ、将軍グボンカの子孫が神官を務めている。

別の伝承では、シャンゴ王のほうが戦争続行に固執し、二人の将軍がそれに反対したことになっているが、結末は同じだ。人びとの関心は、シャンゴが平和愛好者だったかどうかということよりも、どのようにしてオリシャになったのかに向けられている。

シャンゴ王は、口から吐きだす炎で敵を撃退して味方を守ったが、戦争が終わって時がたつうちに、人びとはそのことを忘れ、口を開くたびに炎を吐く王は危険だと退位を要求した。

「シャンゴはすべてを破壊しつくす暴君だ。私たちは平安を望む」

失望したシャンゴは、森に入って首を吊ろうとしたが、綱が首に触れるやいなやたちまち地面が割れて、シャンゴは地中に消えた。知らせを受けた人びとは、シャンゴを飲みこんだ穴のほとりで喪に服した。その後シャンゴは、天に昇って雷の神となった。

シャンゴの死については、このほかにも、雷をあやつる術を試していて誤って妻子を殺してしまい、悔恨と悲しみのあまり自殺したという伝承もある。

いずれにしても、人びとはいちどはシャンゴを見捨てたけれども、怒りや絶望で死んだ彼の祟《たた》りを恐れ、また彼の並外れた力が必要であることに気づき、さらにまた嵐のような彼の人柄を追慕し、そうしたことが複合してシャンゴ祭祀に結実した。これは英雄的な人物がオリシャ（神）としてまつられる場合の典型的なパターンで、日本の御霊信仰を連想させるものがある。シャンゴのことを「西アフリカの天神様」とよんだのは人類学者の山口昌男だ。

最後までシャンゴを支持してひるまなかった王妃オヤの人気も高い。オヤは、鉄の神オグンと離婚してシャンゴと結婚した。王妃でありながら、森での狩りに情熱をそそぐ勇猛な女性だ。たいへん負けん気がつよく、シャンゴ王の力を嫉妬して、シャンゴが炎を吐くとき口に含む薬を盗んで隠してしまったこともある。死後ニジェール川の神になったが、シャンゴとは依然として夫婦である。

オリシャ（神）としてのシャンゴ

シャンゴは雷、稲妻、雨の神である。村や町を焼き、樹木を裂き、人をうち殺す恐るべき神だが、豊かな恵みをもたらす神でもある。彼が訪れると、川は膨れあがり、乾いた大地は潤《うるお》って実りを約束する。人びとはシャンゴの怒りを恐れるとともに、その到来を願いもする。

勇敢で忠実な妻オヤは川の女神となり、今もシャンゴと行動をともにしている。雷雨の前に吹く突風はオヤだ。シャンゴは稲妻で戦うとき、まず暴風としてのオヤを送りだす。彼女なしには戦えないのだ。「夫より凶暴な妻」というのが、オヤの渾名《あだな》の一つである。

シャンゴは、彫像では牡羊（牡羊のたてがみは稲妻を表す）に乗り、ハンマーをたずさえ、妻たちに囲まれた姿で表される。宮殿は輝く真鍮《しんちゅう》でできており、稲妻はそこから発する。

オリシャとしてのシャンゴは、王の祖先であり、雷雨と稲妻という荒々しい自然力であると同時にそれを統御《とうぎょ》する力である。三人の川の女神を妻とする多産の神、雷によって邪悪な者を打つ正義の神、創造的であると同時に破壊的な激情の神でもある。

雷鳴がとどろき稲妻がはしると、信徒たちは「王は首を吊らなかった、王は死ななかった」と唱える。シャンゴを守護神とする王国や都市ではこの季節に、一大野外劇ともいえる例大祭が催され、社会はシャンゴの強大な力に満たされる。広場で催される例大祭には、王をはじめ有力者たちが参列し、シャンゴは次々と信徒に憑依し生者のあいだに蘇《よみがえ》って、火を食い、燃える石をつかみ、王として人びとと交流する。こうしてシャンゴ王の時代が再現される。参加者は、王権の威力や正義の理念を感得し、さらには人間のうちに潜《ひそ》む激情にふれる。

シャンゴに選ばれ憑依された者たちは、シャンゴ結社のメンバーになる。彼らが捧げる祈りと供物は、シャンゴの怒りを鎮めて雷の害を避け、実りの雨を招き、子宝を恵み、不正で理不尽な権力者を懲《こ》らしめ、激情を統御する力を与える。

創世の神としての鉄の神オグン

鍛冶の神にはアフリカ各地でお目にかかるが、ヨルバでは鉄自体が神だ。鍛冶の神ではなく、鉄の神オグンが文明の神だ。オグン神話の主題は人間の外部にある自然でも鉄の有用性でもなく、むしろ鉄と人間との内的繋がりである。鉄と人間と文明をめぐるヨルバ人の思索とヴィジョンはオグン神話として結晶した。

鉄の神オグンは、下界の統治者であるオバタラ神、その助言者であるオルンミラ神、占いの神エシュなどとならんで天界の最有力な神々のひとりである。オグンは、雷神シャンゴよりもホットな神、おそらくヨルバの神界でもっともホットな神だ。彼は、イファ占いの占い師たちの伝承では、創世の事業に失敗したとされているが、鍛冶師や狩人の結社の伝承では、地上の人間世界と文明を創始した神として活躍する。

至高神オロルンが、オリシャの一団を大地をおおう原初の森に降下させたとき、オグンは大地から鉱石をとりだして鉄を精錬し、鉄器を用いて原野や密林を切り開いた。それまで挫折知らずだったオグンは、供物を捧げよというオルンミラのお告げを無視したために失敗し、邪神たちによって、いちど入ったら出ることができないとされる魔の森に閉じこめられた。

比類ない能力と不屈の意志で、七年かけて脱出をはたしたオグンは、ふたたび創世の業にとりかかり、道をつけ耕地をつくった。集落の数は増え、規模も大きくなったが、それに満足せずさらに城壁に囲まれた都市をつくり、征服の戦に明け暮れて地上初の王国を打ち立てた。だが、魔の森の影響はのこり、かれがつくりだす文明は、将来にわたって本質的に不完全なものでありつづけることになった。オグンは、その後もしばらくは地上にとどまって、狩人、農夫、鍛冶屋、戦士、王などさまざまな姿をとって、人間たちのあいだで暮らした。

オグンは地上の世界をかたちづくっただけではない。人間を今日あるような、つまり私たちのような人間にしたのも彼だ。先に紹介した神話では、人間の身体をつくったのはオバタラとオドゥドゥアだったが、鍛冶師の伝承では、オグン兄弟が人体をかたちづくった神として登場する。

天界の鍛冶神はオグンの兄である。この鍛冶神が粘土の塊に切れ目を入れて人間の身体をつくったが、できたものは他の動物たちとあまり違わなかった。しかも、力や速さという動物の強みを欠いていた。オグンはその不完全な存在（人間のようなもの）のかたちを修整し、割礼をほどこし、民族を表す印を頬に刻んで、人間らしい人間に仕上げたうえで、火と鉄と王権を与えて文明化した。

オグンについては鍛冶師の結社が、ギリシア神話のプロメテウスを思わせる神話を伝えている。部外者には秘密にされているので、詳しいことは分からないが、大略つぎのようなものだ。

オグンは、人間が住むべき地上の世界をととのえ終わると、人間たちを天界の影響から解放してやろうと考えた。至高神オロルンにたいして地上の世界は自分のものだと宣言し、地上の事柄から手を引くよう迫ったが、逆に天界から攻撃を受けてコブラにされ、原野に隠れた。このとき人間は敗れたオグンを裏切って、かれが残していった道具を盗んで鍛冶をはじめた。それ以来、鍛冶師たちはコブラを「原初の鍛冶師」とよび、復讐を避けるためにまつりつづけている。人間の技術（鉄の技術）は、魔の森の刻印を受けたオグンからえたものだから、永遠に不完全なものにとどまる運命にある。

狩人、農夫、戦士でもある地上の王オグン

一般に流布している伝承では、オグンは、創世の業を終えたあともしばらくは、狩人、農夫、鍛冶師、楽師、戦士、王など、姿を変えながら人間のあいだで暮らしたことになっている。戦士＝王としてのオグンは、実在の都市国家の伝説にも登場し、オグンを創設者とする都市もある。

孤独な旅に明け暮れていたオグンは、たまたま立ち寄ったイレの町の住民が歓待してくれたので、敵を撃退して報いた。王になってくれるよう懇請《こんせい》されたが、ことわって原野にとどまり、ひとりで狩りと農耕の日々を送った。

しかし度重なる願いに根負けして、人びとが恐怖のあまり考えを変えることを期待して、恐ろしい素顔のまま戦いの装束《しょうぞく》に身を固め、全身に返り血を浴びて現れた。オグンが町に入ると、案の定、人びとは恐怖に駆られて逃げだしてしまった。これであきらめるだろうと原野に戻ると、また長老たちがやってきて、素顔を隠して来てくれという。ついにオグンは、顔をおおいヤシの葉で身を飾り、町に入って即位した。

王となったオグンは、内では公正と秩序を重んじ、外では遠征を重ねて、イレのために戦利品の山を築き、破竹の勢いで版図《はんと》を拡大した。名君オグンのもとで、イレは繁栄を謳歌《おうか》した。ところがある日、戦闘の最中に、喉の渇きに悩まされていたオグンの前に、いたずらもののエシュ神が椰子酒の大杯を差しだした。一息に飲み干して酩酊したオグンは、敵味方の区別がつかなくなって多数の味方を殺戮

した。正気に戻って自分がしたことに気づいたオグンは、慙愧《ざんき》の念にたえきれず、地上の世界から永久に去った。

オグンの素顔がどのようなものだったかは分からないが、西隣に住むフォン人の鉄の神は、首から上は剣だといわれているから、オグンもそのような姿をしていたかもしれない。いずれにしても、鉄の神オグンは、人間に見せられない素顔、あるいは人間を恐怖におとしいれる素顔をもっているのだ。

戦士オグンは好戦的で獰猛《どうもう》で、席の暖まる暇なく遠征に明け暮れる。オグンは遠征を好んだが戦利品には関心を示さず、征服した国は息子に委ね、自分はさらに遠征を続けて二〇年間も戻ってこなかったこともあるという。

これとは別に、オグンが王子として登場する物語もあって、それによれば遠征に明け暮れたのはかならずしも彼の意思ではなく、あまりに強くて獰猛なため父王にうとまれたためだという。記紀神話のヤマトタケルを想わせるが、それは次のような話だ。

王は、王子オグンに、四方の国々を征服することを命じた。オグンは使命を果たして王国の版図を広げ、略奪品で王国を富ませた。イレ・エキティの町の反抗に腹を立てたオグンは、町を破壊し、殺した王の首をたずさえて帰途についた。知らせを受けた父王は、「王が別の王の撥《は》ねられた首を見ることはタブーなのに、あえて敵王の首を持ってくるのは、相次ぐ戦勝に増長して王位を簒奪《さんだつ》するつもりに違いない」と考えた。王子オグンには、そのような意図はまったくなかったのだが、城内に入ることを許されず、捕虜や略奪品とともに直ちにイレ・エキティへ戻って王としてそこに止まることを命じられた。

だが、オグンのまったく別の面を印象づける伝承群もあり、そこに登場するのは旅と音楽をこよなく愛し、村々や原野を遍歴する孤独な狩人としてのオグンである。

エリンレとよばれる狩人が、人里はなれた森の奥にひとりで住み、ひとり暮らしの退屈しのぎに歌をつくり、市場で獲物の肉を売るときには、その歌を歌って客をひき寄せていた。人びとはその歌を好んだが、かれのことは森の精霊たちと親しい気味悪い人物だと思って敬遠していた。あるとき、好奇心を押さえかねたひとりの男が、かれの居所を突き止めようと家まで跡をつけたところ、歓待されたうえ獲物を土産にもらってもどった。それを知った人びとはかれに親しみはじめ、近くに住み着き、歌を教わって愛唱するようになった。それがイジャラとよばれる歌謡《かよう》のおこりである。

旅の途中たまたまその地を通ったオグンは、ふと耳にしたエリンレの歌が気に入り、しばらくその狩人のもとに滞在した。ドラムと踊りの名手だったオグンは、エリンレにドラムとドラム用の曲と踊りを教え、エリンレはオグンにイジャラを教えた。オグンはその後、旅の途上で訪れた地方には歌謡のイジャラを伝えたので、今では人びとはイジャラの作者はオグンだと思い、今日ではオグンの祭礼ではかならずイジャラを歌うことになっている。

狩人としてのオグン

オグンは、旅の途上で各地の狩人たちと交わり、かれらに結社の組織や狩りの技術、儀礼などを教えた。狩人結社はオグンを守護神としてまつり、オグンを称えて歌いかつ踊る。彼らにとってオグンは理想の狩人であり、英雄的なリーダーであり、日々の生き方の模範である。

オグンが示唆する狩人の生とは、どのようなものだろうか。一つには、狩人は原野で孤独な自立した生を送る。そのように人は、とくに男は孤独だ。自分で自分を守らなければならない。二つには、狩人は未知の危険な原野で人びとを守り、養《やしな》い、安全な土地へと導く。そのように、人はだれでも人生のなかでいつかは何らかのかたちでリーダーの役割を引き受けなければならない。リーダーは、勇気とヒロイズムを発揮して同胞に仕えなければならない。そして三つには、手ぶらでもどる狩人はもはや狩人ではない。そのように、個人の人生は人びとに何をもたらしたかによって評価される。

狩人たちは、仲間の葬儀で「オグンの道」を歌や踊りで表現し、また故人がオグンの道に忠実に生きたことを称える。こうして、狩人の葬儀はすべての人びと、とくに男たちにとって人生の学校としての意義をおびるのだ。

オグンの多面性

オグンのこの極端なまでの多面性は、さまざまに解釈されてきた。

ヨルバ出身のノーベル賞作家ショインカは、オグンをギリシア神話の神々と対比（比較）している。すると、アポロとディオニュソスとプロメテウスを統合したようなオグンの姿が立ち現われる。ショインカは、オグンのこの多面性・全体性は、至高神と始原にもっとも近い神であることの表れだと考えている。根源的なものに根ざす多面性・全体性・統合性は、現代人と現代文明が見失ったものであり、ショインカにとって、オグンは自己形成のための模範であり、来たるべき文明の理念の体現者で終わる話の性格のアフリカ的ルーツにも関心がある。西アフリカ・ギニア湾岸の文化的伝統と関連づけながら、私自身のオグン像を描いてみたい。

私は「根源的なものに根ざす多面性・全体性・統合性」に着目するショインカのオグン理解に共感するが、同時に、この論じ方では言葉足らずだと思わざるをえない。オグンが「文明の神」であることを私たちは「鉄の有用性」ということで納得しがちだが、そういう常識をいったん括弧に入れてオグンのうちにヨルバ人の文明論の結晶を読みとるべきだ。中心と周縁、創造と破壊、都会と田舎などさまざまな対立項あるいは対極がどのように関係づけられているのかが鍵になる。

まず戦場でのオグンから。オグンが戦場で酩酊して我を忘れる場面については、まったく同じエピソードが、王＝リーダーとしてのシャンゴの物語にもでてくる。アメリカの人類学者バーンズによれば、これは、並はずれて力ある人間のなかに同居する強さと弱さの物語である。卓越した自己統御とその破滅的な喪失とは、オグンにおいては同じコインの表と裏の関係にある。このことは、スケールの違いはあっても、すべての人間にとっての真実だろう。自己を統御する努力なしには人間でありえないが、完全な自己統御は人間でなくなることに通じる。人間としての力をえるためには自己統御を失う経験（忘我、恍惚、無秩序）も必要なのだ。オグンはこの真実に直面させ、その真実を生きる知恵を示唆する。

オグン神話において鉄は単に人間の外部にあるものではなく、人間と内的なつながりをもっている。むしろ人間存在の構成要素といったほうがいいかもしれない。それは人間内部の統御しがたいものと深いかかわりをもっている。この神話を伝承した人びとは、文明において私たちが直面するのは人間の「正気と狂気」、「自己統御とその喪失」の問題にほかならないことに思いを凝らしていたにちがいない。

「中心性と周縁性」の関係も主題の一つだ。オグンはあるときは王国の建設者であり、あるときは原野にとどまる放浪者である。社会の中心であるとともに周縁に身を置く孤独な境界人《マージナルマン》である。二〇年故郷の土を踏まない征服者であり、一人ぼっちの放浪者であり、人里離れた山の頂や森に隠棲する隠遁者。寄る辺ない孤児の守護者。オグンの物語をつらぬくのは孤独という主題だ。彼の孤独は、破壊や創造の行為に不可避的にともなう孤独である。戦士やリーダーは、発明家や芸術家のように、社会の周縁に住むことをも知らなければならないのだ。

この主題もまたある意味では戦士やリーダーだけでなく万人のものだ。オグンを生き方の模範とした狩人結社の成員はそのことを知っていた。ひとはだれでも、社会に適応しなければ生きてゆけないが、同時に、自分の内面に沈潜《ちんせん》する孤独のときをもたなければならない。その両方を統合しなければ人としての生を全うできない。

オグンの創造と破壊、恵みと殺戮

ヨルバ社会には古くから鉄にたいして宣誓《せんせい》する習俗があった。鉄は偽りを述べたものにたいしてたいへん厳しく、ときには残酷ですらある罰をくだすとして怖れられていた。オグン神とオグン祭祀の歴史的起源をこの習俗に求める研究者もいる。

オグンは、正義と公正と秩序を好む。だが、偽りを述べる者への彼の怒りは、ときに度を超えて破壊的で、理不尽ですらある。彼は、正しいと同時に不正だ。恵み深いと同時に無慈悲だ。創造的リーダーあるいは創造的権力者はしばしばこのような特性を示す。ヨルバの人びとは生活のなかで、そのことに気づいたのではないだろうか。人びとはつねに、オグンに対立する両面があることを忘れない。オグンをまつる祭礼で、人びとは声を合わせて次のようにオグンを称える。

「私は七人のオグンを知っている。火をもたらした者、鉄をもたらした者、最初の狩人、最初の戦士、はじめて道をつくった者、はじめて原野を拓いた者、都市と王国の創建者」。

だが、次のようにも歌う。

「天に血が噴きあがる場所には、かならずオグンがいる。オグンの剣は、歓喜と悲嘆を同時にひき起こす。オグンは、荒々しく危険ないばらの茂み、下生えも落ち葉も焼き尽くす密林の火事」
「オグンは、水浴びに出かけるように血を浴びに出かける。血を浴びた長い手で、深淵に落ちた子どもをすばやく抱きとめる」

オグンはつねに血に渇く神だ。交通事故、戦争、テロ、強盗——鉄の道具や武器によって殺される人の血は、オグンの渇きを癒《いや》すための血とみなされる。これらの死者はオグンへの生け贄なのだ。オグン祭祀は、文明の両面性、とくにその暴力性を開示して、それに対処する知恵を涵養《かんよう》する営みだ。

「アフリカ的文明」の神オグン

オグンはさまざまな姿をとり、多面的であるが、文明の神としてのオグンをかたちづくる基本的な骨格は、原野と都市の対比だ。オグンは、都市文明の最先端で強力なリーダーシップを発揮するときもあるが、原野で気ままに暮らすときもある。オグンにとっては、原野も都市もともに慣れ親しんだ場所なのだ。オグンは、狩人と農夫と牧民と鍛冶師と王が緊密な関係のもとに共存してきた、アフリカ的文明の神なのである。

オグンの祭礼とシンボルの起源は次のように語られる。

あるとき、旅の途上でオグンは「忍苦の市」とよばれる市に立ち寄り、市の入り口で税を取っていた犬の応対に腹をたてて首をはねた。怒った市場の神エシュ（後出）にひどい目に遭わされて森に逃げこみ、着物が破れたのでシュロヤシの若枝で体をおおった。このため、犬はオグンにふさわしい生け贄となり、ヤシの若葉はオグンのシンボルとなった。

オグンの肌は漆黒だといわれる。地中から産する火打ち石や鉄鉱石はオグンの身体だ。オグンの祭礼の日、人びとは長い棒の先端に鉄鉱石の塊をシュロヤシの若葉でしばりつける。その重い棒をささえた男が、信徒たちの肩にのって町を練り歩く。そのまわりをシュロヤシの若葉で身を飾り手にも持った信徒たちが踊りながら行進する。祭礼のクライマックスでは、犬の首が撥ねられ、信徒と神官が犬の死体を奪い合う。信徒たちは酩酊し、女の信徒が熱狂的にオグンの賛歌を歌う。古代ギリシアの酒神ディオニュソスの祭儀を連想させる光景だ。

鉄鉱石はオグンの創造性と攻撃性を象徴し、シュロヤシの若葉は平和と酩酊を表し、バランスをとりにくい棒はオグンの気まぐれを表す。オグンについては、天界に生まれた出自と同時に大地との親近性が強調され、地上の世界を去るときには、生きたまま地中に消えたといわれている。

「原野」と「都市」を統合する者

オグンは、原野から都市への移行を実現し、原野と都市を統合する神だ。オグンのシンボルは、原野と都市の関係という観点から、より全体的整合的に説明できる。

オグンの三つのシンボル、つまり鉄とシュロヤシと犬は、いずれもオグンに似て原野と都市にまたがる存在であり、都市文明の構成要素でありながら野生をも保持している。異質なもののあいだを媒介する作用をもち、またずば抜けて多様な用途がある、つまり多面的である。

まず鉄だ。鉄の多様な用途は、オグンの多様なはたらきに対応する。鉄は生産にも破壊にも役立つ両面的な力をもつ。また、鉄鉱石は火の作用で変化して鋳鉄《ちゅうてつ》になる。神秘的な変化の結果生まれた鉄は、こんどは他の事物を変化させ、さまざまな事物を媒介する。鉄器は、文化・文明の産物たる人間を原野で生きのびさせる。原野を都市に変える。鉄の刃物は生け贄の動物を殺して、神々と人間を結びつける。割礼によって、原野のものである子どもを文明化する。遺体を剃髪《ていはつ》して、魂を昇天させる。

次にシュロヤシ。魔の森をさまよって衣服がぼろぼろになったとき、オグンは原野の象徴であるシュロヤシの若葉を身にまとった。衣服が文明を象徴するヨルバ社会では、それは動物性や狂気の表れとみなされるが、オグンは意に介さない。

シュロヤシは、他のどの植物よりも多様な用途をもつ。枝は屋根や壁に、葉は籠や箒《ほうき》やマットに、樹液はアルコール飲料に、果肉は料理油や石鹸や薬用に、殻は鍛冶の燃料やセメントの補強に、幹は家屋の梁《はり》や板に、根は薬用に。そして幹には食用になる幼虫がいる。

ヨルバの神話では、シュロヤシは下界で最初に生えた植物で、鶏とともに新しい大地をつくりだすことに寄与した。かつては天と地を繋いでいたともいわれる。そしてシュロヤシは、原野と村里のいずれにも同じように生育する。

最後に犬。創世のとき、原野で道に迷ったオグンが、同じ天界の神であるオルンミラのお告げにしたがって供犠《くぎ》を行ったところ、どこからともなく犬が現れて道を教えた。犬は死者の魂を天にみちびく。犬とオグンはともに「道を示す者」という渾名《あだな》をもつ。犬は原野でも都市でも生きのびる。飼い主への忠実さや自己犠牲のふるまいに見られるように文明の産物だが、肉食であることや時折みせる凶暴さから分かるように野性も失っていない。犬の気質はオグンに似ている。勇敢で攻撃的で、怒りに我を忘れて凶暴になることがある。闘いを好み、身の危険をかえりみず強大な敵にも立ち向かう。犬はいろいろな役にたつ。泥棒や野獣や悪霊の接近を知らせる。狩りを助け、子どもの排泄物を食べて掃除し、生け贄や食料にもなる。

「原野」と「都市」、「未開」と「文明」

原野（未開）と都市（文明）の対比は、天と地の対比とともに、ヨルバ人の世界観の基本的な枠組みだ。都市住民がいだく一般的なイメージでは、田舎は原野と結びつく。田舎の人間は汚くて粗野で、性的にルーズで、単純な技術しか知らず、動物との境界があいまいだ。だが、このあいまいさこそが彼ら独特の力の源泉である。逆に、田舎の住民がいだく一般的なイメージでは、都市の人間はずるく、不道徳で、同情心に欠ける。心理的に混乱していて、過剰な野心にふり回されており、暴力にはしりがちだ。しかも、それらすべてが、都市の豊かさと洗練をもたらすのだ。

原野と都市を行き来するオグンは、この通俗的な二分法に代えて、原野と都市を二つの焦点とする楕円や螺旋《らせん》運動のイメージを提供する。それは一種の双極モデルだ。原野と都市は対立し拮抗するが、両者の交流こそが力と秩序をもたらす。原野が孤立すれば、野生の力は統御も活用もされず、ただ無秩序をもたらす。他方、都市が孤立すれば、専門分化した概念的思考とシステムの非人格的原理が、意思の衰弱や依存性と結びついて不毛の秩序をもたらす。

ヨルバ人にとって、「ブッシュすぎる」と「文明すぎる」はともに批判のこもった表現だ。文明の目的は、原野を支配することではなく、原野の力と文明の組織原理を均衡させることでなければならない。それを実現するのは、オグン神によってつくられた人類の使命だ。子どもは原野のものとして生まれ、文明化され成熟するとふたたび原野への道をたどる。この人間観は、都市文明によって練り直された「原野の思想」（三章）にほかならない。

オグンをまつるのは、主として、鉄に関係のある仕事に従事する兵士、鍛冶屋、狩人、彫刻家、床屋、割礼を行う者、運転手などである。しかし、テクノロジーの影響圏が拡大するにつれてオグン神の信徒は増えつづけ、今日ではもっともポピュラーで影響力のあるオリシャ（神）である。オグン祭祀は、西アフリカのギニア湾沿岸の国々や新大陸の中南米で、民族の境界や国境を越え、さらには複数の大陸にまたがって、ますます拡大隆盛の勢いを見せている。いわゆる民族宗教の神が、現代社会で国際的な活力と広がりを見せている数少ない例として注目に値する。

生命力（アセ）をつかさどる女神オシュン

これまで主として男神の神話を見てきたが、大地の女神オニレや死後に雷神となったシャンゴ王の妃オヨにみたように、女神たちの存在感もなかなかつよい。なかでもオシュンは、ヨルバの女性像を一身に集約している。至高神はオシュン神に根源的な力アセを管掌《かんしょう》することを委ねた。アセは、生命の連続性と全体性を維持する。とりわけ統御しがたく流動的なもののうちにはアセが活発にはたらいている。

女神オシュンの立場から世界のはじまりを語り、彼女を守護霊としてまつる都市もある。

至高神オロルンは、できあがったばかりの地表を人間が住めるようにととのえ、人間の生活を組みあげるために、鉄の神オグンに率いられた神々の一団を下界に遣わした。オシュンはそのなかでただひとりの女神だったので、男神たちは仕事をはじめるにあたって、オシュン神に知らせないで自分たちだけで集まりをもった。怒ったオシュンは妖術《アジェ》を用いて妨害したので、男神たちの業はことごとくだめになった。

オシュンは、男性を攻撃するときはとりわけ男性的とみなされる力や活動を標的にする。このときも、まず男神たちの精水の力を奪って不能にし、さらに根源的な生命力であるアセの循環を止めてしまった。困りはてた男神たちがオロルンに訴えると、オシュンに捧げ物をして詫び、以後けっしてオシュンをのけ者にしないようにとのお告げを得た。男神たちはオシュンに詫びたうえで、それまでの活動に関する情報をすべて与え、それ以後は全員でことに当たるようになった。

すると、見る間にアセはふたたび循環して大地にみなぎり、男神たちの精水も産出力をとり戻した。雨が降って川が膨れあがり、世界は喜びに輝いた。穀物が実り、ヤムイモが育った。人間たちも元気を回復して幸せになった。


男性的なものと女性的なものは、相互に補完し合わなければならない。オシュンをのけ者にした男神たちは、この原則に反したので償《つぐな》わなければならなかったのだ。男女間の不当な排除や離反をしかける者がいれば、男であろうと女であろうと、オシュンは怒って生命力の循環を断つことによって懲《こ》らしめる。

母のように都市国家をまもる無敵の女神

ナイジェリア南西部の大都市オショグボに十九世紀後半まであった都市国家オショグボの守護神は女神オシュンだ。神話は女たちをしいたげる男たちを懲《こ》らしめるオシュン神を称える。

あるとき王や男の横暴に腹をたてた女たちが、町を捨てて丘に立てこもった。途方にくれた王は、神々に女たちを連れ戻してくれるよう頼んだ。女たちは、権威をふりかざす男の祭司も占い師も相手にしなかった。猛々しい雷神シャンゴも鉄の神オグンも天然痘の神ショボナも死神も、すべて撃退してしまった。万策尽きた王はオシュンに泣きついた。

オシュンは、イファ占いに伺いをたてて必要な供儀をすませると、ヒョウタンを首にぶらさげて打ち鳴らし、歌い踊りながら丘に向かった。

「戦いの仕方なんか知らない。歌と踊りならまかせてよ」

女たちは喜んで、オシュンの後について歌い踊り、導びかれるままに町に戻った。オショグボの町は、神々や王、戦士、病、死のすべてを撃退したオシュンの力を認めて、守護神としてまつるようになった。守護神オシュンは、輝くばかりに美しく恵みぶかいだけでなく、力強く頼りになる。女たちに気前よく子どもと富と力を与え、母のように優しくまもる。だが、ときには勇猛で荒々しく好戦的で気まぐれでもある。


オシュンは恋多き女神であって、多くの有力な神々と結婚したり、愛人関係となったりした。相手がだれだろうと、彼女はつねに対等なパートナーである。川の神としてのオシュンは先に紹介したオヤとともに雷神シャンゴの妻だ。雨季の雷と稲妻がもたらす豪雨によって、オショグボの近くを流れるオシュン川は水を満々とたたえ、滔々《とうとう》と南へ流れて大地に豊穣をもたらす。オシュン川の水位がもっとも高くなる季節には、オシュンの大祭が行われる。シャンゴに似てオシュンもまた、政治的・軍事的能力を発揮して都市を守護する。

オシュンは占いの神オルンミラの妻だったこともある。オルンミラ神に弟子入りして占いを学んだが、最高の段階に達することはできなかった。だが神話は次のようなエピソードを伝えている。あるときオルンミラが邪神オジョグンともめごとをおこして窮地におちいった。和解のために必要な供犠の内容を得意の占いで知ることはできたが、それを自力では入手できず、実際にそれらを手に入れてオルンミラを救ったのはオジョグンの友でもあったオシュンだった。

オルンミラは、善の力も悪の力も深く理解し、出来事のなかにそれらの働きを見極めることができるが、それらの力を実際に統御できるのはオシュンである。オルンミラは認識と知恵で優れているが、統御しにくい力と渡り合う実践では無力だ。二人の結婚によって、知恵と力のあるべき関係が実現した。

オシュンは無敵のトリックスター、エシュの母であり協働者である。根源的な生命力アセの連続性と全体性を維持するのはオシュンであり、その力を操作してものごとの流れに介入するのはエシュである。出産の神でもあるオシュンは、生命力アセを胎児に与える。オシュンの働きによって、生命力アセは共同体のなかで祖先、生者、これから生まれる者を貫いて流れつづけ、生命の連続性と循環が維持される。

がらりと調子を変えて、みじめに悩み苦しむオシュンの姿を伝える伝承群もある。オシュンは女性特有の、とくに生殖にまつわる苦しみをしばしば経験したという。オシュンは裕福だったが、長く子どもに恵まれず、イファ占いのお告げにしたがって高価な供犠をして、つまり富を犠牲にして子どもを得た。オシュンはまた、難産の苦しみを何度も経験した。それゆえオシュンは、同じような苦難に見舞われた女たちにとくに親身に手を差し伸べるのだ。彼女は母と幼子の守護者である。

魔女の顔をもつ女神

だが、オシュン神もオリシャ（神々）のつねとして、単純に善なる神ではなく、危険な魔女の顔ももっている。

オシュンはアジェとよばれる力の主でもある。アジェとはなにか。アジェは「妖術」と翻訳されることもあるが、これは半分は正しく半分は間違いだ。それというのも、アジェはすべての人に宿っているが、意志によって統御することがむずかしい危険な力で、善にも悪にも働くからである。ずば抜けた才能や影響力として発現することもあれば、他人を破滅させる妖術の力として発現することもある。嫉妬や憎しみや敵意など、破壊的な感情の力はアジェの現れだ。

社会にとってもっとも恐るべき脅威は、人間自身に宿るアジェだと考えられている。とくに女性のアジェが危険で、強力で邪悪な妖術者はしばしば女性である。そして、輝くばかりに美しく恵みぶかい女神オシュンこそが、このアジェの主なのだ。オシュンの闇の部分はそれだけにとどまらない。オシュンは、この世のはじめに至高神に反逆した邪神オジョグンたちの友でもある。

オシュンは対立する二種類の力を関連づけ統合する。鉄の神オグンの本質が創造的力と破壊的力の関係そのものにあったように、オシュンの本質は恵みの力と悪意ある力の関係そのものだ。

人びとは、自分のアジェが悪に転化しないよう、また他人のアジェ（妖術）の犠牲にならないよう、また邪神オジョグンに襲われないようにと、オシュンをまつる。アジェの主でありオジョグンの友であるオシュンは、アジェやオジョグンを撲滅しようとはしない。人間の祈りや供物を使って、危険なアジェを鎮めたり破壊的なアジェを創造的なものに転化したりする。また、オジョグンと戦うのではなく、オジョグンにとりなしてその攻撃をそらしてくれる。

この多面的なオシュン神は、人びとのうちでどのように統一的な像を結んでいるのだろうか。ヨルバ語には「よき母《イェイェ》」という表現があるが、これは、私たちがふつうに考える「よき母」とは異なる。「よき母」とは、統御しがたい力をもつ女、戦士としての女、生命を与えまもる女、美しく富裕な女などの側面を兼ね備えた存在である。そして、オシュンこそはまさに「よき母」そのものだ。ただ、ここで注意しなければならないのは、ヨルバ社会では、「母」という語がさす範囲はかならずしも生物学的な意味での女性に限定されないということだ。たとえば男性がつく役職でも「〇〇の母」とよばれることはめずらしくない。「〇〇の主あるいは頭」という意味だ。

私たちは、いたるところで「よき母」の風貌を宿す女性たちに出会う。市場での商売に腕をふるう堂々たる恰幅の女性。軽妙で毒のある表現で声高に若者たちをからかう主婦。若者に踊りを挑んで圧倒する老女……。

オシュンは破天荒な女神だが、それでもなお既視感をもつ読者が多いのではないだろうか。アフリカの神話世界で、私たちはすでに、同類の女性たちの姿をたくさん垣間見ているのだから。

ポピュラーでいながら謎めいた神エシュ

四柱の個性的な神をご紹介してきたが、最後はエシュである。エシュ神は、女神オシュンの息子だともいわれる。エシュは、ヨルバの万神殿の神々のうちでももっともポピュラーな神なのだが、同時にもっとも謎めいた神でもある。

ヨルバ人は「四〇〇のオリシャのほかに、もうひとりのオリシャがいる」という。これは、四〇〇柱の神々のほかに別格の神としてエシュがいるという意味だ。なぜ別格なのか。まずエシュは、至高神オロルンにもっとも近い神で、至高神と他のすべての神々や人間のあいだの仲介者・メッセンジャーだ。

またエシュは、他の神々とちがって、特定の信徒集団をもたず万人によってまつられる。他のどの神をまつる人びとも、かならず同時にエシュをまつる。エシュが登場する物語は、他のどの神と比べてもずばぬけて多い。そのうえ、いわゆるエシュ噺《ばなし》はヨルバ人が愛好する娯楽の一つだ。エシュが別格だというのはこういうことだ。

エシュは何の神様なのか。エシュがつかさどるのは、占い、市場、交換、コミュニケーション、争い、道、旅、道化……などである。

この謎めいた神の姿にできるだけ光を当ててみよう。それぞれの物語が小さな光源やのぞき窓になって、ヨルバの奥ふかい万神殿の薄明のなかからエシュが姿を現すように。

世界をかたちづくり維持する神

エシュは創世神話に、至高神の身近にいる協力者として登場する。至高神は太陽を創造すると、エシュに命じて太陽が昇る場所と軌道を決めさせた。それによって世界の時間と空間の枠組みが定まった。このためエシュは「はじまり」の神、一日のはじめ、週のはじめ、年のはじめの神になった。宮廷の神官は毎朝エシュの像にヤシ油を塗る。四日からなる週の第一日目はエシュの日であり、したがって市《いち》がたつ日である。エシュはまた、時間が再生する新年の神である。新年の祭礼で最初に供物を受けるのは彼だ。

ヨルバ人は、神々と方位と色を対応させるので、当然のことながら、エシュは太陽が昇る東と黄色の主である。ちなみにシャンゴは西と黒、オバタラは南と白、オグンは北と赤の主だ。

エシュは、世界のはじまりだけではなく、その存続にも深くかかわっている。宇宙の根源的な力アセは至高神オロルンに発する。アセは万物を支える活力であり、男女の産出力もその現れである。この宇宙力のはたらき方を左右するのがオシュンとエシュだ。

オシュンの物語を思い出していただきたい。男神たちのやり方に腹を立てたオシュンは、アセの循環とはたらきを止めて、世界を危機におとしいれた。このとき、エシュは男神たちの訴えを至高神にとりついだが、オシュンの側に立って行動をともにした。

エシュは根源的な力アセを操作して、自分を軽んじる者を懲らしめる。アセが狂った性欲になるのはエシュのせいだ。性欲をコントロールできずにとんでもない行動におよぶ者は、エシュに懲らしめられているのかもしれない。

いたずらによる秩序の更新と再活性化

エシュは、世界をただ維持するだけでは満足しない。

私たちは、混乱や挫折や分裂をもたらすエシュのいたずらを、すでに何度か目撃した。世界と人間にとってもっとも深刻なことをあげれば、そもそも至高神オロルンが地上を去り、天と地が分かれたのは、エシュのいたずらに腹を立てたからだ。

エシュのいたずらは、たんなるいたずらではなく、世界に必要な非連続性や区分けをもたらす。区分けを生じさせるだけでなく、いちど区分けされたものを混ぜ合わせて混乱を生じさせることもある。いずれにしても、エシュのいたずらは世界に決定的な刻印をのこす。

あるときエシュは、海（オロクン）と太陽と月に住処を取り替えるよう無理強いした。エシュが月を脅して、太陽の場所に居座らせようとしたので、月と太陽が争った。エシュが海を脅して原野へ移動させたので、怒った大地の主（オバタラ）は、天然痘（ショポンナ）に命じて、海を丘に、海の子どもたちを猿に変えさせた。

天然痘は、騒動を起こしたエシュを市場で見つけて、罰しようとして格闘になったが、逆にエシュに圧倒された。太陽が天然痘の応援に駆けつけて、光でエシュの目を眩ませたので、形勢逆転しエシュはさんざんやっつけられた。オバタラの命令で、人びとは一斉に大声でエシュを嘲笑した。ところが、エシュは素早く川に飛び込んで天然痘を洗いながし、天然痘を広めることで仕返しをした。人間が天然痘に罹《かか》るようになったのはこの時からだ。その後、海も太陽も月も本来の場所に戻ったけれども、それぞれの顔にはこの時の乱闘でできた傷跡がのこっている。

エシュは、ただ世界を混乱させるためだけに、あるいは、ただいたずらを楽しむためだけにこんなことをしたのだろうか。エシュは、世界のさまざまな領域が固定し孤立することを好まない。原野と海、太陽と月は、互いの立場を入れ替えたり闘ったりしたことで、それぞれ新しい性質や力を獲得したかもしれない。もしそうなら、エシュのいたずらは創世活動のつづきであり、混乱を持ちこむことによって世界をつくり替え活性化しようとしているともいえる。日食や月食をエシュのいたずらで説明する神話もある。

エシュは、宇宙のありとあらゆる領域を自在に往還するだけでなく、人間のあいだも徘徊してしばしば争いや混乱の種をまく。

あるところに、二人の妻をもつ男がいた。三人でたいへん仲むつまじく暮らしているという評判を聞いたエシュは、さっそくちょっかいをだしたくなり、近くの市場で帽子を売りはじめた。妻のひとりが買いにくると、すばらしい男物の帽子を言葉たくみにすすめて売りつけた。帽子をもらった夫は大喜びで、その妻に優しくした。

翌日、もうひとりの妻は、エシュからもっとすばらしい帽子を買って夫に与えた。夫はおおいに気に入って、先にもらった帽子には見向きもしなくなった。おもしろくない妻が翌日市へ行くと、エシュはそれまでのものとは比べものにならない帽子を用意していた。妻同士の競争をあおるだけあおり、過熱したと見ると市場からさっと姿を消してしまった。

さらに魅惑的な帽子を買おうと勢いこんで当てがはずれた妻が大荒れに荒れて、三人の一家は大騒動になった。

一見、無意味な人騒がせにすぎないように思われるが、この三人家族の安定と仲のよさは、もともと葛藤《かっとう》をはらんだ、上辺だけのものではなかったか。もっと言えば、何かを抑圧した偽りのものではなかったか。エシュのいたずらは、余計なおせっかいかもしれないが、一夫多妻の家族がかかえている難しさ、妻同士、妻と夫のあいだの葛藤を暴露する役割をはたした。そもそも災難や争いは、理由なく生じるものではない。そうだとすると、災難や不幸のうちにエシュのはたらきを感知することは、その災難や不幸を、より深く大きな秩序や調和をつくりだすきっかけとして捉え直すことになる。

ヨルバ人はエシュ噺を無数にもっていて、中庭の焚き火のまわりで、広場の木陰で、皆で楽しむ。それは、人生を探究することと、考えることと、笑い楽しむこととが渾然《こんぜん》一体となった営《いとな》みだ。エシュ噺を愛し、日常生活のひとこまとして定着させたことは、ヨルバ文明あるいは広くアフリカ文明の洗練の証かもしれない。もっとも、この種の楽しみ自体は特別のことではなく、アフリカにかぎらず、日本の昔話をふくめて、人間社会の草の根の伝統のなかにほとんど普遍的に見られるものであったのだが。

トリックスターとしてのエシュ

エシュは、いたずらが大好きで気まぐれなだけでなく、その存在自体が常軌《じょうき》を逸《いっ》している。エシュは私たちの想像力に挑むパラドックス（逆説）の塊だ。彼は太い杖をもつ巨漢であると同時に、スープに塩を入れるにも爪先だたなければならないほど小さい。長子であると同時に末子であり、ずる賢いと同時に無頓着で気まぐれだ。知恵によって規則をこえる老賢人であると同時に、無邪気に規則を無視する幼児である。

変幻自在にして神出鬼没、いくつもの顔をもつエシュを統一的に捉えるために、「トリックスター」という観念を用いる人たちがいる。日本では山口昌男が代表的な論者だ。山口はエシュを、中国の孫悟空、インドのクリシュナ、ギリシアのヘルメス、北欧のロキなどとならべて、「トリックスター」とみなす。

トリックスターはたんなる破壊者や騒乱者ではない。松村一男によれば、「彼の活動によって、よい場合も悪い場合もあるが、なにか新しい物が生じ、世界は変化していく。生の全体性には無秩序も含まれるのであり、そのことを無秩序を強調してわれわれに再認識させてくれるのがトリックスターであろう。真面目で硬直化した社会は、トリックスターのいたずらによって変化と笑いをもたらされ、世界は再活性化されていくのである」(大林太良ほか編『世界神話事典』より)。

山口は次のように述べている。「いたずら者(阿部注・トリックスター神)は、アフリカ各地の神話の中で最も核心に近い部分で活躍し、単なる動物の諍いから、「天地創造」の神話にいたるまで、神話的世界のどんな片隅にも何らかの形で姿を秘めて、臨機応変に出没し、世界の秩序を攪乱し、混沌と蘇りの世界に対する感覚を導入し、負の価値を正の価値に顛倒し、日常生活の中に善なるものとして位置づけられない行為を組織して、全体的な感覚を自らが語れる世界に導入する、いわばアフリカの神話的世界の導者ともいえるのである」(『アフリカの神話的世界』)。

占いを守護する神

人間は、事物を区分けし、分類しなければ生きられない。境界なしには生きられない。神話はこのことと深くかかわっている。神話の多くは、神と人間や、天と地、生と死、人間と動物、男と女など、さまざまな事象の差異や区分のはじまりを主題としている。それゆえ「境界の主」としてのエシュは、必然的に「神話のもっとも核心に近い部分で活躍する」ことになり、世界のもっとも基底的な秩序にかかわることになる。エシュは、同一のものを分割し分離し、分離したものを混交する。分離されたもろもろ領域の交流を促進する。

私がここでとくに注目したいのは、このように「神話のもっとも核心に近い部分で活躍する」エシュが、同時に、もっとも広く深く「ふつうの」人間生活にかかわっていることだ。日常生活にもっとも近いところに潜んでいるということだ。ここに神話的想像力の特質があるのだが、その話は次章ですることにしよう。

エシュは、占いの主として人びとの日々の暮らしと広く深くかかわっている。そのことを理解するには、まず、ヨルバ人の生活でイファ占いがどんな位置を占めているかを知る必要がある。

占いと供犠はヨルバ人の生活に欠かせない。日々の決まりごとからはずれる事態に直面したとき、たとえば、ふつうの治療をつづけても病気が治らないとき、子どもが生まれたとき、争いごとが絶えないとき、新しい事業をはじめるときなど、人びとは占い師ババラウォを訪ねる。ババラウォは、人生のあらゆる危機や岐路で知者として人びとの相談を受け、しなければならないこととしてはならないことに関して助言と指針を与える。

イファ占いは、筮竹《ぜいちく》をもちいる易に似ている。一六個のシュロヤシの実を投げて、そのならび方で二五六の卦《け》が得られる。それぞれの卦には数個の卦辞《かじ》が対応している。卦辞は諺《ことわざ》のかたちをとっており、諺は、過去に行われた占いの「判例」を内容とする短い物語をともなっている。生活のなかで起こること、つまり死、誕生、長寿、病気、結婚、不妊、就職、昇進、商売、宅地、訴訟、親族との争い、妖術などのいずれに関しても、それに関連する卦辞と物語がある。つまり卦辞は、ヨルバ人の人生百科・生活百科といえる。どの占い師も一個の卦にたいして少なくとも四個くらい、全体としては最低一〇〇〇くらいの卦辞は知っていなければならない。

人間はしだいに神々を忘れていったが、神々は人間に語りかけることができなかった。意思を伝える手立てがなかったのだ。神々は人間からの供物がないので衰弱し、人間は神々の怒りがもたらす災厄に苦しんだ。

エシュは、神々や人間が分断と孤立によって衰弱するのを嫌って、さっそく知恵の神を訪ねた。そこでシュロヤシの実を用いる占いについて教えられると、占いをはじめるのに必要なものを求めて旅にでた。森で出会ったサルが、一六個のシュロヤシの実をくれたうえ、世界の一六の場所でそれぞれ一六の諺を学べと助言してくれた。世界をめぐり諺をたずさえて戻ったエシュは、神々と人間に占いの仕方を教えた。

こうして、神々は占いを通じて自分たちの意思や要求を人間たちに伝え、人間は供物などによって神々の要求に応じ、また願いを伝えるようになった。神々と人間は、互いに頼り助け合って、それぞれの存在をまっとうしている。

神々と人間をともに縛る占い

至高神に近く、創造の秘密に通じている神が占いの主であるという点で、エシュは、ドゴン社会のオゴ＝ユルグを連想させる（四章）。占いの起源は、アフリカ神話の大きな主題の一つだ。

神々（オリシャ）や邪神（オジョグン）は人間生活に影響をおよぼすが人間が供物を捧げなければ衰える。両者は相互依存の関係にあり、交流が途絶えると両者ともに衰弱するだけでなく、それにともなって世界全体の活力も低下する。ところが、神々や邪神と人間とは、憑依など特別の場合をのぞけば直接意思を伝え合うことはできず、両者のあいだを仲介するのは占いと供犠だ。

何かを獲得するためには、何かを差し出さなければならない。自分のある部分と交換することなしに何かを得ることはできないというのが、ヨルバ人にとっての大原則だ。占いの結果に従わなければ、企てが成就しないだけでなく、手痛い制裁を受ける。人間だけでなく、神々も邪神も占いの結果に縛られる。占いは、神々さえもこえる力なのだ。

エシュは占いの制度を創始しただけでなく、その運用にもかかわっている。エシュは人間の祈りと供物を神々のもとに運ぶとともに、お告げに従わなかった者や、約束した供物を供えなかった者を、得意のトリックやいたずらで懲らしめる。エシュを怒らせた者は、神々であろうとだれであろうとひどい目にあう。その意味でエシュは、一方で「父」とよばれて頼られ、他方では制裁と復讐の神として恐れられている。

あるところに、イファ占いで定められた供物を捧げなかった王がいた。エシュの出番だ。かれはまず、王から冷たくされている妃を訪ねて、王の髭《くちひげ》を一本もってくれば、王の心を引きつける薬を作ってやると申しでた。また、王位を継ぐ王子には、王が今夜出陣するので軍を率いて宮殿へ来るようにとの偽の命令を伝えた。最後に王には、冷たくされて王を恨んでいる妃が、今夜、王を殺そうとしていると告げ口した。

その夜、王が寝たふりをして待ち構えていると、妃が王の髭を採ろうとナイフを手に近づいてきた。王はとび起きてナイフを奪い、二人は激しく言い争った。軍を率いて駆けつけた王子が、悲鳴を聞いて王の部屋へ飛びこみ、王が母を殺そうとしていると思って王を取り押さえようとした。王は王で、王子が兵士を連れて入ってきたのを見て、「謀反だ、王子を捕らえろ」と命じた。かくして宮殿の内外は大混乱におちいった。

野心家のシロアリがイファ占いにうかがいをたてて次のようなお告げをえた。「三か月以内に運が開ける。だが、幸運の絶頂で死に見舞われることになっているので、それを避けるには四年以内に牡ヤギ一頭、お金で三シリング、鍬一丁、掘り棒二本、鳩二羽、雄鳥二羽を供えなければならない」。シロアリはさっそく供物を供えたが、雄鳥二羽は供えなかった。

シロアリの運はとんとん拍子で開け、三か月目には王に選ばれて即位した。人びとは残りの供物を供えるよう忠告したが、二〇〇匹の奴隷アリと八〇〇匹の戦士アリに宮殿を守らせているから死など恐れるに足らないと豪語して、忠告を無視した。四年目になっても、シロアリの王が供物の残りを供えないのを見たエシュは、かつてシロアリの王が供えた鍬と掘り棒をもった部下の一隊に宮殿を破壊させ、地下室にいたシロアリの王を捕らえると煎《い》って食べてしまった。このとき以来、人間たちは巣を壊して中にいるシロアリを煎って食べるようになった。

シロアリの王はイファ占に従わなかったので、せっかく供えた鍬と掘り棒までが、自分に向けられる凶器となったのである。この話は、「事業が繁栄しているときこそ、不運に襲われないよう供え物をしなければならない」という卦辞にともなう物語だ。この物語は、シロアリを煎って食べる習慣の起源譚ともなっている。

反対に、占いどおりの供物を捧げた者にたいしては、エシュは供物を活用して運命を成就してくれる。

あるとき、「大地」に恋したオルンミラ神（地上世界の統治者オバタラの助言者）が、次のようなお告げをえた。「恋を成就して『大地』と結婚するためには、ネズミ一匹、一シリング三ペンス、雌鳥二羽を供えること。ネズミの腰にはビーズを巻いて、森のなかの地面に立てた杭のうえに供えること」。オルンミラはお告げのとおりにした。

王の娘だった「大地」は、二〇〇枚の衣装を身にまとっていて、自分の裸の尻を見た者と結婚すると宣言していた。「大地」が朝の用足しに森に入ったところを見はからってエシュが手を打つと、生け贄《にえ》のネズミは生き返り、ありふれたビーズは女たちの憧れの的であるセギ・ビーズに変わった。セギ・ビーズを腰に巻いたネズミを見て夢中で追いはじめた「大地」は、二〇〇枚の衣装が皆脱げ落ちて裸になってしまったのに気づかず駆け回った。ちょうどそのとき、オルンミラが供物がどうなったかを見にきて、裸で走り回っている「大地」の尻をしっかりと見た。

この話は、「結婚相手の女性に出会い、その女性によって幸せになる」という卦辞にともなうものだ。

イファ占いの主は必然の神と偶然の神

じつはイファ占いには、エシュのほかにオルンミラ神（別名イファ神）というもうひとりの「主」がいる。本章で紹介した二つ目の創世神話では、オルンミラが人間に占いを教えたことになっている。神話に登場するオルンミラはつねに知恵と占いの神だから、イファ占いの神は元来オルンミラで、エシュは助手のような立場だったのではないかと思われる。だが人びとにとってエシュの存在感が強いのか、占いに使う盆にはエシュの顔を浮き彫りにしたものが多い。イファ占い関する物語でもエシュのほうが活躍している。

イファ占いをよく検討してみると、オルンミラとエシュは対立し拮抗していて、占いは両者の協働で成り立っていることがわかる。オルンミラは、占いをとおして至高神の知恵と意思を神々や人間に伝える秩序と運命（必然）の神だ。これにたいしてエシュは、世界に混乱と動きをもちこむ不確定性と偶然の神である。オルンミラは必然と運命の源泉としての至高神の代理であり、エシュは偶然と不確定性の神として、至高神の測りがたさや理解しがたさを体現する。オルンミラは天上にあって動かない知恵の神であり、人間にとってはどちらかといえば遠い存在だ。それにたいしてエシュは、つねに移動し神出鬼没、いたるところに姿を現し、あらゆることに介入する身近な神だ。

この両者のあいだで、エシュのほうに重きをおいているところに、ヨルバの世界観の特徴があらわれているように思われる。

神話と日常性

占い以外の場面でもエシュは身近で、交易、市場、道の神でもある。一言でいえば、交通（コミュニケーション）の神だ。人が旅の道を急ぐとき、市で取引をするとき、人間関係のもめごとに巻きこまれるとき、見えないエシュが立ち合っているかもしれない。それどころか、エシュはなにくわぬ顔で市の雑踏にまぎれているかもしれないし、あなたが先ほどほどなにげなく挨拶をかわした旅人は、エシュだったかもしれないのだ。

エシュの像は、ほかの神々の像とは異なって屋外に、つまり住宅の門口や市場や十字路に置かれる。エシュはだれからも供物を受ける。市場は王宮の隣にもうけられていて、宮廷の神官も毎朝エシュの像にヤシ油を塗る。

エシュは、人びとがことばのやりとりを楽しむ余暇の時間の主でもある。そこでの人気者はいたずらもののカメだ。カメは悪賢く、怠け者で、ケチで、欲張り。思わぬ機知をみせることもあれば、あきれるほど騙されやすくて、ひどい目に遭《あ》うこともある。そのドタバタ劇に腹をかかえる人びとの想像のなかで、どうしようもないいたずらもののカメとエシュ神が、二重写しになり、響き合う。

神話世界の粋を体現する変幻自在のエシュの姿を追っているうちに、見慣れた日常生活の場へもどってきた。神話の想像力は、時空をこえて世界の果てまで駆けめぐるが、ありふれた生活の場から離れてしまうことはけっしてない。身近な現実への関心の深さ、強さこそが、宇宙大に広がる神話的想像力の起爆剤だからだ。立て杵で穀物を搗《つ》く女たちの姿は、日常生活の原風景だ。そこに天地分離という宇宙規模の始原の出来事を幻視（透視）するのが神話の想像力なのだ。

　神話の世界を経めぐって日常生活の場にもどってみると、神話へと展開する種子もしくは萌芽がすべてそこに備わっているのが感じられる。神話の秘密がそこにあることがわかる。これこそが、神話を旅することの最大の収穫かもしれない。

エピローグ　なぜいま神話か――「思想の方法」としての神話

狩猟民の「夢の時代」から都市国家の万神殿《パンテオン》の神々までを巡ってきた。アフリカ神話の旅をひとまず終えることにしよう。この旅で明らかになったことの一つは、草の根で生きられる神話が、文明の転換期を生きるための「思想の方法」を含んでいるということだ。といっても簡単には受け入れてもらえないかもしれない。「草の根の神話を古代の古典や現代の人文社会諸科学と同列に置くなど、単なるエキゾチシズムか時代錯誤ではないか」と。この常識に反して、神話を注意深く読み解けば、現代文明に対処するための重要な方法を得ることができる。なぜそう考えるのかを述べて、本書の締めくくりとしたい。

神話はどんな意味で「思想の方法」なのか、私たちはどういう時代（文明）を生きているのか、現代文明と神話はどのような関係にあるのか。以下この順序で述べていこう。

始原と他者――究極の「根拠」を求めて

神話は、「世界は、そして人間は、なぜこのようにあるのか、なぜこのようでなければならないのか、その根拠はなにか」という問いに答える物語である。神々や半神、動物＝人間などの活躍によって、いま在る世界が形成されるまでの奇想天外な物語を紡ぎだす精神の働きを、「神話意識」と呼ぶことにしよう。

草の根の神話意識は生活世界に棲息しそこに深く根ざしているが、身のまわりの世界の在り方を自明のこととみなさず、人間社会を支える規範や制度（というフィクション）の究極の根拠を求める。それを社会や文化自体のなかに見いだすことができないので始原へと遡行《そこう》し、そこで虚無の深淵に直面する。ところが興味ぶかいことに、この深淵は神話意識にとっては、単なる虚無ではなく万物の始原としての無や混沌だ。世界を飲みこもうとする脅威であると同時に、精神と文化が「他なるもの」（絶対他者）に遭遇する場でもある。その「他なるもの」の神話的イメージが、起源神話の冒頭に登場する「混沌」「無」「闇」「自然」「宇宙霊」としてあらわれる。

神話意識が絶対的根源的な「他なるもの」に遭遇すると、虚無の深淵は一転して創成の場となり、世界の自《おの》ずからなる生成や、「他なるもの」による世界創造や、「他なるもの」と人間の協働による世界形成のプロセスがはじまる。精神や制度の究極の「根拠」はそれ自体のうちにはなく、「他なるもの」（他者）との関係にある。他者が存在しなければ自己も世界も存在しない。これが、神話が開示する真実だ。神話は未知の他者と遭遇して社会的な関係を取り結ぶ物語だといってもよい。他者に向かって開かれていることが神話の方法の基本的な特性である。

他者と遭遇した神話意識は、始原の深淵のうえに神と人間、光と闇、生と死、動物と人間、男と女などもっとも基本的な区別（分別）が生成する次第を物語る。見方を変えればそれは共同体を支えているもっとも基本的な前提に光を当てることであり、そこに矛盾があればそれを明らかにすることでもある。

こうして世界の基本構造はできあがった。人間たちはその世界に人や集団を結び統合する観念（共通の祖先など）や制度、贈与交換のシステム、挨拶、社交、タブー、儀礼、遊び、物語など、文化や習俗とよばれるクモの糸を張りめぐらせる。このクモの糸こそが、じつは、「人間が人間であるための」、あるいは「人間社会が人間社会であるための」仕掛けにほかならない。神話は、この仕掛けの起源と根拠を物語ると同時に、その仕掛けの一部であり、また仕掛けを支える力でもある。神話にあっては、認識し想像し物語ることは、同時にかたちづくることでもあるのだ。

虚無の深淵に張りめぐらされたクモの巣……。人間社会の基盤は脆弱なもので、人間の不断の努力がないと維持できない。だが神話意識は、虚無の深淵に直面しているにもかかわらず、現代人に深く浸透しつつあるいわゆるニヒリズムやシニシズムとは対極にあるように思われる。かといって進歩と開発を求めてやまない能天気な楽天主義でもない。神話は、一方では世界を根底から相対化し、他方では基底的な秩序を生みだす。神話においては、世界を徹底的に相対化することと「肯定の意思」が矛盾なく併存している。これもまた神話的方法の特性の一つだ。

神話の土壌としての「生活」と「生活共同体」

世界のはじまりを問う神話は、元来、草の根の自立的で自律的な生活共同体の共同制作によって生みだされ口頭で伝えられるものだ。生活共同体としての地域コミュニティは社会の基盤であり、人間を生み、人間をつくる場である。神話は生活を支える力であり、同時にその創造性と全体性の表れである。

「なぜ、草の根に生きる普通の人びとが……」という疑問が出されるかもしれない。「世界のはじまり」や文化のもっとも基本的な前提などという主題は、思想の専門家の書斎や、宇宙物理学者の研究室にこそふさわしく、普通の人びとの暮らしにはなじまないのではないか……。この疑問にこたえるにあたって、まずは神話を生みだした土壌を考えてみよう。

神話を生みだし、伝承した社会の多くは、国家も文字ももっていなかった。強大な中央権力も、文字で固定された権威ある世界観もない。自立的な小集団が互いに拮抗していて、ある時は協同し、ある時は戦った。集団の内外で秩序は不安定で流動的だっただろう。それぞれの小集団がこうした状況のなかで秩序を生産し、再生産し、生活の場で直面する問題に自前で対応しなければならなかった。

自給自足というと、食料など生活物資のことだけが考えられがちだが、自給自足は本来、規範やルールをふくめて、共同生活を維持するために必要なすべてを自前で創りだすことをも含むのだ。生活の場で、文化的動物であるという人間の条件に直接向き合い、人間が人間として生きつづけることを可能にする規範や価値観を（他集団から借用した要素も組み入れながら）自分たちでつくりだし維持しなければならない。規範や制度を自前で根拠づけなければならない。

神話はそのための重要な装置として、共住集団が生みだしたものだ。神話という装置は固定化と結びつけられることが多いが、これは文字誕生以降の状況を一般化したものにすぎない。文字がなくてもっぱら口頭で伝承されていた神話は、地域や話者に応じて限りなく多様化した。地域共同体と個人の創意に開かれていたのである。

神話の普遍性――人類はなぜ神話を必要とするのか

世界中いたるところで、ごく普通の狩猟民や農耕民や牧畜民たちが、神と人間、光と闇、生と死、動物と人間、男と女などの区別（分別）の存在しない始原への遡行を試みた。彼らが紡《つむ》ぎだす創世神話の構造はほぼ普遍的である。ここでいくつかの質問が出されるだろう。創世神話が普遍的なのはなぜか。あるいは、「世界のはじまり」や「世界の根拠」などという主題は、ふつうの人びとの暮らしの場にはなじまないのではないか。これらの問いにたいする答えは、人類という生物の特性自体のうちにある。

人類は「文化的動物」だ。文化を生みだすと同時に文化によってかたちづくられ、文化に依存し、文化なしには生きられない。人間の本能は、他の動物に比べて曖昧《かそ》で可塑的なので、本能だけでは生存できない。子どもを産み育てるにも、人類はそれぞれの集団の仕方（文化）にしたがう。人類という生き物は本能だけでは、子孫すら残せないのだ。

蜂の住まい（巣）と人間の住まい（家屋）は異なる。蜂の巣は自然に属するが、人間の家屋は文化の産物だ。人類は、自分の身体を変える代わりに文化を発達させることで環境に適応し、文化を通じて自己の可能性を実現してきた。いうまでもなく、人間は自然の一部であり、社会・文化もある意味では自然の産物だが、個々の観念や制度が自然という源泉から直接的、必然的に生じるわけではない。個別的で具体的な観念や制度の根拠が、それ自体のうちにあるわけでもない。

人間の生活と社会を支えているのは、人為的な約束事・フィクションなのだ。なんらかの仕方で根拠づけ納得しないことには、人間は、この約束事・フィクションを受け入れ、共有し、世代から世代へ伝承することができない。その根拠づけを担うのが神話なのである。ここで注目しておきたいのは、神話は個々の社会の具体的な制度や約束事を根拠づけることを通じて、人間が文化的存在としての生存を維持するうえで基本的な機能をはたしているという点だ。

近代的知性（あるいは文明の知）はこうした神話を、粗野なフィクション、不合理な世界観の表れとしかみない。では立場を変えて神話を光源として見ると、近代社会のどのような姿がみえてくるのか。いくつかの側面をあげてみよう。

システムによる直接的支配と欲望

近代人は自分たちの社会について、「自律的で主体的な個人の競争によってつくられる合理的で自由で平等な開かれた社会」という、ゆるぎない自己イメージをもっている。

ところが、国民国家と市場経済とテクノロジーからなる近代の複合システムの自己運動は、そうした近代的イデオロギーとは異質な原理にもとづいている。近代人の思い込みと現実のあいだには大きなギャップがある。

第一に、近代的システムの支配には、おそらく人類史上初めての特徴がある。そのシステムは自律的な個による共同性を約束したはずだが、現実には、個々人を分断したうえで直接支配し、その支配は身体にまでおよぶ。都市的文明の誕生以来、生活共同体としての地域共同体は中央権力と巨大システムの支配下に置かれてきた。しかし近代以前の文明は、末端の地域共同体の内部にはあまり介入せず、長《おさ》もしくは代表者を介して共同体単位で支配するのが普通であった。

これにたいして近代国家は、領域内に住む人間をばらばらの個人に分断し、生殺与奪の権を掌握し、生産、消費、教育などだけでなく、生老病死まで直接の統制下に置く。注目すべきは、こうした支配を支え促進するのは人間自身の欲望であること、そしてその欲望もこうした多分に近代のシステムによってつくられたり増幅されたりしたものだということだ。

それは、便利さや豊かさを約束して欲望を肥大化させる。欲望を媒介にする近代的なシステムの支配は意識の範囲をこえ、遺伝子操作や生殖医療などをとおして進化のレベルにまでおよんでいる。人間はシステムが生みだす欲望を内面化し、システムに過剰適応し、自らの欲望の充足を追求すればするほどより深くシステムの運動に巻きこまれ、結果的には好むと好まざるとにかかわらず、体的能動的にシステムの維持発展に寄与することになる。人間の欲望によって巨大化し精緻化したシステムは、便利さや豊かさだけでなく新たな苦悩と危機をもたらすが、私たちはこの循環をなかなか自覚できないし、その循環から脱することもむずかしい。

手段の目的化と生活の場の空洞化

第二に、現代社会では、たかだか数百年前から自律的な領域として発展してきたばかりの近代的システムが生活世界を支配し、いわば植民地化する。生活世界は、人間が人間になり人間として生きる場である。生活の場（とくに生活共同体としての地域社会）は人類史を凝縮しており、人間の自発性と自律性の拠点であり、神話を生みだす土壌でもある。生活の場の創造性は神話や習俗を観察すれば明らかだが、国民国家と資本主義経済はこの生活世界の自発性と全体性と創造性を破壊して、手段として利用する。

本来、手段であるはずのシステムが、目的であるべき「生活」を手段化するという倒錯が生じ、生活世界が変質し空洞化する。人間たちはある種の思考停止に陥ってますます深くシステムに依存し、その結果、人間がさまざまな苦悩に襲われるだけでなく、社会全体も危機に直面しつつある。

自明性の喪失と思考停止

第三は、自明性の喪失。共有される意味は、生活共同体でのコミュニケーションによって生みだされ、同時にそれを支えてもいる。人間を人間たらしめるのはこのコミュニケーションである。これにたいして、近代が強調する個の自律は自己中心的な思考や共同性の喪失として現実化し、意味と目的の基盤を切りくずす。意味と目的の源泉である「生活」を手段として支配する近代社会のあり方は、自明性の喪失とある種の思考停止をもたらす。自明性が失われ、誰もがこれまで深く考えたことのなかった根本的な問題に日々の暮らしの場で直面することになる。

生と死の区別がその一例だ。私たちは、何をもって人間の「死」とするかが国会で議論されるという事態を経験した。また「男であること」「女であること」も改めて問いなおされ、性のさまざまなあり方が人権の問題として論じられるようになった。生殖技術の発達によって、性行為と妊娠、妊娠と出産がかならずしも直結しなくなりつつある。子孫を残すこと（種の保存）を至上命令と感じない人もすでに珍しくない。子どもを産み育てるという社会にとって基本的な営みは、つねに経済や政治の手段としてあつかわれる。

技術の発達に伴う根源的な問いかけは、今日のＡＩ（人工知能）をめぐる意識の定義にまで及んでいる。考えるとはどういうことなのか。どのような情報を産出すると意識が存在すると見なされるのか。進化したＡＩをもつロボットに倫理的権利を与えるかどうか、といった、十年前であればＳＦの域を出なかったような議論が研究の最前線に現れた。これはつまり、人間の境界をどこに定めるかという問題である。

あるいはまた、「なぜ人を殺してはいけないのか」という子どもの問いにたいして大人が口ごもる。事態がこのまま進めば遠からず、そもそも善悪の対立とは何かということ自体が、だれもが直面する普通の問いになるだろう。これまでは善悪の基準は時と所で変わっても、善悪の対立自体は自明のこととされてきた。

しかし、手段の体系としてのシステムが支配的な社会では、一方で法律とルールによって管理される部分が次第に大きくなり、他方で善悪の観念自体が曖昧になり、生活の場で自生する道徳の影はますます薄くなっていくだろう。

それらすべての基盤にあるはずの人間という観念自体が、自明ではなくなろうとしている。いままで気づかれなかった人間の多形性や可能性が明らかになり、あるいは遺伝子レベルでの人間のデザインや機械環境と融合する人間の製造が可能になれば、私たちは人間観自体を再編する必要に迫られることになるだろう。

閉ざされた世界

第四に、「開かれた社会」という近代の自己イメージに反して、現代社会では人間は急速に肥大化するシステムが支配する閉ざされた一元的な世界に生きている。

国民国家、商品貨幣経済（資本主義経済）、科学技術（テクノロジー）と、それらを正当化する近代的価値観（イデオロギー）の複合システムは、多様性と「開かれてあること」を特性とする生活のあらゆる側面を支配下において自らの論理を貫徹し、グローバリゼーションの流れのなかで、閉ざされた一元的世界を形成しつつある。いかなる集団も、国家と拮抗する自律的単位としては認められない。

国民国家は、すべての人間をいずれかの国家に属する国民と、どの国家にも属さない無国籍者とに分け、後者にはたとえ他の政体（首長国や遊動民のキャンプなど）の成員であっても人権を認めない。人間と認めないといってもよい。また、国民国家以外は公式な交渉相手と認められないので、それまで国家をもっていなかった人びともやむをえず国民国家という政体を採用し、その結果、短期間に地球上のすべての土地がいずれかの国民国家に属することになった。

資本主義経済は、人間活動のあらゆる場面に浸透し、生活の営みを次々と商品化し、貨幣が貨幣を生む過程に巻きこむ。経済が国民国家とテクノロジーと手を組んで肥大化し、競争というメカニズムを利用して個人や集団を選別し適応を強制することによって人間世界を地球規模で画一化しつつあることは、グローバリゼーションというかたちで私たちが日々経験しているところだ。

このことは文明のエンジンであるテクノロジーのあり方にも表れている。テクノロジーは、国民国家・資本主義経済と手を組んで科学的な世界理解をはてしなく進めるとともに、自らの観点から説明できないものは存在しない（あるいは、現実でない）という信念を浸透させる。テクノロジーは、一方で地球環境の多様性を縮減し、すさまじい勢いで他の生物種を絶滅に追いやるとともに、他方で人間自体をも変えつつあり、遺伝子操作や生殖医療などによって、人間の欲望のおもむくままに進化のプロセスにまで介入する。人間的現実を変えていくテクノロジーに、実効性をもって拮抗する力のある世界観や方法論は、今のところ存在しない。

いわゆる近代的思想も政治的立場の左右や保守革新を問わず、一元化への傾向を内在させているのである。こうして近代的複合システムの自己運動は、全体として「外部」と「他者」を排除していく。

漂流する文明——私たちはどこへ行くのか

第五に、現代社会（文明）は「他者」と「外部」を排除し、閉ざされた一元的社会をつくる。そこでは異質な他者に出会うこともない。他者と外部を排除する文明では内部の者が文明全体を客観的に見て相対化する手がかりがないので、文明がどこへ向かおうとしているのかを見ることができず、またその方向性をコントロールすることもむずかしい。意味も目的も定かでない欲望を燃料とする文明は羅針盤も碇《いかり》もない巨艦さながら、見方によって漂流しているようでもあり、疾走しているようでもあるが、いずれにしても加速度的に変化して止まるところを知らない。

現代文明というこの巨艦の内部では、社会も生活も人間の思考も、手段の体系の自己運動に巻きこまれる。生活の場での共同性（共感能力）や生活の目的、規範など、人間世界の基底を支える営みがやせ細り、生きるということの根幹は次第に曖昧になりつつある。

誤解のないように付け足しておけば、ここでは近代文明を全否定しようとしているのではない。私たちはその豊かさやテクノロジーの発展の恩恵に日々浴している。その一方で、そうした豊かさや発展を神話的世界にねざす眼差しから捉え返してみれば、上記のような特性の産物であることは否定できない。

現代社会と神話──逆説的な「神話の季節」

現代社会は神話などとはなんの関係もない、もしあるとすれば、個人の知的関心の対象としてか、さもなければ、土と血のアーリア神話といった不吉なものであろうと考えられてきた。だが、ここで観察した現代社会（文明）の特徴を振り返れば、そこに神話が紡がれ、また必要とされてきた状況と重なる様相が現れていることに気づかされる。

私たちは自明性が次第に失われる世界に生きていて、なすすべを知らない。これにたいして、神話意識はなにごとも自明のこととせず、果敢にその根拠を問うて、神と人間、光と闇、生と死、動物と人間、男と女など、世界を成り立たせる基本的な区別（分別）の存在しない始原へと遡行する。神話意識はそこで、人間と文化にとっての他者（絶対他者）に遭遇する。彼らは身のまわりの環境世界と始原を混同はしないが、そのいずれかだけが現実だとは考えない。人間はそれぞれの仕方で両者を関係づける工夫をこらしつつ、異質な二つの現実を生きている。

近代文明の外部にいる人びとは因習に囚われていて、自分でものを考えることなどないと思いこんでいる現代人には理解がむずかしいかもしれないが、自律的な生活共同体で生きる人びとの精神は根本的（ラディカル）かつ全体的であり、他者（他なるもの）にたいしても、異質な二つの現実にたいしても開かれている。開放性を自称する現代文明の方が、かえって他者と外部に対して閉ざされているようにみえる。

神話は、一方では世界を根底から相対化し、他方では基底的な秩序を生みだす。神話においては、世界を徹底的に相対化することと「肯定の意思」が矛盾なく併存している。これも近代人には理解しにくい点だろう。

これらの考察は最終的には一つの問いに行きつく。現代文明を生みだし推し進めている人間とは、いかなる存在なのか。人間という観念自体が自明性を失いつつある（曖昧になる）というポストモダン好みの言説のレベルをはるかに超えて、いまや人間は他の生物にとっても世界にとっても、そして人間自身にとってすら深刻な問題と謎をはらんだものとして立ち現れつつある。この人間存在にどのように光を当てればよいのか。ここでも私たちは、思いがけないかたちで草の根の神話と再会することになる。創世神話の真の主題は人間自身の起源だ。人間が人間になることによって、世界もまたいま在る世界になったのだ。アフリカの創世神話は「人間はなぜ人間になったのか」と問うている。神話はまた、神々と他の生き物たちが、将来人間が及ぼしうる悪影響を危惧して、人間を絶滅させるべきかどうかで激論を戦わせたとも語っているのだ。

神話はつねに人類の精神と文化の本質的な部分を占めていたし、人類が人類になるために欠かせない精神的な装置であった。最近の認知考古学の研究は、現実の異なる次元を関連づける隠喩的思考ができるようになったことが、精神を飛躍的に発達させたと指摘している。神話はまさにそのような思考を担っている。神話の人間理解は狩猟採集の生活のなかで人間精神が萌芽し、成長し、社会と文化の原基が形成されたプロセスに深く根ざしている。

神話は、人類史的な背景と身近な集団生活を通してえられた認識にもとづいて、自然科学とは異なる観点から、人間とは何か、人間を人間たらしめる条件は何かという問いに答える。たとえば、創世神話の多くは、世界は区分と分離によって生成し、人間も人間の世界も究極的な根拠（創造神など）からの分離によって成立したと物語る。根拠から離れようとする性向こそが人間を人間たらしめ、世界を世界たらしめたのだ。良くも悪くも、自己中心性あるいは自己の欲望に囚われる傾向が人間の本質をなしている。仏教の煩悩やキリスト教の原罪などにみられるように、いわゆる高等宗教や世界宗教もこの認識を共有している。

イギリスの宗教学者カレン・アームストロングによれば、神話はつねに人類とともにあったが、人類史には神話産出活動がとくに活発な「神話の季節」とも呼ぶべき時代がある。それは大きく変化する環境のもとで、精神と社会が新たな困難に神話的物語を生みだすことで立ち向かった危機の時代だ。アームストロングは「神話の季節」にあたるものとして、狩猟民の経験、農耕の始まり、古代都市文明のはじまり、紀元前五〇〇年ころの「枢軸時代」、そして近代文明のはじまりをあげる（『神話がわたしたちに語ること』）。

アームストロングによれば、近代化という実験のもっとも重要な、そしておそらくもっとも悲惨な結果は「神話の死」だ。現代は大変動と危機の時代という意味で「神話の季節」だが、神話はすでに死んでいる。現代は逆説的な意味での「神話の季節」ということになる。彼女は、神話が死んだ現代の「荒野」で神話の叡知を私たちのうちに呼び覚まそうと努めてきたのは宗教家ではなく作家や画家であるとして、『ゲルニカ』のピカソや『魔の山』のトーマス・マンなどをあげている。

これにたいして本書では、「神話が死んだ現代の荒野」に神話的なものを求めて、伝承された神話だけでなく、習俗にも注目する。習俗は「生活の仕方」の基礎的な部分であり、神話とともに共同体を維持し、人間を人間たらしめてきた。文明と近代がそれらを迷信や虚礼として抑圧したり排除したりしたのにたいして、本書では、神話的な「思想の方法」を再構築するための有力な手掛かりをそこに求める。

神話の叡知という表現がよく使われるが、都市的環境のなかで思想の専門家が生みだし識字に支えられたいわゆる古典、「文明の一部としての古典」と、生活の場で生みだされ識字に依存しない神話の叡知との共通点と相違点を、両方わきまえておかなくてはならない。人文社会科学などの近代的知も、それだけでは現代文明の根源を相対化するには不十分だし、神話的な方法を代弁することもできない。それらは生活世界を空洞化してシステムの支配を生みだし推し進める力なのだから。

人類と神話の関係は、古代のいわゆる古典や近代的人文社会科学のそれと比べてはるかに広く深い。神話には人類の経識が凝縮されている。神話はまた人間精神の深層に深く根ざしている。神と人間、生と死、人間と動物、というように絶えず二項対立を設定し、（陰陽の場合に見られるように）二者択一ではなく、二項対立間の相互関係によって世界を把握すること、制度や規範の根拠を問うて始原にまで遡行すること、他者性に対して開かれてあること、相対化と肯定の精神が両立していること、そして知情意が不可分な精神活動のあり方、絶えず集団による点検と再解釈を受ける口頭伝承という形式などはすべて、人間精神の営みの普遍的な特徴だ。

神話はこれらすべてを独特のかたちで統合しているが、現代文明はその観点と方法を見失おうとしている。現代文明を生きる私たちはいま新たなルネサンスを必要としているが、それは文明以前・文明外の草の根の伝統の復興でなくてはならない。神話はその強力な一翼だ。新しい文明への道を拓くために、私たちはいま神話との対話を必要としている。

文献一覧

アームストロング、カレン　二〇〇五『神話がわたしたちに語ること』角川書店
大林太良ほか編　一九九四『世界神話事典』角川書店
小田亮　一九九四『構造人類学のフィールド』世界思想社
カザンザキス、ニコス（秋山健訳）一九六七『その男ゾルバ』恒文社
クネーネ、マジシ（竹内泰宏、くぼたのぞみ訳）一九九二『アフリカ創世の神話——女性に捧げるズールーの讃歌』人文書院
グリオール、マルセル（坂井信三、竹沢尚一郎訳）一九九七『水の神——ドゴン族の神話的世界』せりか書房
グリオール、マルセル、ジェルメーヌ・ディテルラン（坂井信三訳）一九八六『青い狐——ドゴンの宇宙哲学』せりか書房
ショインカ、ウォーレ（松田忠徳訳）一九九二『神話・文学・アフリカ世界』彩流社
菅原和孝　二〇一五『狩り狩られる経験の現象学——ブッシュマンの感応と変身』京都大学学術出版会
田中二郎　一九九〇「アフリカ狩猟民の動物的世界」、『民族文化の世界（上）——儀礼と伝承の民族誌』（伊藤亜人、

阿部年晴ほか編)、四七八 - 五〇七　小学館
ドンガラ、エマニュエル（高野秀行訳）　一九九六　『世界が生まれた朝に』　小学館
ヴァン・デル・ポスト、ローレンス（秋山さと子訳）　一九八七　『狩猟民の心』　思索社
柳澤桂子　一九九七　『われわれはなぜ死ぬのか――死の生命科学』　草思社
山口昌男　一九七一　『アフリカの神話的世界』　岩波書店

de Heusch, Luc. 1972. *Le roi ivre ou l'origine de l'Etat*, Gallimard.
(English version translated by Roy Willis. 1982. *The Drunken King, or, The Origin of the State*, Indiana University Press.)
de Heusch, Luc. 1982. *Rois nés d'un coeur de vache: Mythes et rites: Mythes et rites bantous*, Gallimard.
Goody, Jack. 1972. *The Myth of the Bagre*. Oxford University Press.
Guenther, Mathias. 1999. *Tricksters and Trancers: Bushman Religion and Society*. Indiana University Press.
Ray, Benjamin. 1991. *Myth, Ritual, and Kingship in Bugand*. Oxford University Press.
Reefe, Thomas. 1981. *The Rainbow and the Kings: A History of the Luba Empire to 1891*. University of California Press.
Wrigley, Christopher. 2002. *Kingship and State: The Buganda Dynasty*. University of Cambridge Press.

アフリカ神話との対話

2018年 3月16日　　初版発行

著 者　阿部　年晴

定価(本体価格2,500円+税)

発行所　株 式 会 社　三 恵 社
〒462-0056 愛知県名古屋市北区中丸町2-24-1
TEL 052(915)5211
FAX 052(915)5019
URL http://www.sankeisha.com

乱丁・落丁の場合はお取替えいたします。

ISBN978-4-86487-827-2 C1014 ¥2500E